Gerhard Marhold (Hrsg.) · Künstliche Intelligenz

Künstliche Intelligenz
Wesen und Bedeutung neuer Computerleistungen

Gerhard Marhold (Hrsg.)

VDI VERLAG
Verlag des Vereins Deutscher Ingenieure · Düsseldorf

CIP-Kurztitelaufnahme der Deutschen Bibliothek

Künstliche Intelligenz: Wesen u. Bedeutung neuer Computerleistungen / Gerhard Marhold (Hrsg.). – Düsseldorf: VDI-Verlag, 1987.
ISBN 3-18-400750-2

NE: Marhold, Gerhard [Hrsg.]

Printed in Germany

ISBN 3-18-400750-2

Vorwort des Herausgebers

Das vorliegende Buch ist die aktualisierte und überarbeitete Wiedergabe einer Vortragsreihe, die der Herausgeber im Rahmen der internen Mitarbeiter-Weiterbildung im VDI-Technologie-Zentrum Informationstechnik in Berlin veranstaltet hat.

Die rasanten Fortschritte auf dem Gebiet der Informationstechnik sind schon jetzt von großem Einfluß auf fast alle Lebensbereiche. Dieser Trend wird durch die neueren Entwicklungen, in Japan als ein Projekt der 5. Computergeneration mit besonders hochgesteckten Zielen in Angriff genommen, noch verstärkt werden und den Übergang von der industriellen in die postindustrielle Gesellschaft in den Industrienationen beschleunigen.

Größere Informationsdichten auf den Chips und schnellere Verarbeitung der Daten werden neben anderen Fortschritten einen qualitativen Sprung der Computerleistung von der Daten-Verarbeitung hin zur Wissens-Verarbeitung mit ausgeprägten Merkmalen künstlicher Intelligenz bewirken.

Der Begriff „Künstliche Intelligenz" wird nicht einheitlich benutzt. Je nach dem Kontext versteht man darunter maschinelle Intelligenz überhaupt oder Leistungen von Computern, die bislang dem menschlichen Denken vorbehalten schienen. Es ist daher hilfreich, zwischen künstlicher Intelligenz im weiteren und künstlicher Intelligenz im engeren Sinne zu unterscheiden.

Wenn man unter Intelligenz im weiteren Sinne die vielschichtige Fähigkeit zur Speicherung und Verarbeitung von Informationen versteht, dann ist jeder Computer oder Taschenrechner, wenn auch nur in geringem Maße, intelligent. In diesem Sinne ist auch ein Mensch mit niedrigem IQ intelligent, obgleich im allgemeinen Sprachgebrauch erst die Höhe des „Intelligenzquotienten" über das Vorliegen von Intelligenz entscheidet. So hat sich auch in der Informatik die Gewohnheit herausgebildet, nur höheren Fähigkeiten der Informationsverarbeitung das Attribut „intelligent" zuzubilligen. Allerdings käme kaum ein Informatiker auf die Idee, die Vielzahl der für die Leistung eines Computers charakteristischen Parameter (etwa als Geräte-IQ) unter einen Hut zu bringen.

Gegenstand dieses Buches sind verschiedene Formen der KI im engeren Sinne, also höherer maschineller Intelligenz.

Das Buch bietet eine Auswahl interessanter Themen aus den Bereichen der KI-Forschung und -Anwendung sowie aus dem Umfeld der künstlichen Intelligenz mit Betrachtungen auch der ihr innewohnenden Herausforderungen und Risiken.

Es war nicht die Absicht des Herausgebers, die technische Unterhaltungsliteratur um ein Werk zu vermehren. Vielmehr stellen einige Artikel höhere Ansprüche an die Aufmerksamkeit des Lesers, belohnen die Mühe aber mit interessanten Ausblicken.

Der Herausgeber dankt insbesondere Herrn Dipl.-Ing. *H. C. Boström* vom VDI-Technologiezentrum Informationstechnik in Berlin für dessen Unterstützung beim Zustandekommen der Arbeit.

Berlin, im Juli 1986 *Gerhard Marhold*

Vorwort des Leiters des VDI-Technologiezentrums Informationstechnik, Berlin

Die „Künstliche Intelligenz" hat ihre Bedeutung in der heutigen technischen Entwicklung insbesondere darin, daß sie Bereiche tangiert, die noch heute von vielen als außerhalb des technisch Machbaren liegend angesehen werden.

Obwohl neben der Technik in steigendem Maße auch andere Lebensbereiche durch die Entwicklung der Informationstechnik positiv beeinflußt werden, sind auch negative Auswirkungen zu erwarten, wenn wir uns nicht mit dem Thema in seiner ganzen Breite beschäftigen.

In diesem Buch wird der Versuch unternommen, das Thema nicht nur in einigen technisch-wissenschaftlichen Aspekten, sondern auch in seiner gesellschaftlichen Bedeutung darzustellen. Wir sind sicher, daß heute ohne Technik kein Fortschritt oder gesellschaftliche Weiterentwicklung möglich ist. Das Thema „Künstliche Intelligenz" gehört dazu.

Dipl.-Ing. *K. P. Friebe*

Inhalt

Abschnitt I

Die Entwicklung der Mensch/Maschine-Beziehungen

Dr. *Philipp Sonntag*
Wissenschaftszentrum Berlin,
ab September 1986 im
VDI/VDE-Technologiezentrum
Informationstechnik, Berlin

Lange vor der Entwicklung der Industriegesellschaft änderte sich die Einstellung zur Technik. Stichworte hierzu sind unter anderem: Alchemie, Perpetuum mobile, das Streben nach immer neuen Rekorden in der gewagten und spektakulären Technik des Kirchenbaus, die verspielte Freude an der Mechanischen Kunstfertigkeit im Theater mit dem Ziel die Zuschauer zu verblüffen und quasi die Wirkung „übernatürlicher Kräfte" zu simulieren.

Das geheimnisvolle Kunstwerk

Mit techne bezeichneten die alten Griechen alle Fertigkeiten des Menschen etwas zu gestalten oder ein Werk zu erschaffen – ein maschinell-handwerkliches Werk ebenso wie ein Kunstwerk. Das Künstlerische einer Maschine war, vor allem im Mittelalter, in vielen Fällen mehr ein verspielter Selbstzweck, eine Kunst und weniger zielgerichtet. „ ‚Machina' ist im 16/17. Jahrhundert jeder Kunstgriff, auch die List und die Ränke bei Hofe, alle Machenschaften überhaupt; die äußeren Mittel, die solche Kunstgriffe ermöglichen; schließlich auch deren Ergebnis: besonders kunstvolle, komplizierte Gerätschaften und neuartige Produkte" [1]. Wer damals nicht geradezu selbst Maschinen baute, erlebte sie ähnlich wie heute ein Konsument die Mikroelektronik: Komplex, zwar stärker zweckgerichtet als damals, aber auch nicht ohne weiteres durchschaubar oder gar nachvollziebar. Lehrbücher der Mechanik, in denen die Kombination von Zahnrädern und Schneckengetrieben, von Flaschenzügen und Hebebühnen erklärt wurden, ebenso Lehrbücher der Optik, wurden von den Autoren für den Leser bedeutungsvoll und ehrfurchterheischeind eingeführt. So steht zu Anfang von Schott's „Magia Optica" [2]: „Aus der Vermählung von Natur und Kunst wird die Maschine geboren". Jungnickel [3] setzte an den Anfang seines Lehrbuches: „Schlüssel zur Mechanika, das ist: gründliche Beschreibung der vier Hauptinstrumenten der Machination" (1661) das Bild einer von Werkzeugen und mathematischen Geräten umgebenen Frau, deren Schwangerschaft und sieben Brüste symbolisch den Erfindungsgeist und die „sieben freien Künste" darstellen sollen.

Die Grundhaltung der sich vortastenden Erfinder orientierte sich an der mittelalterlichen, auf Augustinus zurückgehenden Theorie einer gottgeduldeten Erleichterung des Menschen nach der Vertreibung aus dem Paradies. Der Mensch soll die über ihn verhängte Strafe der Vertreibung aus dem Paradies durch die eigene Kunstfertigkeit abmildern.

Außerhalb der technischen Literatur wurden hingegen kritische Argumente vorgebracht, etwa: Gott hätte die Schafe farbig geschaffen, wenn er gewollt hätte, daß die Menschen bunte Kleider tragen. So lehnte König Philipp IV von Spanien im 17. Jahrhundert das Projekt der Schiffbarmachung der Flüsse Tajo und Monzanares ab mit dem Argument: „Wenn Gott gewollt hätte, daß beide Flüsse schiffbar würden, dann hätte er es mit einem kurzen „Es werde" zur Tatsache gemacht. Für Menschenhände wäre es aber ein verwegener Eingriff in die Rechte der Vorsehung . . .". Gegen kritische Einwände setzten die Ingenieure die Hoffnung, durch die Mechanik würde sich der Mensch wieder seiner paradiesischen Gottbildlichkeit nähern und dort wo es um unübersehbare Arbeitserleichterung gehe, da sei doch „die Nächstenliebe begriffen worden" [4].

Partnerschaftsprobleme bei zu großer Nähe von Mensch und Maschine

So wie sich die Verwendung der Technik bis heute darbietet, können wir da im Rückblick sagen, die Nächstenliebe sei verstanden worden? Spontane Reaktionen liegen nahe, spektakuläre Beispiele erfüllter und enttäuschter Hoffnungen. Keine derartige Aufzählung von Erfahrungen kann die gestellte Frage beantworten und sie wird am Ende dieses Artikels auch unbeantwortet bleiben. Wieso eigentlich ist die Antwort so schwierig? Da gibt es viele Gründe: Weil die Partnerschaft von Mensch und Maschine kompliziert ist, weil der Mensch sich selbst in dieser Partnerschaft nachhaltig verändert, weil es Partnerschaftsprobleme gibt, für die dieses Wort aus der Psychologie nicht zu hoch gegriffen ist, weil wir es mit Verdrängungen, mit Ängsten, Übertragungen und vor allem mit Instabilitäten der wechselseitigen Beeinflussung zu tun haben, also mit Steuerungsproblemen. In „Psychologie heute" wurde das Problem thematisiert [5]:

> „Überspitzt ließe sich formulieren: Die Maschinen, die wir bekämpfen und die wir lieben, sind gleichermaßen ein Teil von uns selbst. Technik und Mensch stehen sich nicht unvermittelt gegenüber, sondern Technik als menschliches Produkt trägt unsere Denk- und Verhaltensstrukturen in sich. Technik ist ein Teil unseres Denkens und Verhaltens, der sich gleichsam von uns abgespalten, in verschiedenen Formen und Ausprägungen verselbständigt hat und über diese auf uns zurückwirft.
>
> Aus dieser Wechselwirkung resultiert eine spürbar stärker werdende Realmaschinisierung menschlichen Verhaltens und menschlicher Lebensbereiche. Persönlichkeit, Interaktion und Maschine nähern sich einander immer mehr an." Und „Eigenschaften der Maschine, wie Eindeutigkeit und Zuverlässigkeit, Berechenbarkeit, Wider-

spruchsfreiheit und Regelhaftigkeit, sind ja durchaus Eigenschaften, die wir auch an unseren Mitmenschen schätzen. Es kommt geradezu einer Beschimpfung gleich, wenn wir von jemandem behaupten, er sei unberechenbar, unzuverlässig, verhalte sich widersprüchlich. Die maschinellen Eigenschaften sind jene, die uns Sicherheit geben vor unangenehmen Überraschungen (vielleicht auch angenehmen) . . ."

Bringt die Begegnung mit der künstlichen Intelligenz immer stärker selbst Überraschungen mit sich? Der Apparat, der Automat, die Maschine wird nicht nur intelligent im rationalen Sinne, sondern sie erscheint mehr und mehr als kreativ und innovativ. Ein Schachspielautomat der für Ermessensentscheidungen im risikolosen Bereich einen Zufallsgenerator einbezöge, welcher jedoch von der Spielweise des Gegners, oder vielleicht vom Wetter oder anderen Einflußfaktoren in der Wahl seiner Wahrscheinlichkeiten mitgesteuert wird, dieser Automat hätte für einen unbefangenen Beobachter ein eigenwillig-eigensinniges Verhalten, eine kreative Spontaneität, welche durch Rationalität des Spiels in einem sinnvollen Rahmen gehalten wird.

Weiterhin werden die natürliche und die künstliche Intelligenz bei vielen Anwendungen unentwirrbar miteinander verflochten sein, so bei der technischen Symbiose und wirtschaftlichen Konkurrenz von Experten und Expertensystemen.

Die Symptome maschinenhaften Verhaltens

Beide erweitern und ergänzen sich gegenseitig, beide erweitern ihr Wissen im Dialog. Werden die damit verbundenen Partnerschaftsprobleme nicht bewältigt, so können wir beim Menschen die Symptome maschinenhaften Verhaltens beobachten, mit weitreichenden Konsequenzen.

Die Brisanz der Mensch/Maschine-Beziehungen zeigt sich besonders bei den spektakulären Fortschritten modernster Technik, insbesondere im waffentechnischen Bereich. Pilot und Kampfflugzeug bilden ein Team, das nur durch das Wagnis einer Belastung bis an die Grenze der Fähigkeiten von beiden, von Mensch und Maschine zugleich, im Luftkampf eine Überlebenschance hat. Insofern wäre es beunruhigend für die eigene Sicherheit, wenn z. B. die Starfighter nicht in großen Zahlen abgestürzt wären, wenn man also nicht an die Grenze des Machbaren vorgestoßen wäre. Hat er aber tatsächlich eine Chance? Nach Berechnungen des Londoner Instituts für strategische Studien betrug am Ende der Nutzungszeit des Starfighters die Wahrscheinlichkeit, daß dieses Flugzeug nach einem Angriff aus dem Osten im Gegenschlag überhaupt am Ziel ankommt, nur etwa 6 % [6]. Da Waffensysteme vom Konzept über den Bau bis zum Ende der Nutzungszeit etwa 20 bis 30 Jahre dauern können, inzwischen aber die Elektronik ihre Leistungsfähigkeit etwa alle fünf bis sieben Jahre verzehnfacht, stellt sich das Problem bei moderneren Kampfflugzeugen nicht anders. Angriff und Verteidigung sind in ihrer Wechselwirkung nicht verläßlich vorauskalkulierbar, Instabilität und Probleme der politischen Steuerung sind die Folge [7].

Sind die sogenannten Sachzwänge im militärischen und ökonomischen Bereich sowohl sachlich als auch zwanghaft begründet? Diese schwer zu beantwortende Frage stellt sich am anderen Ende des Spektrums der Risiken, bei den alltäglichen Gewohnheiten im Umgang mit Technik in ebenso grundlegender Weise. Ähnlich unterscheiden wir bei den Umweltschädigungen plötzliche dramatische Unfälle oder Katastrophen einerseits und die vergleichsweise gering erscheinende Dauerbelastung andererseits (Schadstoffe in der Luft, Nahrungsmittelzusätze etc.). Die Dauerbelastungen führen jedoch per saldo zu ganz erheblichen Schäden, zu einer Vielzahl von chronischen Krankheiten. Diese Technikfolgen beruhen auf mangelnder Steuerung der Technik, auf der Gewohnheit einer Externalisierung von Kosten im Rahmen eines Systems der chronischen Linderung von Symptomen. Mangels Präventivmedizin führt dies zu hohen Kosten bei der Krankenversicherung. Die gesundheitsgefährdende Verwendung der Technik ist nicht etwa der Preis für die wirtschaftliche Konkurrenzfähigkeit, sondern – es wäre interessant dieses einmal empirisch im Detail zu untersuchen – vermutlich wäre die ergonomisch korrekte Verwendung der Technik in der Regel ohne hohe Kosten möglich, gesamtwirtschaftlich mit erheblicher Einsparung von Kosten. In vielen Fällen handelt es sich dabei um die Nichteinhaltung bestehender Vorschriften oder um mangelnde Einbeziehung der betroffenen mit den Maschinen arbeitenden Personen [8].

Die Belastung der Mensch/Maschine-Beziehung entsteht nicht etwa aus der Allgegenwart einer großen Anzahl verschiedenartiger Maschinen mit einem Übersättigungseffekt. Vielmehr geht es um die Bewältigung einer maschinellen Denkweise, also um die Bewältigung einer vorübergehenden Abspaltung einer im Menschen grundsätzlich mitangelegten Denkweise. Die Beziehungsprobleme beginnen bereits in der veränderten Haltung des Menschen, etwa im maschinenhaften Denken und Fühlen, wobei letzteres vor allem durch ein schablonenhaftes, eng kanalisiertes oder gar völlig fehlendes Fühlen gekennzeichnet ist. Diese veränderte Haltung geht oft der eigentlichen Erfindung der Maschinen voraus: Die Akribie des Buchhalters und Steuerberaters kam vor den modernen Buchhaltungsmaschinen, die in mühseliger und monotoner Anstrengung betriebenen Ziehbrunnen kamen vor den Motorpumpen, die Armbrust vor dem Gewehr. Die Perfektion der Maschinen in ihren vielgestaltigen Formen der Uhren, der Gabelstapler, der Ondulierungsgeräte, der alten Lochkartensortierer und der modernen Dokumentationssysteme führt zu der schablonenhaften Anpassung der menschlichen Tätigkeit an maschinelle Normen: Der Lagerarbeiter, der Postarbeiter, aber auch die Pflegerinnen in Altersheimen welche selten Maschinen benutzen, sie alle bekommen ihre Handgriffe so effizient vorgeschrieben, daß menschlicher Kontakt als luxuriöser Störfaktor erscheint – und wo er spontan durchbricht unter dem Streß und dem „schlechten Gewissen" mangelnder Effizienz belastend wirkt.

Die Dynamik der technischen Entwicklung

Die ersten Erfindungen hatten starke Auswirkungen auf die Lebens- und Arbeitsweise, z. B.:

- Drehbewegungen: Quirle zum Entzünden des Feuers, Räder für Transport und bei der Töpferscheibe.
- Der Einsatz von Naturkräften: Durch Wasserkraft getriebene Schöpfräder für die Bewässerung, Segel für die Nutzung des Windes, Schußwaffen durch den Einsatz der elastischen Spannkraft fester Körper und ab dem 14. Jahrhundert die Nutzung des Drucks der Explosionsgase für Feuerwaffen, die Nutzung von Tieren für den Antrieb von Maschinen.

Es wurden jeweils neue Tätigkeitsfelder eröffnet, neue Lebensformen und Tötungsarten erschlossen, welche die jeweiligen Nachzügler einem ökonomisch motivierten Nachahmungstrieb aussetzten. Im Prinzip waren die dabei umgesetzten Kräfte und Massen für den Menschen in ihrer Größenordnung noch erfaßbar, noch erfahrbar, noch handwerklich in Einzelschritten überschaubar und beherrschbar, wenn auch dabei gigantische Werke entstanden, z. B. große Segelschiffe oder Pyramiden. Die menschliche Kraft wurde ergänzt und erweitert. Die handwerkliche Fähigkeit setzte zwar komplexe Abstraktion voraus und schulte sie zugleich, aber nicht die existentielle Abstraktion der Maschine als eines neuen von sich selbst abgespalteten Gegenübers, als eines Partners der sich auch ein Stück weit verselbständigen kann und dadurch ganz andere Risiken beinhaltet.

Entscheidende Umbrüche geschahen durch die Dampfmaschine, durch die Elektrizität, durch den Umgang mit Radioaktivität und Computern. Die Kraft und Präzision der Dampfmaschine erlaubte die sehr genaue Bearbeitung der Metalle und eröffnete damit eine Fülle neuer Techniken. Allmachts- und Ohnmachtsgefühle begleiteten den Siegeszug der kraftvollen Maschinen, wie dies Quantifizierungen in Meyer's Konversationslexikon von 1896 zeigen [9]:

> Die Bedeutung der M. für die Entwickelung der modernen materiellen Kultur liegt darin, daß sie Menschen und Tierkräfte ersparen und vorteilhaft ersetzen können, eine große Schnelligkeit und Stärke des Verkehrs gestatten und die Quantität, Qualität und Wohlfeilheit der Arbeit erhöhen, ja zu ganz neuen Arbeiten Veranlassung geben, die ohne sie nicht möglich sind. Wie unvorteilhaft die Verwendung animalischer Kraft zur Ausübung sehr großer Kraftleistungen ist, zeigt z. B. die Aufrichtung der Alexandersäule in Petersburg (1834), deren Schaft 876,000 kg wiegt. Dabei verwandte man 681 Arbeiter und 1950 Soldaten; dessenungeachtet waren 62 Winden und 186 Flaschenzüge erforderlich. Dagegen wurden die 1,900,000 kg schweren Eisenblechkasten, aus welchen die Britanniabrücke Robert Stephensons über die Menaistraße zusammengesetzt ist, von nur drei hydraulischen Pressen aufgezogen, welche von einer einzigen Dampfmaschine in Bewegung gesetzt wurden. Bei vielen Arbeiten der neuern Technik reicht Menschenkraft überhaupt nicht hin, um Erfolge zu erzielen, so z. B. beim Ziehen dicker Eisendrähte, Blei- und Messingröhren, beim Hämmern und Walzen der in Puddel- und Schweißöfen gewonnenen Eisenmassen, des Stabeisens, der Bleche rc. Die Schnelligkeit des modernen Verkehrs beruht auf der Erfindung der Eisenbahnen, Lokomotiven, Dampfschiffe u. Telegraphen. Eine Schnellzuglokomotive befördert einen Zug von etwa 100,000 kg Gewicht mit 25 m Geschwindigkeit in der Sekunde auf horizontaler Strecke. Ein Pferd vermag auf horizontaler Chaussee eine Last von 2500 kg mit 1 m Geschwindigkeit fortzuschaffen.
>
> Diese großen Vorzüge des Maschinenwesens nach der Seite der Produktion müssen freilich auch mit manchen beträchtlichen *volkswirtschaftlichen* und *sozialen* Opfern erkauft werden. Die M. haben der menschlichen Arbeitskraft eine Konkurrenz bereitet, die wenigstens in Übergangszeiten und für einzelne Industrien (Textilindustrie) sehr drückend werden kann. Freilich ist gegenüber der von der Arbeiterklasse wiederholt kundgegebenen Feindseligkeit gegen die M. daran zu erinnern, daß dieselben auch wieder viele Menschen beschäftigen (Eisenbahnen, Dampfmaschinen), und daß sie die Masse der zu verarbeitenden Rohstoffe außerordentlich vermehrt haben. Nach der sozialen Seite ist zu bemerken, daß die M. erst die Frauen- und Kinderarbeit in großem Umfang hervorgerufen haben, wodurch zeitweise die Arbeit der Männer beschränkt und ihr Lohn gedrückt worden ist, wodurch aber auch das weibliche Geschlecht in der Arbeiterklasse vielfach eine wirtschaftliche Selbständigkeit erhielt. Das Bedenklichste ist ohne Zweifel, daß im Zeitalter des Maschinenwesens, wegen des zur Erwerbung der M. erforderlichen Kapitals, der Arbeiter unfähig ist, eine wirklich selbständige Stellung zu erlangen, daß er selten aus der Klasse der Fabrikarbeiter in eine wirtschaftlich und sozial höher stehende Schicht emporzusteigen vermag. Auch dem Kleinbetrieb hat das Maschinenwesen eine schwere Konkurrenz bereitet, welche teilweise mit dem Untergang des erstern und damit mit der Vernichtung zahlreicher selbständiger Existenzen endete. Allein auch da, wo dieser Ausgang nicht eingetreten ist, bleibt vielfach der Nachteil, daß das Maschinenwesen hauptsächlich dem großen Kapital dient, und daß es die gewaltige Anhäufung des modernen Kapitals in den Händen weniger mit befördert hat.

Diese Erfahrungen kennzeichnen heute nicht anders als damals die Beziehung von Mensch und Maschine: Arbeitslosigkeit durch Rationalisierung, reaktive Sozialpolitik anstatt flexibler Beschäftigungspolitik des Staates, die Idee daß die strukturelle Arbeitslosigkeit tendenziell nur für „Übergangszeiten" gelte, die Vorstellung daß die Qualität der Arbeit sich tendentiell verbessern würde, obwohl sich zumindest derzeit Verbesserung und Verschlechterung in etwa die Waage halten [10].

Kann das Jahrhunderte alte Problem mit Hilfe der künstlichen Intelligenz und allgemein der zukünftigen Informationstechnik gelöst werden? Bereits heute produziert ein Mensch in einer modernen Industriegesellschaft für etwa 40 andere die Nahrung und für etwa 10 andere die Güter. Dies wird nur möglich durch eine größere Zahl von Beschäftigten im Bereich der Dienstleistungen und der mit Informationsverarbeitung Beschäftigten [11].

Neben der Handarbeit wird auch zunehmend die Kopfarbeit rationalisert, die wöchentliche Arbeitszeit ist innerhalb eines Jahrhunderts von über 80 Stunden auf unter 40 Stunden gesunken und sie wird weiter sinken. Telekommunikation, Robotertechnik und neue Arbeitsorganisation mit Hilfe der Computer erlauben zusammen eine neue, wesentlich flexiblere Einteilung der Arbeitszeit als bisher. Die Fernprogrammierung von Robotern erlaubt tendenziell eine Überwindung der Trennung von Arbeit und Leben, eine verstärkte Heimarbeit, welche mit Risiken und Chancen für die Arbeits- und Lebensqualität verbunden ist. Es wird dabei von den Gewerkschaften, den Arbeitgeberverbänden und den staatlichen Institutionen abhängen, wie es gelingt, die Interessen von Arbeitnehmern und Arbeitgebern beide zugleich angemessen und ausgewogen in die Flexibilisierung einzubringen. Technisch ebenso wie sozial ist Heimarbeit so organisierbar, daß wir die entfremdete Art der heutigen Erwerbstätigkeit auf längerer Sicht überwinden und Teilzeitarbeit breit einführen. Wie befreiend oder makaber die zukünftige enge Beziehung mit den Maschinen sein wird, hängt von technologiepolitischen Entscheidungen ebenso ab wie von Entscheidungen auf der persönlichen Ebene. Dabei sind eine ganze Reihe von Fragen zu beachten, wenn sie auch erst im Zuge der Entwicklung flüssig zu beantworten sein werden: Werden wir den Zustand der chronischen Linderung von Schadenssymptomen überwinden? Wird die verbleibende Monotonie der Arbeit erträglich, weil nur wenige Wochenstunden Erwerbstätigkeit verbleiben? Werden Mann und Frau je ca. 15 bis 20 Stunden arbeiten und wird sich dies für die Gleichheit der Geschlechter nachhaltiger auswirken als alle sozialen Korrekturen? Wenn die Maschinen bis in unsere intimsten Bereiche hinein allgegenwärtig sein werden, schaffen sie dann unwillkürlich eine Distanz zwischen den Menschen? Läßt sich durch Anwendung der künstlichen Intelligenz nach Marketing-Gesichtspunkten ein verstärkter Angriff auf die menschliche Emotion erwarten – werden die sich abzeichnenden Maschinen, insbesondere die sich abzeichnenden Hausroboter mit künstlicher Intelligenz im Freud'schen Sinne einen „Lebendigkeitsneid" haben, werden sie dem menschlichen Ebenbild bis in eine gewisse Kreativität hinein nachgebildet sein, um die Illusion, ja stückweise sogar die Leistung eines spontanen individuellen Partners, eines tatsächlichen Gegenübers zu simulieren? Hautnah und näher finden sich Anhaltspunkte bei der Linderungstechnik, insbesondere der Behindertentechnik.

Linderungstechnik

Eine allgemein bekannte Eigenschaft von vielen körperlich Behinderten ist, daß sie sich ungern helfen lassen, daß sie mit großer Energie einen Weg zur

Selbsthilfe suchen. Technische Hilfsmittel sind daher zunächst einmal besonders erwünscht. Der Spin-off leistungsfähiger Industrieroboter wird in Zukunft noch weit mehr als bisher den Bau leistungsfähiger Hilfsmittel für Sinnesorgane und Muskeln erlauben. Ebenso wichtig wie die motorisierten Geräte, die Rollstühle, die Küchen- und Arbeitsmaschinen werden dabei leistungsfähige Computer sein. Die künstliche Intelligenz soll die natürliche Intelligenz ergänzen und erweitern, hingegen nicht ersetzen. Gerade bei Behinderten liegen die Vorteile auf der Hand, vor allem wenn noch leistungsfähige Telekommunikationsnetze hinzukommen, also z. B. über elektronische Briefe Heimarbeit den Behinderten nahegebracht werden kann. Entscheidend ist dabei, daß die Technik nicht etwa Distanz schafft und den Einzelnen isoliert, sondern vielmehr daß die neuen Kommunikationslinien die Kontakte erweitern, neue Begegnungen eröffnen. Bei den folgenden Nutzungen ist dies grundsätzlich möglich, obwohl Mißbrauch – die Beziehung zur Maschine ersetzt die Beziehung zum Menschen – immer wieder geschieht und bei praktisch jeder Maschine möglich ist [12]:

– Eine Lesemaschine, die gedruckte Texte zu einer künstlichen Stimmwiedergabe verarbeitet und

– ähnliche Geräte, die schwarze Linien in abtastbare Reliefkopien umwandeln für Sehbehinderte,

– Spezielle Tastaturen, z. B. für contergangeschädigte Personen;

– Ein Netzwerk für Behinderte in Santa Clara, Kalifornien. Jeder Teilnehmer kann aus lokalen Sendestationen Daten über aktuelle Ereignisse und Arbeitsangebote abfragen, selbst Dienste oder Produkte anbieten und Weiterbildungskurse belegen. Jeder Teilnehmer hat einen Heimcomputer sowie Ein- und Ausgabegeräte, die seiner Behinderung angepaßt sind. Durch dieses Netz ist eine neue Gemeinschaft entstanden. Technische Kenntnisse, wirtschaftliche Improvisationsfähigkeit, psychologisches Einfühlungsvermögen und persönliche Initiative wurden verbunden [13].

– Die Elektronik erlaubt in der Orthopädietechnik eine hohe Perfektion bei der Nutzung von Prothesen und Rollstühlen, wie auf der Fachmesse „Orthopädie und Reha Technik '85 international" vom 4. bis 8. Juni 1985 in Essen demonstriert wurde. In der Bundesrepublik Deutschland wird jährlich etwa eine Milliarde DM von rund 1300 orthopädischen Fachbetrieben mit etwa 6500 Fachkräften umgesetzt [14]: Etwa zwei Millionen Menschen benötigen diese Hilfsmittel, rund 450000 sind Versehrte des letzten Krieges, allein als Folge von Durchblutungsstörungen werden jährlich rund 50000 Amputationen vorgenommen. Die Hibakusha (Opfer der Atombombe in Japan) sind durch eine Vielzahl von zugleich auftretenden Verletzungen und Körperschwächen gekennzeichnet. Die Überlebenden eines Atomkrieges könnten – soweit sich ein technisch leistungsfähiges Gebiet entwickelt – mit vielen Prothesen und Umgebungshilfen halb Mensch und halb Roboter sein.

– Für ein Unfallopfer, das Arme, Beine und Lunge nicht mehr selbst bewegen kann, wurde ein durch die Stimme anzusprechender Computer gebaut, der die Steuerung von Fernsehen, Spielen, Telefon usw. erlaubt [15].

Zwei Risiken sind auch bei einem sozialgesteuerten Einsatz moderner Technik zu beachten:

– Perfekte Linderungstechnik kann die Verantwortung für Prävention schwächen. Bei der Unfallverhütung, vor allem aber bei der Verhinderung chronischer Leiden ist dies ein Problem der Gewöhnung. Die Vielzahl der oft versteckten Ursachen für Frühverrentung, für Unfälle machen Prävention schwierig: Belastung durch ergonomisch schädliche Arbeitsplätze, Umweltverschmutzung, langanhaltender Tablettenkonsum, allgemein Streß und dazugehörige Linderungsversuche. Viele Schäden wären durch Einsatz von derzeit verfügbarer Technik vermeidbar, die künstliche Intelligenz wird es erlauben eine weitgehend menschengerechte Umgebung zu schaffen, wenn dies politisch durchgesetzt wird.

– Perfekte Linderungstechnik kann eine Distanz zwischen Menschen schaffen, wenn der direkte Kontakt zurückgedrängt wird und die Technik hierfür die Motivation, die Entschuldigung bietet. Dieses Phänomen könnte durch die künstliche Intelligenz noch verstärkt werden, wenn sie als leistungsfähiger, scheinbarer Partner den Anlaß für menschliche Zuneigung beseitigt.

Natürliche und künstliche Intelligenz können sich wechselseitig sinnvoll ergänzen und erweitern, sie sollen sich aber nicht ersetzen

Weder soll monotone Arbeit (welche zuerst rationalisiert werden kann) auf lange Sicht von Menschen geleistet werden, noch soll eine vielseitige Maschine den Menschen so stark auf sich beziehen, daß sie ihn von anderen Menschen isoliert.

Bei der künstlichen Intelligenz, ebenso bei anderen Informationstechniken, vor allem aber bei dem Verbund von Datenübertragung und Datenverarbeitung ist mit einer steigenden Kommunikationsqualität und -komplexität unweigerlich zugleich ein Problem ihrer Steuerbarkeit und Störbarkeit gegeben. Sobald Glasfasern das Telefonnetz ersetzen, wird Bildfernsehen und Telearbeit im Sinne von präzise ferngesteuerten Maschinen möglich und üblich. Aus dem Schlüsselkind kann das Telekind werden: Es klingelt an der eigenen Haustür, die Mutter hört und sieht es vom fernen Arbeitsplatz aus oder während sie sich z. B. bei Nachbarn aufhält. Sie öffnet die Tür für ihr Kind durch Fernsteuerung. Schon einige Minuten früher hatte sie begonnen, die vorgefertigte Mittagsmahlzeit für das Kind zu erhitzen. Wenn dabei etwas bei starker Rauchentwicklung anbrennt, würde dies über Sensoren erfaßt, der Ofen ausgeschaltet und die Tatsache ihr mitgeteilt werden. Ein Haushaltsroboter könnte das Geschirr spülen und wegräumen, ein Lehrautomat dem Kind bei den Hausaufgaben helfen. Beide Geräte wären mit künstlicher Intelligenz ausgestattet, das Kind würde seine Wünsche teils über eine Tastatur, teils über eine auf wenige Wortbefehle eingeschränkte Sprache an die künstliche Intelligenz eingeben. Der Lehrautomat könnte kreativ auf die Antworten des Kindes eingehen, spielerische Elemente ebenso einflechten wie Ansatzweise therapeutische Hilfen, etwa indem er Interesse und Verständnis simuliert ähnlich wie das „Eliza"-Programm von J. Weizenbaum [16].

Wie wird es um die Sozialisation bestellt sein, wenn Haushalt und Teile der Erziehung gezielt robotergerecht, aber nur bedingt menschengerecht genormt sein werden? Beklemmende Visionen sind vorstellbar und in der Entwicklung nicht auszuschließen. Aber es handelt sich keineswegs nur um ein Zukunftsproblem und auch nicht nur um ein Problem des Umgangs mit Maschinen, sondern vielmehr um ein schon heute gegenwärtiges Problem des Umgangs mit einer maschinellen Denkweise. Roboterhaft ist heute schon so manches Training beim Turnen, im Eiskunstlauf oder bei den Kunstradfahrern. Gerade die Tatsache, daß im Sport künstlerische und spielerische Elemente einbezogen sind, erlaubt die Zerreißproben und in einigen Fällen medikamentöse Steuerungen bis hin zu nicht reparabelen Wachstumsstörungen, z. B. Rückgratverbiegungen. Im jugendlichen Alter werden Leistungssportler zu Sportinvaliden, so z. B. beim Tennis [17]:

> „Tracy Austin war mit 17 Dollarmillionärin. Mit 21 Jahren mußte sie wegen einer Rückenverletzung dem Wettkampf-Tennis ade sagen. Andrea Jaeger hatte ebenfalls mit 17 ihre erste Dollarmillion zusammen. Letztes Jahr mußte sie mit chronischen Schäden in Arm und

Schulter im zarten Alter von 19 Jahren Sport und Beruf aufgeben. Derzeit stehen rund ein Dutzend Spielerinnen unter den ersten 150 der Damen-Weltrangliste verzeichnet, die noch nicht einmal 16 Jahre als sind. Darunter die dreizehnjährige Amerikanerin Mary Jo Fernandez als Nummer 99. Genug Potential für Sportfrühinvaliden wie Tracy Austin oder Andrea Jaeger."

Die roboterhafte Zivilisation erfaßt den menschlichen Körper auch im intimen Bereich. Einige Modefriseure geben dem Menschen ein Aussehen, als sei er eine Kreuzung von Roboter und Insekt. Den maschinellen Menschen in einer maschinellen Umgebung haben wir schon seit Jahrzehnten verinnerlicht und unser Körper selbst wird von Maschinen erobert. Dies kann im Einzelfall eine willkommene Linderung von Symptomen sein, auch aber eine gefährliche Eigendynamik entwickeln. Barney Clark lebte 112 Tage mit einem künstlichen Herzen, das 13 Millionen mal schlug, bevor der Körper nach Nierenversagen, epileptischen Anfällen, absterbenden Muskelzellen, dem Verlust der lebenswichtigen E. coli-Bakterien, geistiger Verwirrung und Depression trotz aller Maschinen nicht mehr funktionierte [18]. Die Tatsache, daß wir in reichen Industriestaaten Millionen Mark oder Dollar für einzelne Menschen einsetzen – womit wir ihnen in vielen Fällen keinen Gefallen tun –, daß bei Schadenersatzprozessen wegen Körperschäden gewaltige Summen gezahlt werden, während zugleich viele Menschen kaum die allerprimitivste Versorgung bekommen, zeigt, daß wir die technische Perfektion der Heilung sozial und politisch ebenso wenig verantwortlich steuern können wie den Rüstungswettlauf. Im zivilen Bereich besteht ein ökonomischer, im militärischen Bereich ein taktischer Sachzwang, an die Grenzen des technisch Machbaren zu gelangen.

Die zunehmende Flexibilität der Roboter eröffnet neue Einsatzbereiche, so auch in dienstleistungsintensiven Betrieben wie z. B. dem neuen Kaufhaus von Seibu in Tsukuba, Japan [19]: 12 von 100 Millionen DM wurden beim Bau für Roboter und elektronische Dienstleistungen investiert. Die „Roporter" folgen einem Einkäufer selbstständig und tragen die Waren, Golfschläger können getestet werden, indem die Wirkung von Schlägen simuliert wird, Kundinnen können ihr Aussehen zusammen mit Kimonos der neuesten Mode bunt dargestellt sehen, um neue Kleider auszuwählen. Arbeitskräfte wurden eingespart und die Qualität des Services im technischen Sinne erhöht. In einer solchen Umgebung ist der Mensch steuernd und gesteuert tätig. Wenn Angestellte des Restaurants von

Seibu vergessen, nach dem Gang zur Toilette ihre Hände mit ultraviolettem Licht zu sterilisieren, dann bleibt ihnen die Tür zum Verlassen der Toilette verschlossen.

Bei staatlichen Normen besteht die Gefahr, daß sie durch den technischen Fortschritt rasch überholt werden und daß sie zwar bei der Geräteherstellung, nicht aber beim Einsatz der Geräte beachtet werden. So sind viele Bildschirmgeräte veraltet, bei vielen Nutzungen sind gravierende Mängel festzustellen, z. B. ist die Raumbeleuchtung oft nicht auf das Gerät abgestimmt [20]. Wenn die Organisation der Arbeitsweise zu stark maschinengerecht, aber zu wenig menschengerecht ist, dann sind Streß und mangelnde Effizienz die Folge. Ergonomische Erfahrungen zeigen [21]:

„Für die Beurteilung des Stresses am Bildschirmarbeitsplatz ist die Ausprägung des gesamten Arbeitssystems und nicht alleine die Gestaltung des Gerätes oder des Arbeitsplatzes maßgeblich"

und

„Nach Beurteilung der Ergebnisse in mehr als 40 Betrieben, Verwaltungen und Behörden können wir folgende Feststellung treffen:

– In manchen Bereichen sind Sachbearbeiter durch Verlust von Funktionen und Dispositionsspielräumen tatsächlich zu Datenerfassern dequalifiziert worden.
– In anderen Bereichen sind Funktionen der Schreibkraft auf die Sachbearbeiter übergegangen."

Weit verbreitet sind benutzerfeindliche Anlagen, für die Cakir ein Resumee formuliert [22]:

„Vermeidung von Streßsituationen ist nicht nur ein Gebot der Humanisierung, sondern auch der Effektivität. Sie setzt sinnvolle Anpassung der Datenverarbeitungsanlage an die Arbeit voraus, wobei der Anwender bestimmt, was ‚sinnvolle Anpassung' ist (Fußnote der Autoren: „Mit ‚Anwender' meinen wir den Betrieb, der sinnvollerweise eine paritätische Kommission aufstellt und damit effektiven Einfluß der Benutzung ermöglicht.")

Die Erfahrung mit computerisierten Arbeitsmitteln zeigt, daß in vielen Fällen grundlegende Mängel bestehen. Erst wenn die Vermeidung derartiger Mängel zum üblichen Qualitätsstandard wird, läßt sich die Symbiose von natürlicher und künstlicher Intelligenz in sinnvoller Weise planen. Erst dann wird die Gefahr vermieden, daß der unflexible und daher rasch dequalifizierte Mensch zum halbintelligenten Terminal des Computers degradiert wird, daß er aus kurzfristigen und kurzsichtigen Effizienzüberlegungen heraus auf genau jene Routinearbeiten reduziert wird, von denen die Maschine ihn im Grunde am leichtesten entlasten könnte, z. B. durch die Verwendung von Belegen welche für automatisches Einlesen am Computer vorgefertigt worden sind. Damit eine derartige Rationalisierung nicht zur Arbeitslosigkeit führt und damit qualitativ bessere Arbeitsplätze überhaupt eingerichtet werden können, ist eine grundlegende Modernisierung der Aus- und Weiterbildung notwendig [23]: Erforderlich sind sowohl handwerkliche Geschicklichkeit im Umgang mit Tastaturen und anderen Eingabe- und Ausgabetechniken als auch die selbstständige Fähigkeit, kreativ mit mehr oder minder komplexen Strukturen umgehen zu können. Gewaltige Datenmengen kann der Computer leichter speichern als der mühsam lernende Mensch, in einem Bruchteil von Sekunden anstatt in mehreren Jahren. Im sinnvollen Umgang mit den Daten können sich beide in zweckmäßiger Weise ergänzen.

Die praktische Erfahrung der Dequalifizierung wird unter anderem durch Mängel der Erziehung mitverursacht. Gerade die gezielte Nutzung der Computerintelligenz, gerade die Vermeidung von Routinetätigkeit in Schule und Arbeit würde eine Rückbesinnung auf humanistische Ideale erlauben und zwar auch auf der Ebene der am wenigsten qualifizierten Personen, welche in der unangenehmsten Weise von Versäumnissen betroffen sind [24]:

> „Das Recht auf Befreiung von Langeweile
>
> Die Aufgaben der Schule verändern sich. In einer Informationsgesellschaft ist es zwecklos, die Kinder in Klassen von 25 bis 30 Kindern zum Stillsitzen und zur genauen Ausführung von Befehlen zu erziehen; das ist glänzend, wenn man vor allem Fließbandarbeiter braucht. Wenn man kleine Menschen zu Robotern erziehen will, sind unsere heutigen Schulen großartig für diese Zwecke geeignet, es sei denn, die Jugendlichen werden dann so aufmüpfig, daß nicht mal das funktioniert. Wir haben die alten Fließband-Fabriken und die Kasernenschulen seit dem 19. Jahrhundert. Ein Lehrer steht vorn und trägt vor, während alle anderen schön stillsitzen. Kinder von 6 bis 16 sind dann zu zehn Jahren verurteilt, und es gibt keine Zeit, die ihnen nachgelassen wird. Das wird anders werden, denn das mechanische Ausführen von Befehlen ist gerade das eine, das man den Robotern

überlassen kann, das man in der Informationsgesellschaft mechanisieren kann. Das Denken, das Entscheiden, das Wählen, das kann der Roboter nicht, oder zumindest wenn er es könnte, wäre er zu teuer."

Da die Künstliche Intelligenz zunehmend in Entscheidungsbereiche vordringt, kommt es um so mehr darauf an, daß der Mensch die grundlegenden Entscheidungen selber trifft. Die Künstliche Intelligenz kann zunehmend hierzu eine sehr praktische Hilfe sein. Sie muß ihm aber so vertraut sein, daß die vage aber tiefgehende Angst vor der unbekannten Maschinerie ersetzt wird durch eine realistische Einschätzung der tatsächlichen Gefahren. Vage Ängste sind nur in besonderen Situationen angebracht, so z. B. wenn der Benutzer am Bildschirmgerät nicht weiß, wer ihn wann und wie heimlich kontrolliert – bereits der Verdacht, daß dies geschehen könnte verursacht Streß [25].

Bei der Kontrolle der Organisationsmittel in Produktions- und Dienstleistungsbetrieben müssen die Interessen von Arbeitgebern und Arbeitnehmern im Ansatz möglichst gleich-rangig berücksichtigt werden. Diese Notwendigkeit zeigt sich schon bei der Einführung einfacher Technik, umso größer ist sie bei zunehmend intelligenten Maschinen, Robotern und anderen Geräten. Es besteht immer wieder die Gefahr, daß die Inhaber der natürlichen Intelligenz (auf allen Ebenen der Hierarchie) es versäumen, der Technikentwicklung sozial vertretbare Bedingungen zu setzen und dann von unerwünschten Folgen überrascht werden. Sie müssen dann mühsam um eine Mitbestimmung an der Organisation kämpfen, welche im wesentlichen durch die Künstliche Intelligenz (direkt vertreten durch die Geräte und indirekt durch die Herstellerfirmen wegen deren Tendenz zu maschinengerechten Arbeitsplätzen) bestimmt wird.

Die Partnerschaft kann nur gelingen, wenn sich natürliche Intelligenz (vor allem durch Ausbildung) und Künstliche Intelligenz (vor allem durch Benutzerfreundlichkeit) auf halbem Wege entgegenkommen. Dann kann die Vertrautheit miteinander so selbstverständlich, die Arbeitsweise im Ansatz so ökonomisch werden, wie beim Umgang eines Handwerkers mit seinen gewohnten Werkzeugen. Bei der Erfindung und Verwendung mechanischer Werkzeuge wurde befürchtet, daß der Mensch zu stark in Richtung mechanisches Denken geprägt würde. Bei Fließbandarbeiten ist dieses Phänomen unvermeidlich, bei nicht allzusehr spezialisierten Handwerkern hingegen nicht, ja teils ist das Gegenteil zu beobachten: Neue Werkzeuge erweitern die Möglichkeiten und veranlassen eine flexiblere Planung und Gestaltung der eigenen Arbeitsweise.

Die Computerisierung bringt entsprechend die Gefahr eines zwanghaft formalisierten Denkens mit sich. Die Betonung liegt auf zwanghaft: Die Fähigkeit formalisiert denken zu können, darüber hinaus die Fähigkeit komplexe Systeme steuern zu können und mit Störungen fertig zu werden ist sinnvoll und wird als sinnvoll empfunden, wenn die Ausrichtung nicht zu einseitig auf rationalisierte Tätigkeit ausgerichtet ist. Die natürliche Intelligenz enthält spielerische und systematische Elemente, die sich verselbständigen können und abgetrennt eine eigene Form, z. B. als Maschine annehmen können. Wird dieses maschinelle Wesen vom Menschen als ein geistig zu verarbeitendes Gegenüber gesehen, wird dieses maschinelle Wesen verinnerlicht, so muß es ganzheitlich integriert, also in Umfang und Art und Weise moderiert werden. Die Eigendyamik der maschinellen Existenz muß gezähmt werden. Geschieht dies nicht, so haben wir Anlaß, uns vor der Umkehrung zu fürchten, vor unserer Anpassung an die Logik einer allzusehr technisierten Welt. Wäre diese technisierte Welt nicht ein Teil unserer eigenen Logik, so wäre die Gefährdung deutlicher, die Warnsignale wären spontaner. Wenn die Schädigung des Menschen deutlich wird, so ist es oft schwer, die Ursachen zu erkennen. Der Herzschrittmacher bedroht weniger unsere Fähigkeit „von Herzen" zu fühlen und zu leben. Aber er verfestigt jene Strukturen, jene unnötigen Streßfaktoren in unserer Umgebung, welche unser Herz überhaupt erst soweit geschwächt haben, daß diese maschinelle Steuerung notwendig werden konnte. Ähnlich kann Künstliche Intelligenz unsere in der Schule und am Arbeitsplatz eingeübte Unfähigkeit, mit komplexen Strukturen richtig und selbständig umzugehen, verfestigen. Indem wir die Künstliche Intelligenz richtig nutzen, vermeiden wird diese Gefahr. In einer solchen Symbiose von Experten und Expertensystemen kann die Künstliche Intelligenz uns immer dann helfen, wenn sie die natürliche Intelligenz nicht ersetzt, sondern vielmehr im laufenden Erfahrungsaustausch ergänzt und erweitert.

Schrifttum zu Abschnitt I:

[1] *Stöcklein, Ansgar:* Leitbilder der Technik. Heinz Moos Verlag, München, 1969.

[2] *Schott, Kaspar:* Magia Optica, das ist: geheime doch naturgemäße Gesichts- und Augen-Lehre. Bamberg 1671.

[3] *Jungnickel, Andreas:* Schlüssel zur Mechanica. Nürnberg (1661).

[4] *Stöcklein:* Siehe Anm. 1.

[5] *Bamme, Arno, Günter Feuerstein* et. al.: Maschinen: Unsere verleugneten Kinder. In: Psychologie Heute, April 1984 und *Bamme, Arno*, et. al.: Die Maschine, das sind wir selbst. Zur Grundlegung einer Sozialpsychologie der Technik. In: Psychosozial 18, Juni 1983.

[6] International Institute for Strategic Studies (IISS). The Military Balance 1979–80, London 1979.

[7] *Sonntag, Philipp:* Die politische Steuerung der rüstungstechnischen Entwicklung. IIVG/dp 83–110, Wissenschaftszentrum Berlin IIVG/GE, Berlin 1983.

[8] *Rosenbrock, Rolf:* Arbeitsmediziner und Sicherheitsexperten im Betrieb. Campus, Frankfurt 1982 und *Friczweski, F., W. Machewsky* et. al. (Hrsg.): Arbeitsbelastung und Krankheit bei Industriearbeitern. Campus, Frankfurt 1982.

[9] Meyers Konversations-Lexikon: Ein Nachschlagewerk des allgemeinen Wissens. Bibliographisches Institut, Leipzig Wien, 1869.

[10] BMFT: Informationstechnologie und Beschäftigung, Econ Düsseldorf 1980.

[11] *Otto, Peter* u. *Philipp Sonntag:* Wege in die Informationsgesellschaft. dtv, München 1985.

[12] *Sonntag, Philipp:* Technologiefolgenabschätzung bei der Informationstechnik. In: Die Zukunft der Informationsgesellschaft. *Philipp Sonntag* (Hrsg.), Haag und Herchen, Frankfurt, 1983.

[13] *Yudken, Joel S.:* The Community Health Information Project 867 W. Dana, Suite 203, Mountain View, Ca. 94041, USA.

[14] Elektronik steuert auch Prothesen. In: Der Apotheker, Frankfurt: Govi, 3. Juni 1985, S. 13.

[15] TIME 13. 12. 1982.

[16] *Weizenbaum, Joseph:* Die Macht der Computer und die Ohnmacht der Vernunft. Frankfurt, Suhrkamp 1977; S. 14 ff.

[17] FAZ (Frankfurter Allgemeine Zeitung) 27. 6. 1985.

[18] NEWSWEEK 4. 4. 1983.

[19] *Meyer, Michael R.* u. *David Lewis:* Seibu's Handy Little Robots. In: NEWSWEEK, 3. Juni 1985.

[20] Cursor 2000, 10/1984, S. 25.

[21] *Cakir, Ahmet:* Belastung und Beanspruchung bei Bildschirmtätigkeiten. In: *Michael Frese* (Hrsg.): Streß im Büro. Hans Huber, Bern/Stuttgart/Wien, 1981; S. 45 und S. 54.

[22] ebenda S. 59.

[23] *Otto/Sonntag:* Siehe Anm. [11].

[24] *Deutsch, Karl W.:* Soziale und politische Aspekte der Informationsgesellschaft. In: *Philipp Sonntag* (Hrsg.): Die Zukunft der Informationsgesellschaft. Haag und Herchen, Frankfurt/M., 1983.

[25] *Cakir:* a. a. O. S. 50.

Abschnitt II

Künstliche Intelligenz in einer Fabrik der Zukunft

Dr. *Dieter Specht*
Fraunhofer Institut für
Produktionsanlagen
und Konstruktionstechnik, Berlin

1. Einführung

Die Entwicklung der Technik im 18. und 19. Jahrhundert war mit der Idee verbunden, den Menschen von der Last mühsamer Arbeit zu befreien. Die Entwicklung von Kraftmaschinen schuf die Voraussetzung für die Übernahme schwerer körperlicher Arbeit durch Maschinen. Die noch andauernde Entwicklung von Informationsmaschinen wird geistige Arbeit erleichtern. Die Informationsmaschine versetzt uns im 21. Jahrhundert in die Lage, große Wissensbereiche rasch zu übersehen und zu bearbeiten. Sie wird geistige Arbeit ebenso beschleunigen wie das Auto unsere Fortbewegungsmöglichkeiten in diesem Jahrhundert beschleunigt hat.

Die Entwicklung von Informationsmaschinen erfordert die Beteiligung vieler Fachdisziplinen. In den Computerwissenschaften hat die Artificial-Intelligence-Forschung weiterführende Ansätze innerhalb der letzten 30 Jahre erarbeitet. Artificial Intelligence oder Künstliche Intelligenz (KI) versteht sich als der Teil der Informatik, der Rechnersysteme mit Eigenschaften entwickeln will, die wir gewöhnlich intelligentem menschlichen Verhalten zuordnen [1]. Die KI hat viele Methoden und Techniken gefunden, die in bestimmten Aspekten intelligentes Verhalten nachvollziehen. Zu diesen Techniken zählen Programmiersprachen wie Lisp und Prolog, Shells und Werkzeuge (Tools), Verfahren zur Repräsentation von Wissen, Such- und Inferenzprozesse über Wissensstrukturen, Überführung von externen Informationen in eine rechnerinterne Repräsentation.

Diese Techniken werden in Arbeitsfeldern angewandt, die wesentliche, zu entwickelnde Technologien zukünftiger Produktionstechnik umfassen. Hierzu zählen:

- die Entwicklung von Robotern,
- Bilderkennung und Bildverarbeitung,
- Verarbeitung natürlicher Sprache,
- Problemlösung und Planung,
- Expertensysteme,
- Deduktionssysteme,
- lernende und lehrende Systeme,
- Simulationssysteme,
- Systeme zur Programmsynthese,
- automatische Programmverifikation,
- intelligente Interpretation von Sensordaten.

Gegenüber konventionellen Datenverarbeitungstechniken eignen sich KI-Anwendungen insbesondere für Problembereiche, die aufgrund der großen Vielfalt zusammenwirkender Einflüsse zu vielen Lösungen führen und daher konventionell nicht lösbar sind, die zu großen Zeitaufwand, zu großen Arbeitsspeicherbedarf erfordern oder in ihrer Struktur zu inhomogen sind und daher vom menschlichen Experten durch Anwendung von Heuristiken gelöst werden.

2. Fabrik der Zukunft

Die rechnerintegrierte Fertigung einer Fabrik der Zukunft wird Erkenntnisse der Künstlichen Intelligenz intensiv nutzen.

Ihre Produktivität, Produktionsgeschwindigkeit, Flexibilität, Qualität und Zuverlässigkeit wird ein Niveau erreichen, das auf der Grundlage konventioneller Produktionsstrukturen nicht realisierbar wäre. Die Fabrik der Zukunft entsteht aus einer neuen Generation von Produktionstechnolo-

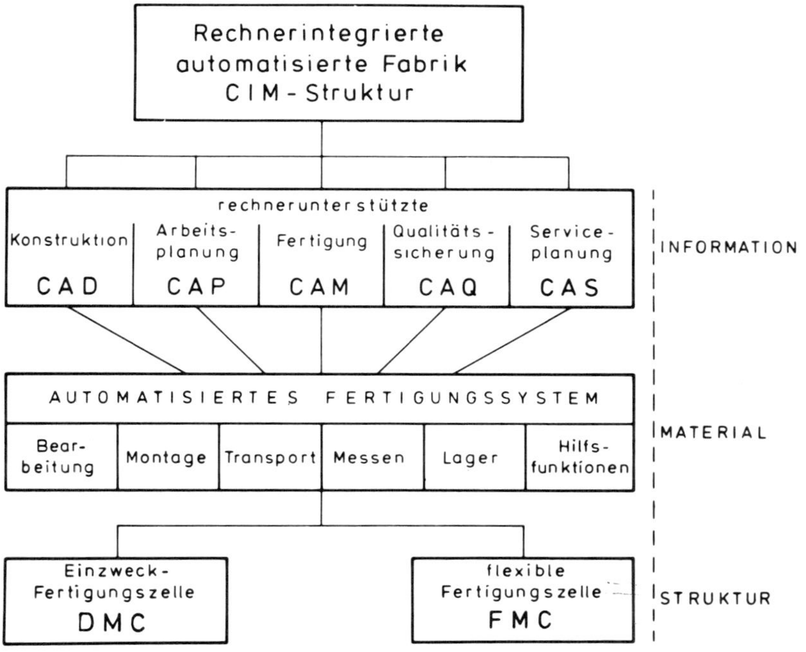

Bild 1. Struktur der rechnerintegrierten Fabrik.

gien durch Integration von rechnergestützten Informationssystemen und rechnergeführten Fertigungsprozessen. Ihr Einsatz wird die Ablaufbedingungen der traditionellen Stückfertigung und Montage grundlegend verändern und voraussichtlich auch das Organisationsgefüge und die Wettbewerbsstrategien ganzer Unternehmen umgestalten [2].

Die Fabrik der Zukunft ist rechnerintegriert und flexibel automatisiert. Sie ist frei von geschriebener Informationsübermittlung, verfügt über einen kontinuierlichen Fertigungsablauf und ist energietechnisch, materialtechnisch und informationstechnisch verknüpft, Bild 1.

Eine große Vielfalt von Produkten wird in kleinen Losen oder in beliebiger Reihenfolge wirtschaftlicher als heute hergestellt werden können. Die Vorlaufzeiten für die Einführung neuer Produkte werden stark verkleinert, Zwischenlagerbestände verschwinden fast vollständig, eine Endlagerung von Fertigprodukten zur Anpassung an diskontinuierliche Marktnachfrage ist kaum noch erforderlich. Manuelle Tätigkeiten werden weitgehend flexibel automatisiert, planende und steuernde Fertigungsaufgaben können in Mensch-Rechner-Interaktion ausgeführt werden.

Die rechnerintegrierte Fertigung stellt den Kern der zukünftigen Produktionserneuerung dar. Sie kann aus heutiger Sicht noch nicht vollständig in allen zukünftig einzubeziehenden Funktionen beschrieben werden. Eine genaue Prüfung der Fertigungstechnologie, des Ausmaßes ihrer Automatisierbarkeit sowie der Notwendigkeit ihrer Integration in eine Rechnerführung gibt jedoch schon im voraus die Möglichkeit, Strukturen der rechnerintegrierten Fertigung zu erarbeiten.

CIM bedeutet als Computer Integrated Manufacturing die Kombination von Hardware, Software, Datenbanken und Kommunikationssystemen mit dem Ziel

- einer automatischen Fertigung eines variablen Produktionsprogrammes bei direkter Rechnersteuerung,
- einer kontinuierlichen Optimierung der Fertigungssteuerung und Ablaufplanung,
- einer direkten Regelung des Materialflusses und der Bearbeitungsoperationen sowie
- einer dynamischen Bereitstellung, Koordination und Zuweisung aller zu disponierenden Fertigungsmittel, wie beispielsweise von Materialien, Werkzeugen und Werkzeugmaschinen sowie von Transport-, Spann- und Prüfmitteln.

Die Analyse und Festlegung der Bearbeitungsoperationen und Fertigungsprozesse, die Nutzung von Sensoren zur Sicherung von analytisch bestimmten Vorgabewerten für Abläufe, die Optimierung sowie Kontrolle der Bearbeitungsoperationen und -ergebnisse durch Rückkoppelungs- und Prüfeinheiten wird erst durch den Einsatz geeigneter Rechnersysteme möglich [2].

3. Expertensysteme

In einer höheren Entwicklungsstufe wird das rechnergeführte Fertigungssystem Maschinenintelligenz integrieren, also intelligente Werkzeugmaschinen und intelligente Industrieroboter, intelligente Montagemaschinen, intelligente Prüfmaschinen und intelligente Transportmittel in den Informationsfluß einschließen. Wenn wir Intelligenz allgemein als das Vermögen betrachten, sich neuen Situationen im Verhalten anzupassen, so können wir Maschinenintelligenz als das Vermögen einer Arbeitsmaschine definieren, die Prozeßführung den sich ändernden Einflußparametern und Strukturen anzupassen.

Viele Fertigungssysteme sind sehr komplex aufgebaut. Ihre Fertigungsprozesse sind meistens analytisch nicht beschreibbar. Die Lösung der Fertigungsaufgabe stützt sich deshalb auf Erfahrung, die ihrerseits wiederum auf einem umfangreichen Fachwissen beruht. Für die Planung von Fertigungsprozessen werden Spezialisten herangezogen. Diese werden auch Experten genannt.

In Analogie zu menschlichen Experten können mit KI-Methoden Expertensysteme entwickelt werden, die Informationen entscheidungs- oder fragebezogen aufbereiten und verfügbar machen.

Als Expertensystem bezeichnet man Programme, die eine Verarbeitung von Informationen selbsttätig ausführen, für die bei einer Lösung der Aufgabenstellung durch Menschen Personen mit langjähriger Erfahrung und speziellen Qualifikationen in bestimmten Fachgebieten, sogenannte Experten, benötigt werden. Die Arbeit eines Experten kann folgendermaßen beschrieben werden [4]:

- genaue Problemeingrenzung und fachliche Problemformulierung,
- vollständige und richtige Problemklärung,
- verständliche Formulierung der Antwort,
- Erklärung des Lösungsweges,
- Hilfe bei der Anwendung der Lösung.

Beim Aufbau eines Expertensystems versucht man, diese Arbeitsweise des menschlichen Experten soweit wie beim gegenwärtigen Stand der Forschung möglich im System einzubauen. Noch nicht nachvollziehbare Arbeitsschritte müssen durch den Anwender ergänzt werden.

Zur Optimierung integrierter Fertigungssysteme können Expertensysteme dadurch hilfreich sein, daß für die einzelnen Systembereiche der Fabrik spezielle Wissenszellen gebildet und von intelligenten Operationssystemen zur Entscheidungsfindung herangezogen werden. So lassen sich Wissenszellen für die Entwicklung, Konstruktion, Fertigungsvorbereitung, Fertigung und Montage sowie für Qualitätswesen und Vertrieb aufbauen [2].

Eine wesentliche Unterscheidung intelligenter Operationssysteme kann nach deren Zuordnung zu einem Kommunikationspartner getroffen werden. Entweder agiert der Mensch als Partner des Expertensystems, oder eine Maschine folgt den Entscheidungen des Expertensystems unmittelbar. Im ersten Fall können wir von Intelligenzverstärkung, im zweiten Fall von Intelligenzspeicherung sprechen. Mit anderen Worten bedeutet dies, daß

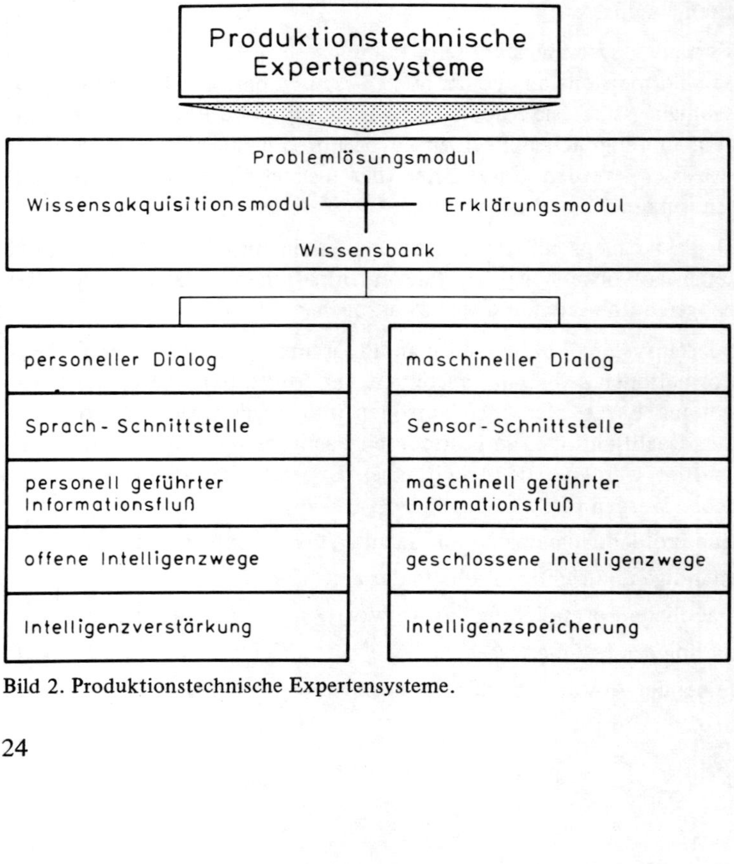

Bild 2. Produktionstechnische Expertensysteme.

Expertensysteme einerseits menschliche Intelligenz bei personell zu lösenden Problemen verstärken und andererseits bei maschinell zu lösenden Problemen speichern können. Im letzten Fall sprechen wir von Maschinenintelligenz oder intelligenten Maschinensystemen. Maschinenintelligenz ist in Fertigungssystemen prozeßbezogen. Sie kann mit allen am Fertigungsprozeß beteiligten Komponenten gekoppelt werden. Mögliche Bezugskriterien sind daher quantitative und qualitative Größen wie Material, Mengen, Raum, Zeit, Geometrie und Qualität, Bild 2.

Die Nutzung von Expertensystemen setzt akkumulierte Wissenszellen für die verschiedenen Produktionsbereiche einer Fabrik voraus, um intelligente Informationsprozesse im Mensch-Maschine-Dialog führen zu können, Bild 3. Diese intelligenten Informationsprozesse können sowohl einzeln als auch gekoppelt ablaufen. Die Koppelungsmöglichkeit hat den besonderen Vorteil, daß spezifisches Fachwissen des einen Bereiches automatisch auch einem anderen, bzw. allen Bereichen zur Verfügung steht. Beispielsweise kann sich das produkt- und funktionsorientierte Wissen des Konstrukteurs mit dem fertigungstechnisch orientierten Wissen des Arbeitsplaners durchdringen.

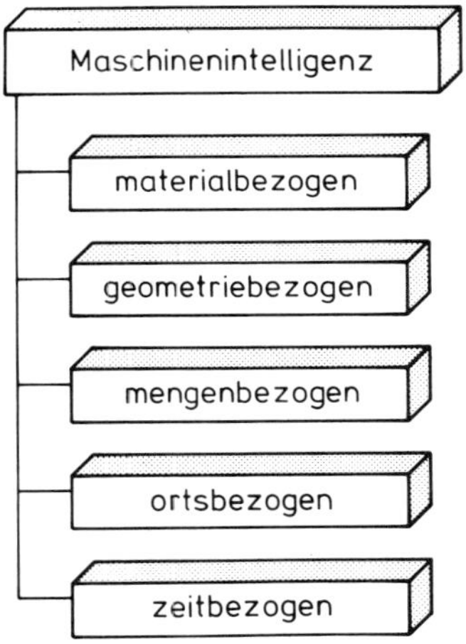

Bild 3. Arten von Maschinenintelligenz.

Der für die Produktion von Gütern erforderliche Informationsprozeß stützt sich auf Integration von Wissen und Erfahrung. Unter Know-how sind personelle Wissenszellen in den verschiedenen Produktionsbereichen einer Fabrik zu verstehen, die durch organisierte menschliche Kommunikation einen logischen und zielgerichteten Informationsprozeß bilden.

Durch die Akkumulation des Expertenwissens vieler Fachleute können Expertensysteme ein Fachwissen verfügbar machen, das über das Wissen eines einzelnen Menschen hinausgeht. Die vielseitige Wissensakquisition der im Produktionsprozeß integrierten Expertensysteme ermöglicht durch eine zielorientierte Regelanwendung, jede Aufgabenstellung, die sich in den Kundenaufträgen und Werkaufträgen widerspiegelt, zu analysieren und in Teilaufgaben zu zerlegen. Lösungen werden im Dialog unter Berücksichtigung aller hierfür gültigen Voraussetzungen schrittweise entwickelt. Eine derartige Anwendung der künstlichen Intelligenz in Form von Expertensystemen in der Fabrik der Zukunft wird phasenorientiert, das heißt konstruktions-, arbeitsplanungs-, fertigungs-, montage- und vertriebsorientiert ausgelegt sein.

Intelligente Koppelungen verschiedener Datenbank- und Informationssysteme mit geeigneten Expertensystemen würden erhebliche Mängel des derzeitigen Produktionssystems beseitigen. Neue Entwicklungen der Informationstechnik, insbesondere die Rechner der fünften Generation mit enorm gesteigerten Speicherungs- und Zugriffsmöglichkeiten sowie die Möglichkeiten der Wissenstechnik eröffnen dem Informationssystem einer industriellen Produktion ganz neue Perspektiven [2].

Die Entwicklungsarbeiten an Expertensystemen führten zwischen 1965 und 1980 zum Bau von Laborsystemen, mit deren Hilfe sich zeigen ließ, daß das Konzept auf praktische Probleme erfolgreich angewandt werden konnte. Einige Systeme, die Ausgangsbasis für später entwickelte Systeme waren, sind:

- DENDRAL, ein Expertensystem zur Strukturanalyse von massenspektroskopischen Daten oder chemischen Daten,
- HEARSAY I, II, ein System, das natürliche Sprache aus einem 1000 Worte umfassenden Vokabular verstehen kann,
- MYCIN, ein Expertensystem zur Diagnose bakteriogener Infektionskrankheiten, sowie das hieraus entwickelte Metasystem EMYCIN,
- MOLGEN, ein Expertensystem zur Planung molekulargenetischer Experimente.

Expertensysteme haben heute einen Entwicklungsstand erreicht, der ihre praktische Anwendbarkeit für einige relativ eng begrenzte Gebiete nachgewiesen hat. Bekannte kommerzielle Anwendungen sind die Expertensysteme XCON; XSEL und XSITE von DEC, die zur Konfiguration von VAX-Computern, zur Angebotserstellung für den Verkauf und zur Berücksichtigung von Umgebungsbedingungen bei der Installation von VAX-Rechnern dienen. Weiterhin bekannt sind ein System von AT&T für die Fehlersuche in Kabelnetzen, ein System von Hewlett-Packard für die IC-Produktion, ein System von General Electric für die Wartung und Instandhaltung von Lokomotiven und für die Wartung von großen Stromgeneratoren. Ford hat ein Expertensystem für Automobilgetriebe entwickeln lassen.

Man kann davon ausgehen, daß bis Ende 1984 in allen Einsatzfeldern etwa 100 Systeme weltweit die Stufe des kommerziellen Einsatzes erreicht hatten. Etwa 1000 weitere Systeme befinden sich in einem Entwicklungsstadium, das einen Einsatz in den folgenden Jahren erwarten läßt [6].

Aus Labormustern, die in den 70er Jahren entwickelt wurden, ist eine große Zahl von Nachfolgesystemen entstanden. In den USA beteiligen sich viele Unternehmen, auch eine große Zahl von neugegründeten Unternehmen, an dieser Entwicklung. Die Geschwindigkeit dieser Innovationen steigt, da aus erfolgreichen Expertensystemen durch Weglassen der Wissensbasis und von anwendungsfeldbezogenen Systemanteilen übertragbare Metasysteme, sogenannte Shells oder Werkzeuge (Tools) generiert wurden, u. a. EMYCIN, KAS, EXPERT, OPS5, HEARSAY-III, RLL, ROSIE, AGE, KEE, TWAICE [5].

In neuen Anwendungsfeldern lassen sich hierdurch rascher Expertensysteme bauen, da nur eine Anpassung und Auffüllung mit bereichsbezogenem Wissen erfolgen muß.

Für die Forschung stellen sich noch schwierige Aufgaben. Die Dimension der Anwendungsbereiche und die Zahl der einsetzbaren Regeln ist noch begrenzt, da mit steigender Größe des Anwendungsfeldes und der Regelanzahl eine Sicherstellung der Konsistenz der Wissensbasis schwieriger wird. Die Wissensrepräsentation muß bei der Darstellung von Fakten und deren Beziehungen in restriktiven Sprachen formuliert werden. Auch die Ein- und Ausgabe leidet unter dem Formalisierungszwang der gegenwärtig benutzten Sprachen. Die Erklärungskomponenten solcher Systeme sind daher in ihrer Ausdrucksfähigkeit begrenzt. Der Arbeitsaufwand für jeden Teilschritt einer Systementwicklung ist hoch [5].

Weitere Forschung ist daher unter anderem notwendig für:

- verbesserte Systeme der Wissensakquisition,
- bessere Erklärungskomponenten und Benutzerinterfaces,
- angepaßte Werkzeuge,

- bessere Systemarchitekturen und Inferenzprozeduren,
- bessere Arbeitstechniken für die Zusammenarbeit mit vielen Experten und unterschiedlichen Wissensquellen,
- Methoden zur Nutzung kausaler Modelle der Naturwissenschaften, von zeitlichen Beziehungen und deren Verbindung mit anderem Wissen,
- Methoden zur Einbeziehung von Annahmen und Erwartungen über die Umwelt,
- Systeme, mit denen sich Planung durchführen läßt,
- Systeme, die analoges Schlußfolgern ermöglichen,
- erweiterte Nutzung des Parallel Processing,
- mächtigere Wissensrepräsentationsmethoden [5].

Gegenwärtig lauffähige Expertensysteme benutzen das von Experten gelieferte Wissen, beispielsweise in Form von Faustregeln. Sie nehmen keinen Bezug auf dahinterstehende Gesetzmäßigkeiten, etwa auf Wissen über Naturgesetze. Die Forschung arbeitet daran, zukünftige Expertensysteme mit den Fähigkeiten zur Anwendung und Verarbeitung von Grundlagenwissen im Problemlöseprozeß auszustatten. An solchen im englischen Sprachraum „deep knowledge systems" genannten Entwicklungen wird am MIT und in Stanford gearbeitet [8].

4. Roboter, Sensoren, Mustererkennung

Die intelligente Verbindung von Wahrnehmung und Aktion ist das Ziel des KI-Einsatzes in der Robotertechnik [6]. Mit wachsender Komplexität des auszuführenden Fertigungsprozesses steigt auch der Grad der geforderten technischen Intelligenz. Für Maschinen ist sie im Sinne der gegebenen Definition zum einen Funktion ihrer sensorischen Intelligenz und zum anderen Funktion ihrer steuerungstechnischen Intelligenz. Das Zusammenwirken beider Komponenten ergibt dann die fertigungsprozeßbezogene Maschinenintelligenz.

Die bisherige Entwicklung von Robotersystemen zeigt, daß die Ausbildung der Bewegungsfunktionen am weitesten fortgeschritten ist. Die Auslegung von Robotern der ersten Generation erfolgte für Aufgaben der Werkstückhandhabung. Zur Durchführung einfacher Arbeitsaufgaben wie Palettieren erwiesen sich Punkt-zu-Punkt-Steuerungen als sinnvoll. Die Speicherung der Arbeitsaufgabe wurde zum Beispiel mit Hilfe von Nocken an einer Programmwalze vorgenommen. Sowohl die Zahl der Programmschritte als auch die Anzahl der zu speichernden Sollpositionen war durch den elektromechanischen Aufbau der Steuerung begrenzt. Handhabungsgeräte der ersten Generation verfügten bereits über interne Sensoren für die Positionsmessung [2].

Der Einsatz von Mikroprozessoren wurde zum entscheidenden Stimulans für die Weiterentwicklung der Robotertechnik der zweiten Generation. Die damit erzielte Steigerung der Leistungsfähigkeit der Steuerungssysteme ermöglichte die bahngesteuerte Führung von Werkzeugen. Bearbeitungsaufgaben wie Schmelzschweißen, Beschichten und Entgraten konnten damit für Industrieroboter erschlossen werden. Während Roboter der ersten Generation überwiegend motorische Fähigkeiten aufweisen, verfügt die zweite Generation zusätzlich über einfache Sensoren.

Die On-line-Bestimmung und -Überwachung kinematischer Größen wie Bahngeschwindigkeit und Bahnbeschleunigung in Abhängigkeit von der Länge des Bahnsegments erhöht die Arbeitsgenauigkeit. Algorithmen dieser Art weisen Verfahrstrategien auf und besitzen damit intelligente Eigenschaften.

Der Trend zur Verfeinerung der Sensorik prägt die gegenwärtige Entwicklung der dritten Generation. Komplexe Fertigungsaufgaben erfordern die Korrektur des im Steuerungsrechner gespeicherten Anwenderprogramms.

Auf dem Gebiet der Sensorik werden für die Mustererkennung intelligente, später auch lernfähige Informationsaufbereitungssysteme erwartet. Im Bereich der Steuerungstechnik existieren Strategien, die eine einfache Programmierung komplexer Bewegungsabläufe wie zum Beispiel Conveyorfunktionen durch den Anwender erlauben. In Erwartung dieser Fortschritte erleben wir gegenwärtig eine gewisse Stagnation bei der Erweiterung der Einsatzbereiche von Robotern in Fertigungsprozessen. Gegenüber den schon als klassisch zu bezeichnenden Einsatzdomänen von Robotern, wie dem Punktschweißen und Lackieren, weisen Einsatzgebiete wie der Montagebereich eine komplexere Fertigungsproblematik auf. Sie erfordern eine stärkere Anpassungsfähigkeit des Robotersystems an den jeweiligen Fertigungsprozeß. Bezogen auf die zuvor gegebene Definition von Maschinenintelligenz bedeutet dies, daß für eine Erweiterung des Einsatzbereiches von Robotern in der Fabrik der Zukunft auf den Fertigungsprozeß bezogen intelligentere Gesamtsysteme erforderlich sind, Bild 4.

Die Betonung liegt dabei auf dem Begriff Gesamtsystem, da sich mit einer getrennten Optimierung der Bereiche Sensorik und Motorik die genannten Zielsetzungen nicht erreichen lassen. Es ist vielmehr ein Ansatz zugrunde-

Bild 4.
Mobiler Industrieroboter.

zulegen, der von einer Einheit der sensorischen und motorischen Bereiche ausgeht, da sensorische Informationen erst durch adäquate steuerungstechnische Strukturen ihre fertigungsprozeßbezogene Bedeutung erhalten. Umgekehrt benötigen adaptive Steuerungsstrukturen, die auf Veränderungen im Fertigungsprozeß reagieren sollen, dementsprechende sensorische Informationen. Ein derartiger Ansatz erfordert auch die Entwicklung und Implementierung relevanter Modelle des Fertigungsprozesses in das Robotersystem, auf deren Grundlage die sensorischen und motorischen Verknüpfungen im Sinne eines adaptiven Verhaltens des Gesamtsystems erfolgen.

Definiert man im Vorgriff auf zukünftige Entwicklungsmöglichkeiten einen solchen intelligenten Industrieroboter, so kann man folgende Beschreibung seiner Fähigkeit geben:

Er soll in der Lage sein, sich in einer variablen Umgebung selbständig zu orientieren. Er muß Arbeitsschritte nach vorgegebenen Arbeitszielen in dieser Umgebung planen und ausführen können.

Um diese schwierigen Aufgabenstellungen zu bewältigen, benötigt er die Fähigkeit, ein ausreichend detailliertes Modell seiner Umgebung zu bilden. Aus Daten, die ihm Sensoren liefern, konstruiert er dieses Umgebungsmodell, erkennt Objekte und verknüpft diese mit einer Wissensbasis, die intern gespeichert ist und Anweisungen über die mit diesen Objekten möglichen Aktionen erhält. Aus vorher eingegebenen Arbeitszielen ermittelt der Roboter als nächstes eine Handlungsfolge und löst diese in Arbeitsschritte auf.

Dieses Konzept eines zu selbständigem Handeln fähigen Roboters erfordert die Anwendung von Methoden der KI, die jedoch noch wesentliche Entwicklungsschritte durchlaufen müssen. Voraussetzung für den Aufbau einer Repräsentation der Roboterumgebung sind geeignete Sensoren und intelligente Systeme zur Verarbeitung von Außeninformationen. Eine intelligente Software sollte in der Lage sein, Schlußfolgerungen über räumliche Beziehungen, Eigenschaften der repräsentierten Objekte sowie die Planung von Aktionen durchzuführen. Eine große Zahl hierbei auftretender Probleme ist noch Forschungsgegenstand.

Hierzu zählen unter anderem die Behandlung von mit Unsicherheiten oder Ungenauigkeiten behafteten Informationen über die reale Welt, die notwendige hohe Verarbeitungsgeschwindigkeit von Informationen sowie die Schadensbegrenzung bei eventuell auftretenden Fehlfunktionen der Maschine. Notwendig sind weiterhin intelligente Sensoren, um gegebene Informationen über die Umgebung mit einer intelligenten Strategie in Aktionen umzusetzen, die ein vorgegebenes Ziel erreichen lassen.

Die Aufnahme von Informationen erfolgt beim Menschen durch die Sinnesorgane Auge, Ohr, Haut, Nase und Zunge. Die Verarbeitung dieser Information ist sehr eng mit der Struktur der Sinnesorgane verknüpft. Ein Stufenschema unterteilt den Aufnahmeprozeß in [10]:

– aufnehmen	(empfangen),
– bewußt werden	(erkennen),
– behalten	(merken),
– vergleichen	(einordnen),
– wiedergeben	(beschreiben),
– beurteilen	(bewerten).

Eine automatische Adaption von Maschinen an wechselnde Umgebungen erfordert ein möglichst gutes Erkennen dieser Umgebung. Die Technik entwickelt Sensoren, die das Aufnehmen, Behalten und auch das Erkennen

sensitive Funktion	visuell	taktil	auditiv
Ausführung ⇩	Halbleitersensoren - punktuell - zeilenförmig - Matrix Bildaufnahme-röhren	Taster Einzel-DMS DMS-Felder Kunststoff-matrizen	Mikrofon Ultraschall-aufnehmer Beschleunigungs-aufnehmer
Erfassung und Verarbeitung ⇩	einzelne physikalische Größen n-dimensionales Muster	einzelne physikalische Größen n-dimensionales Muster	einzelne physikalische Größen Frequenz-spektren
Aufgaben in der Produktionstechnik ⇩	Bestimmung von Vollständigkeit (Anwesenheit) Position Orientierung Formen Oberflächen-eigenschaften	Grenzwert-meldung Zustandsprüfung Fügen	Funktionsprüfung Fehlerprüfung Abstandsmessung

⇩ steigender Komplexitätsgrad

Bild 5. Sensorfunktionen in der Produktionstechnik [11].

von Signalen für viele Anwendungsfälle ausführen. Höhere maschinelle Intelligenz ist für das Vergleichen, Wiedergeben und Beurteilen erforderlich. Systeme, die solche Funktionen ausführen, werden auch als mustererkennende Systeme bezeichnet, Bild 5.

Mustererkennende Systeme können unterschieden werden in Systeme, die Sensordaten registrieren, ohne eine Zuordnung zu einer Objektrepräsentation vorzunehmen, in Systeme, die mit Hilfe eingebauter Routinen eine Zuordnung von Sensordaten zu vorher eingegebenen und daher dem System bekannten Objekten sowie deren räumliche Positionierung vornehmen, Bild 6. Eine dritte Gruppe beinhaltet das Erkennen und Bewerten von Szenen mit bewegten Objekten. Diese schwierigste Aufgabe erfordert die Fähigkeit, Objekte einer bewegten Szene zu erkennen und aus einem Kontextwissen eine jeweils zutreffende Interpretation über die Szene zu finden. Hier stellen sich ähnliche Probleme wie bei der Erkennung natürlicher Sprache [8]. Beispiel für eine solche Aufgabenstellung

Bild 6. Optischer Halbleiterbildsensor.

könnte das Objekterkennungssystem eines selbstfahrenden, autonomen Industrieroboters sein, der Transport- sowie Be- und Entladeoperationen in einer Maschinenhalle vornimmt.

Die Entwicklung kleiner, präziser, kostengünstiger Sensoren auf Halbleiterbasis und ihre Verknüpfung mit der Mikroelektronik ist eine der wichtigsten Ingenieuraufgaben für eine weitergehende Automatisierung der Fertigung. Mustererkennung und die Auswertung von Bildfolgen über bewegte Objekte sind exemplarische Anwendungsfelder für KI-Methoden. Die Forschung arbeitet sehr intensiv an der Verbesserung der vorhandenen Systeme. Beispielsweise kann eine Verknüpfung praxisgeeigneter mustererkennender Systeme mit der Industrierobotertechnologie die Einsatzmöglichkeiten von Industrierobotern wesentlich vergrößern. Durch eine gute „Hand-Auge-Koordination" werden robotergesteuerte Greifvorgänge möglich.

Intelligente Sensoren können Aufschluß geben über die Ursache von Fehlern, die etwa in einer unbemannten Schicht am flexiblen Fertigungssystem auftreten. Der Fehler muß daher nicht zum Stillstand der Anlage führen, sondern kann von einer intelligenten Steuerung mit einer gezielten Strategie zur Fehlerbeseitigung angegangen werden.

5. Rechnerintegrierte Fertigung – CIM

Die Realisierung der rechnerintegrierten Fertigung zielt auf einen durchgängigen Fluß der Daten von der Konstruktion über die Produktionsplanung, die Fertigungssteuerung, Materialbereitstellung, die Generierung von Programmen für Maschinensteuerungen und deren On-line-Ausführung, bis zur Qualitätssicherung. Die Integration aller informationstechnischen Anwendungen erfordert die Entwicklung von Gesamtkonzepten für den Betrieb, womit über die gegenwärtig vorhandenen Insellösungen hinaus eine neue Stufe der Komplexität erreicht wird, Bild 7.

Die Verfügbarkeit lokaler Netzwerke (LAN) wie Ethernet, MAP, SNA und die Bemühungen der Normenorganisationen und Rechnerhersteller zur Vereinheitlichung von Schnittstellen und zur Festlegung von Übermittlungsprotokollen lassen das bisher vorhandene Problem der Hardware- und Softwarekompatibilität in naher Zukunft als lösbar erscheinen. Das Manufacturing Automation Protocol (MAP), initiiert durch General Motors, stellt ein realisierungsfähiges Konzept für die Rechnerintegration dar, Bild 8.

Die Einführung von CIM erfordert eine tiefgehende Anpassung der gesamten betrieblichen Informations- und Organisationsstruktur. Daten, die bisher vorwiegend für die eigenen Bedürfnisse von Betriebsbereichen gesammelt wurden, müssen auf einen an die Informationsbedürfnisse des Gesamtbetriebes angepaßten Stand gebracht werden. Datengruppen des technischen Bereiches sind unter anderem:

- strategische Daten,
- Kundenauftragsdaten,
- Werkauftragsdaten,
- geometrische Daten der Konstruktion und Fertigung,
- Sachmerkmaldaten und Daten über Normen,
- Wiederholteildaten,
- Produktionsplanungsdaten,
- Arbeitsplandaten,
- Materialdispositionsdaten,
- Prozeßdaten,
- Daten der Fortschrittsüberwachung,
- Qualitätsdaten,

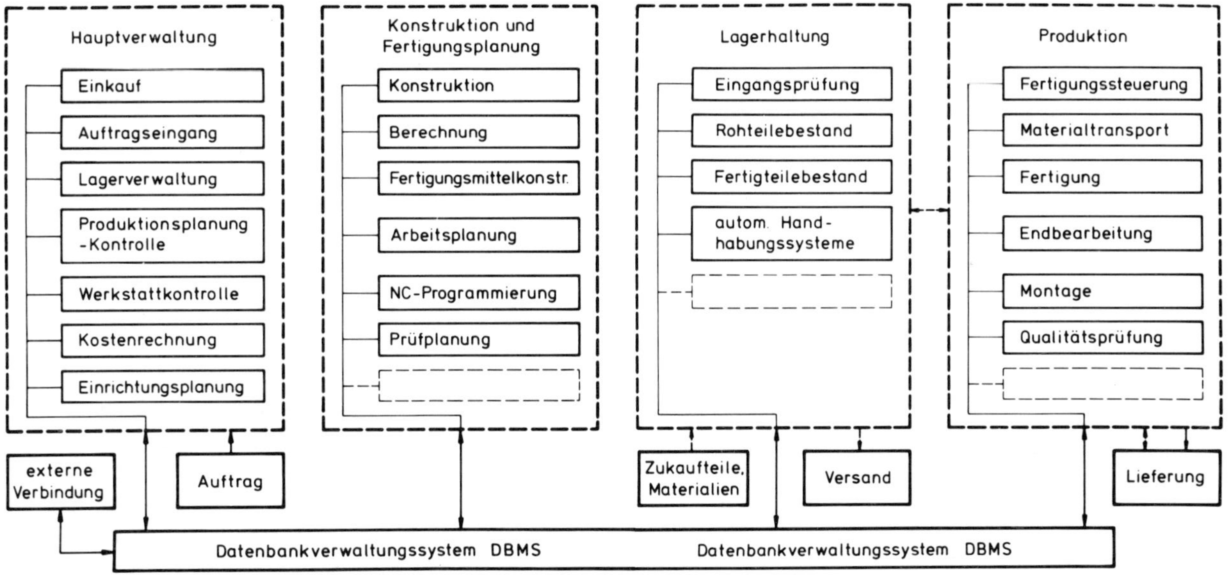

Bild 7. Informationsfluß im integrierten Informationssystem.

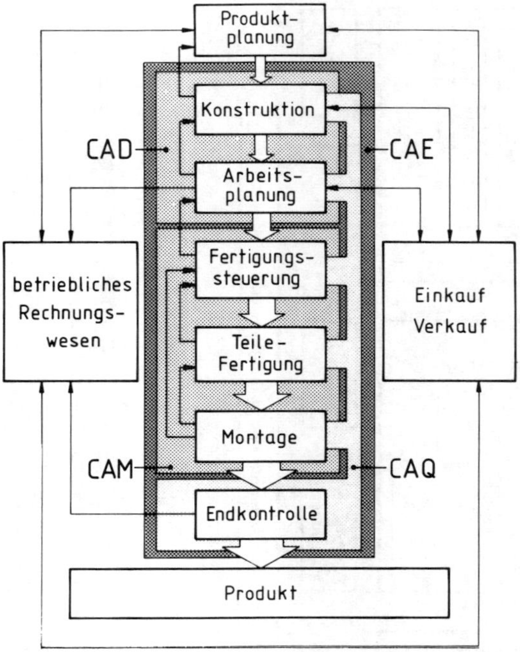

Bild 8.
Rechnerintegration.

– Methodendaten,
– allgemeine Informationsübermittlungsdaten.

Hinter jeder dieser Datengruppen steht eine Fülle von Aufgaben für Erfordernisse der Informationsbeschaffung, Informationsverarbeitung, Entscheidungsvorbereitung und Dokumentation für Planung und Überwachung. Es erscheint sinnvoll, für die Speicherung dieser Daten in einem CIM-System eine Datenbank vorzusehen, auf die dezentrale Benutzer nach Maßgabe ihrer Berechtigung Zugriff haben.

Methoden der künstlichen Intelligenz gewinnen durch CIM Anwendungsmöglichkeiten in zweifacher Weise. Die Komplexität der zusammenfließenden Datenströme macht es sinnvoll, Software für die intelligente Informationssammlung, für die intelligente Informationsaufbereitung und die intelligente Nutzung dieser Daten für unterschiedliche Aufgabenfelder einzusetzen. Zum anderen können intelligente Systeme zur Lösung von Einzelaufgaben deshalb eingesetzt werden, weil benötigte Betriebsdaten über das integrierte Informationsnetz erstmals in ihrer Gesamtheit verfügbar werden.

Während Anwendungsmöglichkeiten der KI wie Verstehen natürlicher Sprache, lernende Systeme, automatisches Programmieren sowie logisches Argumentieren noch Gegenstand der Forschung sind, gewinnen Anwendungen wie intelligente Sensoren, Roboter und insbesondere Expertensysteme zunehmend praktische Bedeutung.

In einem CIM-System könnten Expertensysteme Einzelaufgaben folgender Art unterstützen:

- Erarbeitung von Plänen aufgrund einer Zielvorgabe,
- Unterstützung von Systemzuständen durch Analyse von Befunden,
- Diagnose von Fehlerursachen in Maschinen und Informationssystemen,
- Überwachung von Anlagen,
- Vorhersage von Systemzuständen und Fehlern.

Mit diesen Funktionen ließen sich beispielsweise intelligente Mensch-Maschine-Schnittstellen, intelligente Maschinensteuerungen, intelligente Kommunikationsnetze, intelligente Informationssuche, intelligente Reparatursysteme, intelligente Entwurfssysteme und intelligente Entscheidungsunterstützungssysteme entwickeln.

Eine schnelle Realisierung dieser Anwendungen erfordert weitere intensive Forschungsarbeiten.

Probleme sind die Akquisition von Wissen, die Repräsentation dieses Wissens im Rechner und das zielgerichtete Schlußfolgern (Reasoning) über diesem Wissen. Für ein Anwendungsfeld muß u. a. gesammelt werden:

- Spezielles Bereichswissen,
- Wissen über Ziele,
- Wissen über mögliche Aktionen zur Zielerreichung,
- Wissen über Restriktionen und Nebenwirkungen,
- Wissen über Fehler,
- Wissen über die Problemformulierung und das Problemlösen,
- Wissen über Kommunikationsbedingungen,
- Wissen über interagierende Maschinen und über das Verhalten menschlicher Partner,
- Hintergrundwissen,
- Kontextwissen und Bedeutungszusammenhänge.

Diese erweiterungsfähige Liste verdeutlicht, weshalb bisher eingesetzte Systeme sich auf genau definierte, enge Bereiche beschränken. Das eigene Problemlösungsverhalten ist dem menschlichen Experten vielfach in seinem konkreten Ablauf nicht bewußt. Er glaubt, aus Erfahrung richtig gehandelt zu haben. Die Übertragung seiner Fähigkeiten auf einen Rechner erfordert jedoch die Erforschung der Strategien, mit denen der Experte eine brauchbare Lösung erreicht.

Die Struktur einer Fabrik der Zukunft ist in der kurzfristigen Perspektive erkennbar. Künstliche Intelligenz als Technologie, die Rechnern neue Einsatzfelder erschließt und den Menschen von geistiger Routinetätigkeit befreit, wird bedeutende Anstöße für diesen Entwicklungsprozeß geben. In einer längerfristigen Betrachtung bleibt offen, wohin die folgerichtige Weiterentwicklung führt. Bei menschengerechter Gestaltung unserer Fabriken können wir jedoch erwarten, daß mehr Zeit für kreatives Handeln verfügbar wird und eine wirkungsvolle Unterstützung bei Beschaffung, Be- und Verarbeitung von Informationen die Arbeitsmöglichkeiten des Einzelnen erweitern. Die Erstellung von kommunikationstechnischen Systemen, die Anpassung des in diesen Systemen gespeicherten Wissens wird viele neue Arbeitsplätze schaffen und damit einen Ausgleich für entfallende Aufgabenfelder geben, die weniger attraktiv sind.

Schrifttum zu Abschnitt II:

[1] *Barr, A.* u. *Feigenbaum, E. A.:* The Handbook of Artificial Intelligence. Los Altos: Kaufmann, 1981.

[2] *Spur, G.:* Aufschwung, Krisis und Zukunft der Fabrik. In: Beiträge des Produktionstechnischen Kolloquiums. München: C. Hanser, 1983.

[3] *Mescheder, B.:* Funktion und Arbeitsweise des Expertensystems – Shell TWAICE. In: *S. E. Savory* (Hrsg.), Künstliche Intelligenz und Expertensysteme. München, Wien: R. Oldenbourg, 1985.

[4] *Raulefs, P.:* Expertensysteme. In: Künstliche Intelligenz. Informatik Fachberichte, Bd. 59. Berlin, Heidelberg, New York: Springer, 1982.

[5] *Hayes-Roth, F., Watermann, D. A.* u. *Lenart, B.:* Building Expert Systems. London, Amsterdam, etc.: Addison-Wesley, 1983.

[6] *Brady, M.:* Artificial Intelligence and Robotics. Artificial Intelligence 26 (1985) pp. 79–121.

[7] *Wiig, K. M.:* Trends and Devolopments of Artificial Intelligence for Practical Use. Vortrag auf dem Technologieforum. Berlin, Nov. 84.

[8] *Neumann, B.:* Knowledge Sources for Understanding and Describing Image Sequences. Vortrag auf der ECAI, 1984.

[9] *Kinnucan, P.:* Computers that think like Experts. High Technology Magazine, Jan. 1984.

[10] DIN 10950: Allgemeine Grundlagen der sensorischen Prüfung. Berlin: Beuth-Verlag, 1981.

[11] *Spur, G.:* Sensoren-Technologie und Anwendung. VDI/VDE Kongreß, Bad Nauheim, 1984. VDI-Bericht 509, 1984.

Abschnitt III

Expertensysteme für industrielle Nutzung

Dr. *Ralf-Dirk Hennings*
Freie Universität Berlin

Dieser Beitrag ist die übersetzte und ergänzte 2. Fassung einer englischsprachigen Arbeit des Autors mit dem Titel: The Use of Expert Systems in Industry.

1. Einleitung

Seit einer Reihe von Jahren geistert ein neues Schlagwort durch die Welt der Computer-Wissenschaften und -Anwendungen: Expertensysteme. Es scheint, als ob alle Probleme, die sich bisher einer Bearbeitung widersetzten, nun gelöst werden könnten. Aber sind diese Hoffnungen wirklich berechtigt?

Zunächst sollte man sich an die frühen 70er Jahre erinnern, als in den industrialisierten Ländern eine sehr ähnliche Diskussion über Software-Produkte, die damals neu entwickelt wurden, stattfand: gemeint sind die sog. Information (Storage &) Retrieval Systeme (IS&RS, IRS), Management Informationssysteme (MIS) oder Datenbank (Verwaltungs-) Systeme (DBS, DBMS), die hier trotz ihrer Unterschiede als Einheit betrachtet werden sollen. (Eine genauere Differenzierung findet sich etwa bei Salton 1968, Date 1975 und Salton/McGill 1983.)

Alle derartigen Systeme operieren auf relativ gut strukturierten Daten d. h. Zahlen oder Texte, die eingegeben, gespeichert, ver-/bearbeitet, gesucht und ausgegeben werden können. Dieses geschieht mit Hilfe von Programmen, die in speziell hierfür entwickelten Programmiersprachen geschrieben werden.

Daten werden durch Symbolketten repräsentiert, die entweder die Grundlage für Berechnungen sind oder andererseits den Gegenstand für Vergleichs-, Such- und andere algorithmische Operationen darstellen. Insofern stellen Information Storage und Retrieval bzw. die anderen erwähnten Systeme eine andere Kategorie als frühere Computeranwendungen dar. Diese waren hauptsächlich auf das sog. „number chrunching" orientiert, d. h. sie konnten sehr große Zahlenmengen verarbeiten. Beide Kategorien lassen sich aber unter der Bezeichnung Datenverarbeitung zusammenfassen.

Datenbank- und verwandte Systeme werden inzwischen vielfältig eingesetzt, obwohl es nicht in allen Bereichen mit dem gleichen Erfolg geschieht:

- Es gibt tausende von Datenbanken, die speziell zum Dokumentennachweis entwickelt wurden. Sie werden z. B. nicht in dem Maße benutzt, wie es erwartet wurde. Viele derartige Systeme würden nicht länger unterhalten werden, wenn sie sich selber finanzieren müßten. (Wersig 1982, Stukenbröker 1984).
- Management und Verwaltung nutzen Datenbanksysteme wesentlich effektiver: hier hat eine totale Umstrukturierung der öffentlichen und

kommerziellen Dienstleistungen stattgefunden – kein Bereich des täglichen Lebens blieb dabei verschont. (Belkin/Hennings/Seeger/Wersig/Windel 1983).

– In der industriellen Anwendung hat ebenfalls eine ähnliche Veränderung stattgefunden, denn Produktionslinien und einzelne Prozesse, die durch Computer gesteuert werden, greifen in den meisten Fällen auch auf Datenbanken zu.

Obwohl also in den vergangenen Jahren Information Storage & Retrieval Systeme unzweifelhaft große Vorteile gebracht haben, sollte nicht unerwähnt bleiben, daß eine Menge der Erwartungen aus jener Zeit, die verschiedentlich von Hard- und Software-Industrie proklamiert und ohne Zögern auch von potentiellen Kunden und der breiten Öffentlichkeit akzeptiert wurden, daß nämlich mit Hilfe derartiger Systeme alle Management-Probleme zu bewältigen sein müßten, nicht eintraten. Vielleicht ist Entscheidungsfindung infolge richtiger und anschaulich präsentierter Daten etwas einfacher geworden. Wenn aber die Daten überhaupt nicht zur Verfügung stehen oder fehlerhaft sind, ist die Situation heute (noch) die gleiche als wenn überhaupt keine Informationstechnologie der Art verwendet wird.

Wenn Probleme entstehen, müssen menschliche Experten nach Lösungen oder zumindest nach Behandlungsmöglichkeiten suchen. (Zu letzterem siehe auch Seeger 1982, Belkin/Seeger/Wersing 1983, Belkin/Hennings/Seeger 1984, Hennings 1984, Wersig/Hennings 1984).

2. Von der Datenverarbeitung zum Knowledge Engineering

Was aber leisten nun Expertensysteme? Ist es wirklich möglich, daß derartige Systeme in naher Zukunft die menschlichen Experten überflüssig machen? Um diese Frage zu beantworten, müssen zunächst einige Prinzipien und Definitionen eingeführt werden.

Der Begriff Expertensysteme wird häufig synonym mit dem Ausdruck „wissensbasierte Systeme" benutzt. Dieser wurde zuerst im Jahre 1975 für eine Anzahl von Software-Systeme aus verschiedenen Anwendungsbereichen verwendet, wobei hierunter Programme verstanden wurden, die mehr leisteten als das, was Information Storage & Retrieval Systeme zu der Zeit konnten.

Wesentlich für sog. Expertensysteme ist, daß sie nicht nur auf algorithmischen Prozessen unter Verwendung von Daten und Programmen operieren, sondern auch Komponenten haben, mit denen Wissen von (menschlichen) Experten computerunterstützt gewonnen (akquiriert), artikuliert (repräsentiert) und verarbeitet (manipuliert) werden kann.

Was ist aber Wissen in einen bestimmten Gegenstandsbereich? Hayes-Roth/Watermann/Lenat definieren 1983: Wissen besteht aus Beschreibungen, Beziehungen und Prozeduren in einem speziell interessierenden Gebiet.

Beschreibungen bestehen hierbei aus Sätzen, formuliert in einer bestimmten Sprache, deren elementare Einheiten einfache Begriffe (concepts) oder Merkmalsbeschreibungen (features) sind, wobei im allgemeinen Regeln für deren Benutzung oder Interpretation in bestimmten Anwendungen dazugehören.

Beziehungen beschreiben Abhängigkeiten zwischen diesen Einheiten, zum Beispiel in Form von taxonomischen, definitorischen oder empirischen Zuordnungen.

Schließlich spezifizieren Prozeduren die Operationen, die ausgeführt werden können, wenn ein Problem gelöst oder behandelt werden soll.

Allerdings erscheint Wissen in der Realität häufig nicht in so klar getrennten Formen, so daß es nicht direkt benutzt werden kann. Es muß häufig aus empirischen Situationen extrahiert und transformiert werden, wozu heuristische Methoden nötig sind, bei denen probabilistische, fehlerhafte und unsichere Daten kombiniert, experten-spezifische Begriffe, Beschränkungen und Regelungen benutzt und kausale sowie nicht-kausale Modelle verwendet werden müssen.

Somit erweist sich eine zweite funktionale und approximative Definition von Wissen als praktisch:

Wissen besteht demnach aus

(1) symbolischen Beschreibungen für definitorische und empirische Fakten und Beziehungen in einem Gegenstandsbereich sowie aus

(2) Prozeduren für die Verarbeitung dieser Beschreibungen.

Weiterhin ist es sinnvoll, zwischen Wissen und Fertigkeit (Erfahrung, Übung) zu unterscheiden und Begriffe für besondere Leistungen oder andere Kriterien für Effizienz, wie reduzierte Fehlerhäufigkeit, größere kognitive Fähigkeit, verbesserte Anpassungsfähigkeit und Robustheit zuzuordnen.

Lenat, Hayes-Roth und Klahr haben das 1979 wie folgt formuliert: Skill means having the right knowledge and using it efficiently.

Wissen muß, wenn es mit Computern bearbeitet werden soll, in interne Repräsentationsformen überführt werden. Hier haben sich grob vier verschiedene Repräsentationssprachen (und beliebige Kombinationen davon) als geeignet erwiesen, d. h.

- Aussagen- und Prädikatenlogik,
- Semantische Netze,
- Frames und
- Produktions(regel)-Systeme.

Logische Repräsentation

Hierzu gehören *Aussagenlogik und Prädikatenlogik der 1. Stufe.* Letztere besteht aus Konstanten, Variablen, Funktionen und Prädikaten, die sich mit logischen Operatoren (UND, ODER, NICHT, etc.) in Formeln zusammenfassen lassen.

Zusätzlich werden All- bzw. Existenzquantoren ($\forall, \exists$) verwendet, so daß sich Aussagen darüber formulieren lassen, ob eine Formel z. B. insgesamt wahr ist oder ob etwas existiert.

Das Prädikatenkalkül hat eine gut definierte Syntax, d. h. daß es eine wohl bestimmte Menge von Regeln gibt, um Formeln zu bilden. Auf der anderen Seite gibt es auch eine wohl definierte Semantik in dem Sinn, daß entschieden werden kann, ob die betrachteten Formeln wahr oder falsch sind.

Vorteile der Logik zur Repräsentation von Wissen sind:

- Unabhängigkeit vom Modell der Welt.
- Lokale Vollständigkeit, d. h. Existenz von Beweisprozeduren, mit denen sich mechanisch für eine gegebene Menge von Voraussetzungen Schlußfolgerungen ableiten lassen.

Nachteile dieser Methode sind:

- Keine Toleranz gegen Inkonsistenzen, d. h. widersprüchliche Annahmen führen zu Widersprüchen bei den Ableitungen, also entweder zur All-Aussage oder einer Tautologie.
- Schwieriges Verständnis des logischen Formalismus.
- Beweisprozeduren können sehr lang, komplex und schwierig zu benutzen sein, speziell weil ein menschlicher Experte häufig noch seine Erfahrung und Intuition nutzt, wenn er entscheidet, welchen Weg er gehen soll.

Semantische Netze

Eine graphische Repräsentation von prädikatenlogischen Ausdrücken stellen *Semantische Netze* dar. Falls keine Variablen benutzt werden, handelt es sich hierbei um gerichtete Graphen, wobei die Knoten mit Namen von Prädikaten versehen sind. Falls Variablen in den Knoten zugelassen sind, können diese sowohl existenz- als auch allquantifiziert sein. Weiterhin sind logische Verknüpfungen durch Einkreisen entsprechender Knoten symbolisierbar.

Mit Semantischen Netzen lassen sich sehr komplexe Zusammenhänge repräsentieren, wobei sich auch gut hierarchische Abhängigkeiten darstellen lassen.

Vorteile von Semantischen Netzen sind:

– Gute Verdeutlichung der verschiedenen Relationen.
– Leichte Einführung von Hierarchien oder Leveln mit Hilfe von logischen Operatoren.

Nachteil dieser Methode ist:

– Reduktion der Transparenz, wenn die Komplexität zunimmt.

Frames

Frames dienen ebenfalls zur Repräsentation von Wissen, allerdings schon stark im Hinblick auf die jeweils verwendete Implementierungssprache.

Entwickelt wurden die Frames, die eine Verallgemeinerung der Datenstruktur z. B. eines Records in PASCAL oder der Property-Liste in LISP darstellen, von Minsky (1975).

Ein *Frame* besteht aus einer Menge von sog. Slots (Speicherplätzen), denen eine Beschreibung möglicher Eintragungen, Datentypen, Bedingungen und Muster zugeordnet sein können.

Jeder Slot kann hierbei als sog. unäre Funktion begriffen werden, die bei Angabe eines (Slot-) Namens einen dazugehörigen Wert liefert, was sich leicht mit Property-Listen realisieren läßt. Diese Funktion kann aber auch bei entsprechender Definition auf andere Slot-Inhalte zugreifen (wenn z. B. nach Generalisierung/Spezialisierung gefragt ist).

Vorteil der Frames ist:

– Leichtes Repräsentieren von komplexen Inhalten.

Nachteile der Methode betreffen folgende Fragen:

- Welcher Frage soll in einer gegebenen Situation angewendet werden?
- Wann soll von einem Frame zu einem anderen gewechselt werden?
- Wie soll dies geschehen?
- Wie sollen Begründungen mit Frame-Strukturen abgeleitet werden?

Produktions(regel)systeme

Bei der Repräsentationsform, die sog. *Produktionsregeln* nutzt, wird das Wissen durch eine endliche Menge von Regeln dargestellt, die für bestimmte Zustände jeweils Bedingungen angeben, die vor oder nach einer Aktion gelten (sollen).

Produktions(regel)systeme bestehen aus:

- Datenbasis mit „syntaktisch uniform kodierten Wissensinhalten" (Daten)
- System von Produktionsregeln (Produktionsbasis), wobei eine Produktionsregel in der Form

<Situation(en)> → *<Aktion(en)>*

angegeben wird, d. h. einem oder mehrerer Prädikate über der Datenbasis und Anweisungen zur Änderung der Datenbasis

oder mit synonymen Begriffen und einer etwas anderen Notation:

WENN <Bedingung(en)> DANN <Konsequenz(en)>.

Links werden jeweils Bedingungen/Situationen als Fakten formuliert, die bestimmte Aktionen/Konsequenzen (ebenfalls als Fakten), die auf der rechten Seite stehen, auslösen, sofern erstere zutreffen. Dieser Ansatz basiert wesentlich auf der Aussagenlogik, wo mit Hilfe von sog. Implikationen ebenfalls „neue" aus „alten" Fakten abgeleitet werden können.

Ein Beispiel für die Nutzung dieses Konzepts findet sich im Anhang. Dort wird der Mechanismus beschrieben, mit dem, ausgehend von Bedingungen (Daten) bestimmte Konsequenzen (Ziele) und andererseits auch umgekehrt, ausgehend von Zielen bestimmte Bedingungen abgeleitet werden können. (Dies wird auch als Vorwärts-/Rückwärts-Verkettung (forward-/backward-chaining) bezeichnet).

Vorteile der Produktions(regel)systeme sind:

- Leichtes Generieren und Testen von Hypothesen durch systematische Anwendung aller Regeln auf der Wissensbasis in einem bestimmten Kontext.

- Leichte Kodierung von Informationen in bestimmten Themenbereichen.
- Leichte Erweiterung der Wissensbasis durch Hinzufügen neuer Regeln.
- Leichtes Generieren von Produktionsregel-Hierarchien, d. h. hierarchisch einander zugeordneten Produktionsregelmengen, in denen zusätzliche Angaben von Kontextbedingungen eine Zielorientierung ermöglichen.

Nachteile dieser Methode sind:
- Schwieriges Herstellen von Beziehungen zwischen unterschiedlichen Arten von Abhängigkeiten zwischen den Regeln einer oder mehrerer Mengen.
- Schwieriges Aufdecken von „themen-deckenden" Ordnungen auf den Regeln im Hinblick auf das Erzielen von optimaler Effizienz bei der Analyse von komplexen Situationen, in denen menschliche Experten Erfahrung und/oder Intuition nutzen.

Auf diesem Hintergrund nun bietet sich, z. B. mit Blick auf Produktions(regel)systeme, eine pragmatische dritte Definition von Wissen an, mit der im folgenden gearbeitet werden soll:

Wissen besteht in diesem Kontext aus
(1) Fakten aus dem betrachteten Wissensbereich,
(2) Regeln mit Bedingungs- und Aktionsteilen.

Diese Definition reicht allerdings in bestimmten Anwendungsfällen nicht aus. Eine Erweiterung in Richtung auf die Prädikatenlogik 1. Stufe ist nötig. Jedoch können Operationen auf der Grundlage des Prädikatenkalküls sehr aufwendig bezüglich Rechenzeit und Speicherplatz werden. Aus diesem Grunde wurde – mit Erfolg – versucht, die Aussagenlogik durch wahrscheinlichkeitstheoretische Komponenten, d. h. sog. Evidenz- oder Konfidenzfaktoren (measures of belief/disbelief) zu erweitern, so daß näherungsweise ein plausibles Schließen/Schlußfolgern modelliert werden kann. Auch lassen sich auf diesem Level sog. Heuristiken, d. h. „Daumenregeln" formulieren.

Eine Kombination von Logik und Wahrscheinlichkeitstheorie stellt daher die theoretische Basis für die Erstellung von sog. Wissensbasen dar.

Auf diesem Hintergrund kann nun ein Expertensystem oder wissensbasiertes System in einem mehr technischen Sinn nach Erman (1983) wie folgt definiert werden:

Ein Expertensystem besteht aus
(1) einer Wissensbasis und
(2) einer sog. Inferenzmaschine.

Bei letzterer handelt es sich weniger um eine Maschine im herkömmlichen Sinn, sondern um ein Softwaresystem, das auf der Wissensbasis zyklisch operieren kann, wobei sogenannte Inferenzen gebildet werden können. Mit diesem Mechanismus können Schlußfolgerungen gezogen werden.

Die Inferenzmaschine benötigt wie jedes Produktionsregelsystem zur Abarbeitung von Regeln einen sog. Regelinterpretierer, der sich zusammensetzt aus

- Pattern-Matcher zur Auswertung von Tests über der Datenbasis,
- Interpretierern zur Ausführung von Aktionen auf der Daten- und Produktionsbasis und
- Kontrollfunktionen, die Produktionsregeln prüfen und auswählen.

Produktionssysteme arbeiten in einem sog. Auswahl-/Anwendungszyklus, bei dem eine entsprechende Schleife, in der die Auswahl und Anwendung von Regeln stattfindet, solange ausgeführt wird, bis ein Endkriterium erfüllt oder keine Regel mehr anwendbar ist (vergleiche Abbildung).

Tests bzgl. der Bedingungen, nach denen dann die Produktionsregeln ausgewählt werden, sind durch Vergleiche von Mustern (bestehend aus Ausdrücken mit Variablen) durchzuführen, wobei jeweils eine Substitution für Variablen gesucht wird, so daß der Gesamtausdruck mit einem Ausdruck in der Datenbasis übereinstimmt.

Bezüglich der Kontrolle werden Strategien unterschieden, die

- unwiderruflich arbeiten, d. h. bei Mißerfolgen bzgl. Auswahl und Anwendung von Regeln kann der Zustand zuvor nicht mehr erreicht werden, bzw.,
- vorläufig arbeiten, d. h. hier ist eine Revision von Auswahlentscheidungen entweder durch sog. Rücksetzverfahren (Backtracking) oder Suchverfahren in Graphen möglich.

Ein Operationskreislauf kann dann etwa wie folgt beschrieben werden:

Auswahl von Regeln bezüglich der Bedingungsteile
(1) Vor-Auswahl von Fakten und Regeln,
(2) Auswahl mit Hilfe von Mustervergleich (pattern-matching),
(3) Auswahl mit Konfliktlösungsverfahren (scheduling).

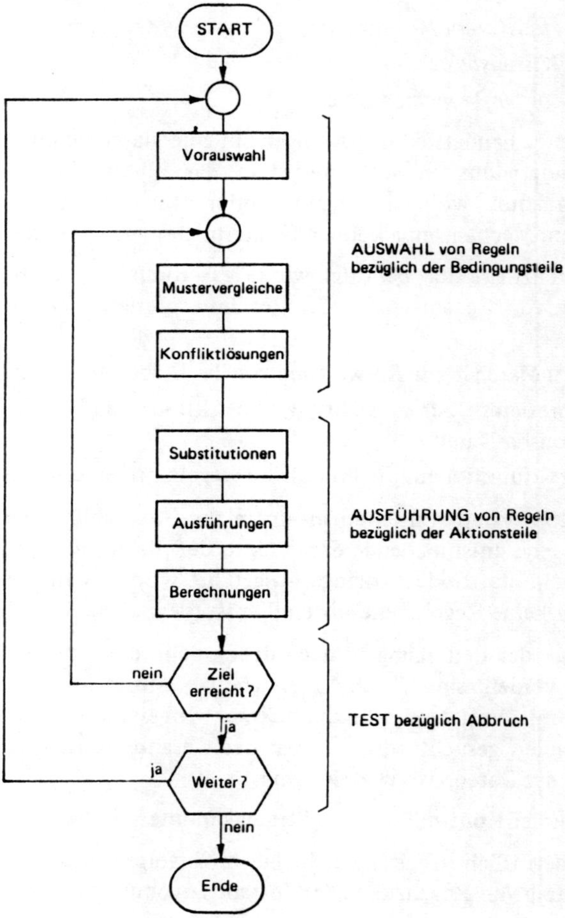

Ausführung von Regeln bezüglich der Aktionsteile
(4) Substitution von Variablen (falls vorhanden),
(5) Ausführung,
(6) Berechnung der Evidenzfaktoren etc.

Test bezüglich der Resultate von Aktionen
(7) Test von Aktionen bezüglich Ziel- und/oder Endbedingungen.

Offensichtlich müssen in diesem Zusammenhang eine Reihe von Problemen gelöst werden. Aus diesem Grunde wurde für diese komplexen Aufgaben im Jahre 1977 von E. A. Feigenbaum einen Terminus technicus benutzt, den D. Michie 1973 definiert hatte, und mit dem wissenschaftliche, technologische und methodologische Elemente erfaßt werden sollen: der Begriff Knowledge Engineering (Michie 1973, Stefik/Aikins/Balzer et al. 1982).

3. Typen von Expertensystemen

Expertensysteme lassen sich mit Bezug zu unterschiedlichen funktionalen Aspekten (Hayes-Roth/Waterman/Lenat, 1983) folgenden Aufgaben zuordnen:

– Interpretation,
– Design und Konstruktion,
– Planung und Vorhersage,
– Diagnose, Fehleranalyse und -behebung,
– Überwachung und Kontrolle,
– Computerunterstütztes Lehren,
– Programmierumgebung und Werkzeug zur Systementwicklung.

3.1. Interpretation

Systeme für retrospektive Interpretation werden für die Analyse von Daten benutzt, um deren (symbolische) Bedeutung zu erfassen, d. h. um Situations- oder Systemzustandsbeschreibungen von Beobachtbarem herzuleiten.

Zu dieser Kategorie gehören (Experten-)Systeme

– zum Sprachverstehen HEARSAY,
– zur Identifikation von chemischen Strukturen aus Daten von Spektralanalysen DENDRAL/CONGEN,
– zum Auffinden von Mineralien und/oder Erdöl PROSPECTOR.

(Rechts angegebene Systembezeichnungen werden noch einmal im Anhang aufgeführt.)

Das Hauptproblem hierbei ist, eine konsistente und korrekte Interpretation zu finden, obwohl die jeweils vorhandenen Daten „verrauscht", fehlerhaft, unwesentlich oder unvollständig sind. Sind aber Daten unzuverlässig, ist auch deren Interpretation unzuverlässig.

Darum müssen die Interpreter die Fähigkeiten haben

- mit partiellen Informationen umzugehen;
- Hypothesen darüber zu entwickeln, welche Daten glaubwürdig sind, auch wenn scheinbar Widersprüche auftauchen;
- festzustellen welche Informationen unsicher oder unvollständig sind und wo bestimmte Annahmen gemacht wurden;
- anzugeben, wie diese Interpretationen durch Evidenzen gestützt werden.

3.2. Design und Konstruktion

Systeme für Design und Konstruktion sollen Konfigurationen von Objekten unter bestimmten Randbedingungen entwerfen. Hierzu lassen sich Methoden und Verfahren des computerunterstützten Entwerfens (Computer Aided Design, CAD) nutzen, die sich schon lange bewährt haben.

Expertensysteme in diesem Bereich wurden für folgende Aufgaben entwickelt:

- Schaltwerksentwurf — EL,
- Tragwerksentwurf und -konstruktion — SACON,
- Konfiguration von Computern — R1/XCON,
- Automatisches Programmieren — APE,
- Formelmanipulation — MACSYMA.

Häufig sind hierbei bestimmte Leistungen (z. B. das Kosten/Nutzen-Verhältnis) zu optimieren, wozu eine wichtige Fähigkeit implementiert sein muß: die der gezielten Suche.

Probleme gibt es z. B. aus folgenden Gründen:

- Konsequenzen von Entwurfsentscheidungen können erst später festgestellt werden, so daß zunächst mit tentativen Vorhersagen darüber gearbeitet werden muß;
- Randbedingungen sind häufig in Bezug auf Designentscheidungen inkonsistent;
- die Komplexität der Realität verlangt häufig eine Aufteilung der Entwurfsaufgabe in kleine Unteraufgaben, die allerdings selten voneinander unabhängig sind;
- Ableitungen von Entscheidungen sind sorgfältig zu protokollieren, besonders bei großen Projekten, damit Diskussionen nicht immer

wieder geführt werden müssen und die Entscheidungsprozesse nachvollziehbar sind;

- Optimierungen können erst bei einem Redesign lokal und global berücksichtigt werden;
- Berechnung räumlicher Relationen, d. h. Abstände, Konturen, Umrisse etc. verlangt große Rechnerkapazitäten, die u. U. die vorhandenen Ressourcen übersteigen.

3.3. Planung und Vorhersage

Planung

Planungssysteme sind Spezialisierungen von Systemen für das Design, die allerdings anstelle von Objekten mit Aktionen befaßt sind.

Bekannt geworden sind Systeme mit derartigen Fähigkeiten für

– Roboter	NOAH, STRIPS, ASTRIPS,
– Projektabwicklung	CALLISTO, KNOBS,
– Wegefindung	OP-PLANNER,
– Telefonleitungen	ACE,
– Experimente	MOLGEN, SECHS.

Planungssysteme benutzen u. a. Verhaltens-Modelle um die Auswirkungen von Agenten-Aktivitäten abzuleiten und ein Programm von Aktionen zu entwerfen, mit dem sich bestimmte Ziele erreichen lassen.

Da Operationen dieses Typs häufig sehr komplex sind, werden Konsequenzen bezüglich einer bestimmten Angelegenheit zum Teil nicht richtig eingeschätzt. Folgende Probleme treten auf:

- ein Planer muß in der Lage sein, tentativ zu handeln, wobei mögliche Szenarios durchgespielt werden können;
- Schwerpunkte müssen gefunden werden, gerade wenn sehr viele Möglichkeiten bestehen;
- Relationen müssen berücksichtigt werden, wenn Interaktionen zwischen verschiedenen Unterzielen eines Problems auftreten;
- unvermeidbar ist das Handeln mit Unsicherheiten, wenn der Kontext eines Problems nur partiell bekannt ist;
- weiterhin ist Koordination notwendig, speziell wenn mehrere Aktoren beteiligt sind.

Vorhersage

Systeme für Vorhersage sollen wahrscheinliche Konsequenzen aus gegebenen Situationen ableiten, d. h. den Verlauf der Zukunft basierend auf Modellen von Ereignissen der Vergangenheit und der Gegenwart vorhersagen.

Zu dieser Gruppe von Expertensystemen gehören Systeme wie

- Wettervorhersage WHY,
- Militärische Vorhersage TECH, ROSS,
- Verkehrsvorhersagen ATC,
- Ernteabschätzung PLANT/dc&ds.

Charakteristisch für Vorhersagesysteme ist die Nutzung von dynamischen parametrischen Modellen, die Parameter aus den gegebenen Situationen ableiten.

Probleme ergeben sich, weil

- Vorhersagen typischerweise nur mit unsicheren Erwartungen über zukünftige Situationen operieren können;
- die Anzahl von möglichen Szenarios sehr groß und die Sensivität bezüglich der Eingabedaten sehr unterschiedlich ist;
- Einflußgrößen überhaupt sehr mannigfaltig sind und Daten darüber nur partiell zu bekommen sind;
- die Vorhersagen natürlich auch von unvorhersehbaren Ereignissen abhängen.

3.4. Diagnose, Fehleranalyse und -behebung

Diagnose

Systeme für Diagnose werden zum Fehlerfinden in (technischen) Systemen oder für die Bestimmung von Krankheiten bei Menschen benutzt. Hierfür benötigen sie die schon erwähnten Fähigkeiten der Interpretation, Planung und der Vorhersage.

Zu dieser Gruppe zählen daher Expertensysteme für

- medizinische Diagnose PUFF, PIP, MYCIN, INTERNIST, CADUCEUS,
- Diagnose elektronischer Bauteile EL, ARS,
- Diagnose mechanischer Eigenschaften MECHO, SACON,
- Analyse von Softwarefehlern PROGRAMMERs APPRENTICE, PECOS, APE.

Charakteristisch für Systeme dieser Kategorie ist die Fähigkeit, beobachtete Verhaltensunregelmäßigkeiten den verursachenden Gründen zuzuordnen, wobei entweder Tabellen mit Korrelationen von Verhaltensmustern und den entsprechenden Diagnosen oder Wissen über das jeweilige Systemkonzept und mögliche Fehlerfälle die Grundlage bilden.

Schwierigkeiten bereiten diese Systeme, weil Fehler
- manchmal durch Symptome anderer Fehler maskiert werden,
- unregelmäßig, z. B. nur bei sehr hohen Belastungen oder sporadisch auftreten, oder
- durch Fehler der Diagnoseinstrumente verursacht sein können.

Weiterhin entstehen natürlich Schwierigkeiten auch deshalb, weil
- Daten oft überhaupt nicht, nur sehr teuer oder nur unter großen Gefahren zu erlangen sind,
- natürliche Systeme (noch) nicht vollständig verstanden werden, so daß nur eine partielle Modellbildung möglich ist.

Fehleranalyse und -behebung

Systeme dieses Typs gehören ebenfalls zur Gruppe der Diagnosesysteme. Fehleranalyse und -behebung umfaßt auch „Therapievorschläge" für die fehlerhaften Funktionen, wozu Planungs-, Entwurfs- und Vorhersagefähigkeiten wichtig sind.

Für Programmierungs- und Editierungsaufgaben gibt es schon länger Systeme, allerdings werden sie im allgemeinen nicht den Expertensystemen zugeordnet.

Systeme, die zur Fehlerbehebung und Reparatur eingesetzt werden sollen, müssen speziell Pläne entwickeln und ausführen können, wobei die Fähigkeiten zur Fehleranalyse eingeschlossen sein muß.

Systeme gibt es z. B. für
- Diesel-elektrische Systeme — CATS-1,
- elektrische Netzwerke — ACE,
- Wartung und Reparatur von Kraftfahrzeugen — MODIS.

Diese Kategorie von Expertensystemen wird einmal große wirtschaftliche Bedeutung erlangen, weil hier eine Reihe häufig sehr teurer (Dienstleistungs-)Tätigkeiten automatisiert werden kann.

3.5. Überwachung und Kontrolle

Überwachung

Überwachungssysteme müssen Signale interpretieren und Alarme auslösen, wenn ein Eingriff durch Menschen notwendig scheint. Daher ist ein Monitor-System auch ein partielles Diagnosesystem, welches allerdings unter Realzeit-Bedingungen, also nicht retrospektiv, arbeiten muß.

Etwas allgemeiner ausgedrückt bedeutet Monitoring oder Überwachung, daß ein Systemverhalten generell im Hinblick auf Anzeichen möglicher Verletztheit/Defekte, die im allgemeinen mit bestimmten Fehlern in Plänen korrespondieren, überwacht wird.

Monitoring kann durch verschiedene Mechanismen gesteuert werden:
- entweder verhindert die Verletzung von Bedingungen die Ausführung von Plänen oder
- potentielle Auswirkungen von Planungen verletzten bestimmte Randbedingungen.

Systeme dieser Art wurden entwickelt zur Überwachung von
- mechanischen Beatmungsgeräten VM,
- Atomkraftwerken NUCLEAR, REACTOR,
- Luftverkehr AIR TRAFFIC CONTROL,
- finanziellen Transaktionen, etwa im Hinblick auf Steuern TAX ADVISOR.

Problematisch bleibt bei derartigen Anwendungen immer, daß die „Signale" in ihrer Stärke mit der Zeit oder der jeweiligen Situation variieren können.

Kontrolle

Kontrollsysteme werden von Überwachungssystemen unterschieden, weil sie häufig für eine gesamte Systemsteuerung eingesetzt werden. Wenn also Situationen wiederholt interpretiert, zukünftiges Verhalten vorhergesagt, Probleme diagnostiziert, Heilpläne ausgeführt und überwacht werden müssen, dann sprechen wir von Kontrollsystemen.

Dieser Gruppe werden Systeme zugeordnet wie z. B. zum
- Verkaufsmanagement XSEL,
- Kontrolle von großen Projekten KNOBS,
- Kontrolle von militärischen Aktivitäten BATTLE.

3.6. Computerunterstützte Lernsysteme

Systeme dieser Kategorie müssen Fähigkeiten der Diagnose und Fehleranalyse in Bezug auf menschliche Benutzer des Systems enthalten.

Es müssen

- Hypothesen über Wissen und Verhalten entwickelt,
- geeignete Hilfsmittel bestimmt,
- tutorielle Interaktionen abgewickelt

werden. Computerunterstützte Lernsysteme werden allerdings häufig nicht zu den Expertensystemen gezählt. Sie sollten auch nicht verwechselt werwerden mit einigen „lernfähigen" Expertensystemen.

Systeme sind für die folgenden Anwendungen entwickelt worden:

- medizinische Diagnose GUIDON,
- Elektronik SOPHIE,
- Erklärungen zu CAD-Systemen CAD-HELP.

3.7. Programmierumgebung für Systementwicklung

Für die Entwicklung von Expertensystemen haben sich bestimmte Programmiersprachen als sehr geeignet erwiesen. Hierzu gehört vor allem LISP (obwohl es eine Reihe von Dialekten gibt) sowie PROLOG, welches sich besonders bei der Bearbeitung logischer Zusammenhänge eignet.

Nicht unerwähnt bleiben sollen Erweiterungen von LISP, wie etwa OPS und ROSIE oder Spezialisierungen wie PLANNER, CONNIVER und FUZZY, sowie für die Wissensrepräsentation die Sprachen KL-ONE, FRL, KRL oder AIMDS.

Eine Unterstützung ist besonders in der Phase des Wissenserwerbs sehr wichtig. Dieser Vorgang hat sich als sehr fehlerträchtig und zeitaufwendig erwiesen, so daß schon frühzeitig über Ergänzungen der Systemumgebungen hierfür nachgedacht wurde.

Ein weiterer Aspekt ist in diesem Kontext wichtig: Wie oben kurz erläutert, lassen sich Wissensbasen und Inferenzmechanismen sehr gut unabhängig voneinander behandeln.

Aus diesem Grund bietet es sich an, verschiedene Wissensbasen mit ein und derselben Inferenzmaschine zu benutzen.

So entstanden in der Vergangenheit aus Entwicklungen spezieller Expertensysteme wissensbereichsunabhängige Kernsysteme, die zusätzlich häufig eine benutzerfreundliche Umgebung bereitstellen.

In der folgenden Tabelle werden einige Entwicklungslinien dargestellt.

Tabelle 1. Einige wissensbereichsunabhängige Systeme und Werkzeuge.

MYCIN	→	TEIRESIAS	Wissenserwerb
DENDRAL	→	META-DENDRAL	Wissenserwerb
HEARSAY I, II	→	HEARSAY III	Kernsystem
MYCIN	→	EMYCIN	Kernsystem
MYCIN	→	KS-300	Kernsystem
PROSPECTOR	→	KAS	Kernsystem
CASNET	→	EXPERT	Kernsystem

Weiterhin soll die Entwicklung der Hardware nicht vergessen werden, d. h. spezielle Computer für die Sprachen LISP und PROLOG. Sie bieten eine sehr hohe Arbeitsgeschwindigkeit, die sonst nur von sehr großen Maschinen erreicht wird. Allerdings handelt es sich hierbei häufig um Einplatzsysteme (Hennings 1983).

4. Expertensysteme in industrieller Anwendung

In diesem Abschnitt folgen nun drei ausgewählte Beschreibungen von Expertensystemen für industrielle Nutzung. Eine Vielzahl weiterer Systeme wird namentlich in Abschn. 7.2 erwähnt.

Das erste beschriebene Expertensystem wird zum Konfigurieren von Computersystemen, das zweite zum Auffinden von Erdölquellen und das dritte zum Erkunden von Lagerstätten strategischer Erze (wie Molybdän oder Uran) eingesetzt.

4.1. Konfiguration von Computern: R1/XCON

(McDermott 1980, 1981, 1982a, 1982b, 1983)

Das Expertensystem R1 wurde seit 1978 an der Carnegie-Mellon-Universität (CMU) entwickelt; ein Prototyp konnte 1981 vorgeführt werden. Seit 1982 beteiligte sich Digital Equipment (DEC) an der weiteren Entwicklung von XCON, wie es seitdem hieß. Dieses System dient speziell zur Konfigurierung von Computern der Serie VAX-11, die heute etwa 1000 Systemkomponenten hat.

Mit Hilfe des Expertensystems ist es möglich geworden, komplette Systeme direkt beim Kunden erstmalig zusammenzubauen, ohne zuvor irgendwo eine Test-Installation durchgeführt zu haben. 1984 konnte mit Hilfe dieses Systems und mit einem Personalstamm von 11 Technikern/Ingenieuren 90000 Konfigurationen konzipiert werden. (1981 schafften 27 Techniker/Ingenieure lediglich 4000 Entwürfe per Hand).

Zur Entwicklung eines vollständigen Entwurfes mit Bezug zu speziellen Anforderungen eines potentiellen Kunden werden derzeit nur etwa 7 Minuten benötigt, früher brauchte man 2 Tage dazu. Dadurch hat sich ein Kosten-/Leistungsverhältnis von 250 % eingestellt (Wigg 1984).

Normalerweise ist die Zusammenstellung großer Computersysteme eine sehr fehleranfällige Aufgabe. Heute sind 90 % der Zusammenstellungen korrekt, ohne das System XCON waren nur 80 % fehlerfrei.

Die Wissensbasis bestand 1983 aus etwa 2500 Regeln (Erman 1983). Der Inferenzprozeß beginnt mit einer unvollständigen Beschreibung der Komponenten, die wahrscheinlich für die Konfiguration des Kunden benötigt werden. Diese Zusammenstellung wird vom System sodann auf Vollständigkeit und Konsistenz geprüft. Als Ergebnis produziert es eine Menge von Tabellen der benötigten Komponenten und Diagramme für die logischen, räumlichen und anderen Relationen.

Die Inferenzmaschine benötigt keine Evidenzfaktoren, wodurch die Berechnungsprozeduren nicht sehr aufwendig sind. Zur Entwicklung wurde OPS5 verwendet.

Heute sind angeblich etwa 25 Angestellte der Firma Digital Equipment mit der Wartung und der Entwicklung weiterer Komponenten betraut. Geplant sind weitere Systeme für Koordination von Management, Verteilung und Zusammenbau der Komponenten (XCITE) sowie ein Interface für die Benutzer (XCALIBUR).

Letztlich ist vorstellbar, daß kein Verkäufer mehr zu einem potentiellen Kunden reisen muß, sondern dem Kunden lediglich eine Benutzerberechtigung für den jeweiligen Hostrechner zur Verfügung gestellt wird, und dieser dann alleine (da Benutzer von Rechnern dieser Art meistens schon über EDV-Ausrüstung und Erfahrung verfügen) den Beratungsprozeß gesteuert von einem Expertensystem ablaufen läßt. Dadurch würde das gesamte Verkaufspersonal vor Ort überflüssig werden!

4.2. Auffinden von Ölquellen: DIPMETER ADVISOR
(Davis/Austin/Carlbom et al. 1981, Smith/Baker 1983)

DIPMETER ADVISOR wurde für geologische Anwendungen entwickelt, d. h. für die Evaluation bestimmter Daten bezüglich Vorhandensein und Lage von Ölquellen.

Bei Testbohrungen werden eine große Anzahl von Meßdaten gewonnen, die anschließend ausgewertet werden müssen. Die Daten werden dabei durch Meßgeräte erfaßt, die in das Bohrloch senkrecht eingefahren werden. Bisher war das Interpretieren eine zeitaufwendige Arbeit per Hand, die weltweit z. B. von der Firma Schlumberger durchgeführt wurde. Wegen des Aufwandes wurde daher seit 1979 die Entwicklung eines Expertensystems für diese Aufgabe gefördert.

Offensichtlich war das keine leichte Aufgabe, da eine Reihe von Entwicklungsteams abgelöst wurden. Erst nach mehrmaliger Änderung und Anpassung des Systemkonzeptes gelang, mit einem Aufwand von 30 Mannjahren, die Entwicklung der Wissensbasis, die dann lediglich aus etwa 90 Regeln aber mit 30 Prädikaten und Funktionen bestand. Verglichen mit der Wissensbasis von XCON scheint das relativ klein zu sein. Allerdings steckt die wesentliche Arbeit in den Prädikaten und Funktionen. Entwickelt wurde das System auf Computern der Firma XEROX (Dolphins, Dandelions, Dorados bzw. XEROX 1100, 1108, 1132) sowie mit INTERLISP-D.

Ähnliche Systeme befinden sich bei Teknowledge/Elf Acquitance (DRILLING ADVISOR), bei Schlumberger Frankreich (LITHO), AMOCO Corp. (ELAS) und bei British Petroleum für die Erdölsuche auf dem Grund der Nordsee in Entwicklung.

4.3. Lagerstättenerkundung von Erzen: PROSPECTOR
(Duda et al. 1976, 1978, 1979, 1981)

Dieses Expertensystem wurde am SRI (Stanford Research Institute International), unterstützt durch Institutionen wie das US-Geological Survey Co. und die National Science Foundation, entwickelt. Ziel war die Erkundung von Lagerstätten strategischer Erze wie Uran und Molybdän.

Die Wissensbasis besteht aus etwa 1600 Regeln, die sich auf annähernd 20 verschiedene Einzelmodelle aufteilen. Keines hat mehr als 250 Regeln. Diese Regeln werden mit Semantischen Netzen zu sog. Inferenz-Netzwerken kombiniert. Weiterhin werden Evidenzfaktoren verwendet, mit denen die Fakten, aber auch die Regeln qualifiziert werden können.

PROSPECTOR kann folgende Aufgaben lösen:

(1) Bewertung eines geologischen Distrikts im Hinblick auf das Vorhandensein bestimmter Erze (z. B. Kuroko-type massive sulfide model, Mississippi-Valley-type corbonate lead/zinc model, near-continental-margin porphyry copper model, Komatiitic nickel sulfide model, Western states sandstone uranium model).

(2) Bewertung eines speziellen Gebietes innerhalb eines Distrikts (Abwandlung des sog. Rackley-Modells).

(3) Bewertung einer speziellen Bohrstelle innerhalb dieses Gebietes (z. B. porphyry copper model), welches sich aber von den anderen Modellen unterscheidet, da es als Eingabe digitalisierte Landkarten geologischer Charakteristiken benutzt und als Ergebnis farbig codierte graphische Karten der jeweilig untersuchten Ausschnitte generiert.

Weiterhin kann PROSPECTOR Vermutungen anstellen, welche Daten für weitere Erkundungen am günstigsten sind, Argumente für bestimmte Schlußfolgerungen liefern und bezüglich jeder Klasse von Lagerstätten informieren.

In jedem Fall beginnt der Dialog mit dem System über die geologischen Randbedingungen, wie sie vor Ort erkundet werden können. Dann erst versucht das System einige Hypothesen anzustellen.

Das Expertensystem PROSPECTOR ist sehr bekannt geworden, weil mit seiner Hilfe eine Molybdän-Lagerstätte im US-Staat Washington gefunden werden konnte, deren Wert mit mehreren Millionen US-Dollar abgeschätzt wird. (Andererseits kostet eine computerunterstützte Konsultation lediglich 10 bis 15 US-Dollar.)

In der letzten Entwicklungsphase wurde das System in verschiedener Weise optimiert, damit auch größere Mengen von Daten verarbeitet werden können. Weiterhin wurden bessere Benutzerschnittstellen z. B. zur Nutzung von farbigen Bit-map-Displays entwickelt. Durch Kompilieren der aussagenlogischen Regelsätze, in denen keine Variablen mehr vorkommen dürfen, und die den in Backus-Naur-Form repräsentierten Grammatiken zur Definition von Programmiersprachen entsprechen, lassen sich Effizienzsteigerungen um 4 Zehnerpotenzen erreichen.

5. Trends in verschiedenen Anwendungsgebieten

In diesem letzten Abschnitt soll nun versucht werden, die am Anfang gestellte Frage zu beantworten.

Große industrielle Unternehmen wie General Motors, Exxon und auch viele kleinere, haben in der Zwischenzeit beschlossen, diese neue Technologie nicht nur zu benutzen, sondern selber Expertensysteme für ihre Bedürfnisse zu entwickeln.

Für diesen Zweck wurden nach einer Schätzung in FORTUNE mehrere 100 Millionen US-Dollar investiert (Alexander 1984).

Auf der anderen Seite meinen sehr bekannte Wissenschaftler, wie etwa Marvin Minsky (MIT) oder Roger Schank (Yale University), die lange Jahre im Bereich Künstliche Intelligenz an dem Komplex Expertensysteme gearbeitet haben, daß heute entwickelte Systeme noch weitgehend auf 20 Jahre alter Programmiertechnik beruhen. Der große Durchbruch kommt nach ihrer Meinung erst mit neuen Erfolgen in diesem Bereich, der sich z. B. mit sog. objekt-orientierter Programmierung, wie etwa mit SMALLTALK abzeichnet.

Von Arthur D. Little wird geschätzt, daß Ende 1984

- 100 Expertensysteme weltweit kommerziell genutzt und
- etwa 1000 Systeme in der Entwicklung sind (Wigg 1984).

Diese werden in fast allen möglichen Anwendungsbereichen zum Einsatz kommen. Die folgende Tabelle repräsentiert eine Einschätzung nicht nur für wissensbasierte Systeme/Expertensysteme (KBS), sondern auch von Systemen für natürliche Sprachverarbeitung (NL), Bilderkennung (VIS), Robotertechnologie (ROB) und computerunterstütztes Entwerfen und Engineering (CAD/CAE), d. h. all der anderen Anwendungen von Techniken und Methoden aus der Künstlichen Intelligenz.

Es ist zu erkennen, daß nicht in allen Bereichen gleichermaßen entwickelt wird, allerdings befinden sich Expertensysteme fast überall schon in der Phase 3, speziell in den Bereichen:

- Forschung und Entwicklung,
- Management und Planung,
- Verkauf und Kundenbetreuung,
- Steuerung von Fabrikationen,
- Steuerung von finanziellen Institutionen.

Tabelle 2. Anwendungsgebiete mit voll entwickelten Systemen (3), Prototypen (2), experimentellen Systemen (1).

	KBS	NL	VIS	ROB	CAE/CAD
F&E Engineering	3	3		2	3
Management	3	2			
Administration	3				
Marketing/Verkauf	3				
Kundendienste	3				
Herstellung	3	3	3	3	3
Wartung	3		1	1	
Verkauf		3			
Auslieferung	2				

6. Schluß

Am Ende dieses Artikels sollen noch die Antworten von 6 US-Firmen zitiert werden, die nach den Gründen für ihr Engagement in diesem Gebiet befragt worden waren (Wigg 1984):

Sie benutzen Methoden und Verfahren der Künstlichen Intelligenz weil:

- Dienste, die hochwertiges Wissen verlangen, mit weniger gut ausgebildeten Leuten erbracht werden können;
- Wissen und Erfahrung von ausscheidenden Kollegen erhalten und angesammelt werden können;
- eine Kooperation zwischen Stab- und Linienfunktionen erzwungen wird;
- komplexe Operationen und mehr relevante Informationen so besser verwaltet werden können;
- Kundendienste sich verbessern;
- Qualität generell erhöht wird;
- Kosten, Personal und Wiederholungsarbeiten reduziert werden können und
- Veränderungen bei der Festlegung und Umsetzung von Zielen, Politiken und Plänen möglich sind.

Allerdings ist ein sogenanntes „Informations-Fusionssystem" (Alexander 1984), d. h. ein System, welches Informationen aus verschiedenen Quellen automatisch sammelt, zusammenstellt, analysiert und dann (eigene Schlußfolgerungen und Ratschläge anbietet, sicherlich noch viele Jahre nicht realisierbar (wenn überhaupt)!

Andererseits wird die schon heute beherrschbare Technologie viele reale Anwendungsbereiche finden. Arthur D. Little schätzt, daß 1990 von Firmen und Regierungen etwa 1.25 Milliarden US-Dollar jährlich nur für Expertensysteme investiert werden.

7. Anhang

7.1. Beispiel für Vorwärts-/Rückwärtsverkettung

Wie oben ausgeführt, haben Produktionsregeln einen Bedingungs- und Aktionsteil. Synonym werden sie auch WENN-DANN-Regeln (IF-THEN-rules) genannt, weil die Bedingungen dem WENN-Teil und die Aktionen dem DANN-Teil zugeordnet werden können.

Das folgende Beispiel stammt aus dem Expertensystem R1 (McDermott 1982):

DISTRIBUTE-MB-DEVICE-3

IF: the most current active context is distributing massbus devices
AND there is a single port disk drive that has not been assigned to a massbus
AND there are no unassigned dual port disk drives
AND the number of devices that each massbus should support is known
AND there is a massbus that has been assigned at least one disk drive
AND that should support additional disk drives
AND the type of cable needed to connect the disk drive to the previous device on the massbus is known,
THEN: assign the disk drive to the massbus.

In diesem Beispiel gibt es keine Variablen, deshalb läßt sich alles auf Grundlage der Aussagenlogik formulieren.

Ein zweites Beispiel stammt von dem medizinischen Expertensystem MYCIN (Buchanan/Shartliffe 1984):

IF:	(1)	The infection which requires therapy is meningitis
	AND (2)	The patient has evidence of a serious skin or soft tissue infection
	AND (3)	Organisms were not seen on the strain of the culture
	AND (4)	The type of infection is bacterieal,
THEN:		There ist evidence that the organism (other than those seen on cultures of smears) which might be causing the infection is staphylococcus-coagpos (0.75) or streptococcus (0.5).

Bei MYCIN werden grundsätzlich Evidenzfaktoren verwendet, die den Grad an Sicherheit ausdrücken. Die Verarbeitung dieser Werte geschieht auf der Grundlage von Wahrscheinlichkeitstheorie, auf die hier nicht weiter eingegangen werden soll.

Formaler läßt sich für Beispiele der ersten Art schreiben:

IF:	A AND B AND C ...	THEN: X

Oder auch:

IF:	(A OR B) AND NOT C	THEN: Y
IF:	(A OR B OR C) AND (D OR E)	THEN: Z

Regeln dieser Art lassen sich nun verketten, wobei es grundsätzlich zwei Richtungen gibt: vorwärts und rückwärts, wie das folgende Beispiel zeigen soll.

Gegeben seien die Regeln:

(1)	IF: B AND D AND E	THEN: F
(2)	IF: D AND G	THEN: A
(3)	IF: C AND F	THEN: A
(4)	IF: C	THEN: D
(5)	IF: D	THEN: E
(6)	IF: A	THEN: H

sowie zu Beginn die Fakten:

B sowie C

Was läßt sich daraus nun ableiten, wenn alle Regeln bzw. ihre Bedingungen überprüft werden?

Regel 4	liefert das zusätzliche Faktum	D
Regel 5	liefert das zusätzliche Faktum	E
Regel 1	liefert das zusätzliche Faktum	F
Regel 3	liefert das zusätzliche Faktum	A
Regel 6	liefert das zusätzliche Faktum	H

Somit können alle weiteren Fakten mit Hilfe der gegebenen Regeln durch *Vorwärtsverkettung* abgeleitet werden.

Falls nun das (hypothetische) Ziel H gegeben wäre, ergibt sich die Frage, ob sich diese Hypothese beweisen läßt, sofern wie oben die Fakten A bzw. B evident sind.

Dies kann durch sog. *Rückwärtsverketten* versucht werden. Hierbei werden nicht die Bedingungen sondern die Aktionen überprüft, und die entsprechenden Bedingungen mit den gegebenen verglichen.

Hierbei ergibt sich die umgekehrte Abfolge von Ableitungen: die letzte erscheint zuerst. Allerdings ist darauf hinzuweisen, daß im zweiten Schritt zunächst versucht wird, Regel (2) zu benutzen, die dann aber wegen der Prämisse G in die „Sackgasse" führt. Erst dann wird Regel (3) angewandt.

7.2. Zusammenstellung von Expertensystemen

In der folgenden Zusammenstellung, die mit einigen Ergänzungen von Lehmann (1984) übernommen wurde, sind eine Reihe von Expertensystemen mit kurzen Stichworten aufgeführt. Viele dieser Systeme werden dort sowie in der hinten aufgeführten Literatur weiter erläutert.

Naturwissenschaften

Physik

Bestimmung unbekannter Substanzen durch Interpretation von Gammaspektren	GAMMA
Entdeckung einfacher pyhsikalischer Gesetzmäßigkeiten durch Analyse von Meßwertreihen	BACON-5
Lösung physikalischer Textaufgaben aus der Mechanik	ISAAK, MECHO

Chemie

Auffinden von Strukturformeln organischer Verbindungen aus Massen- und magnetischen Kernresonanzspektren	DENDRAL, CONGEN, METADENDRAL
Vorhersage der 3D-Struktur von Proteinen aus kristallografischen Röntgenspektren	CRYSALIS
Entwurf technisch günstiger Verfahren der organischen Synthese	SECS, SYNCHEM

Biologie

Planen molekulargenetischer Experimente (z. B. Klonen)	MOLGEN, SPEX
Diagnose von Pflanzenkrankheiten	AQ11
Pflanzenschutz	PLANT ds

Psychologie

Modellieren von Gedächtnisprozessen	ACT
Aufdeckung spezieller kognitiver Mechanismen von gedanklichen Fehlleistungen (z. B. beim Subtrahieren)	BUGGY

Geologie

Erkunden von Erzlagerstätten und Erdölfeldern	PROSPECTOR, KAS
Meßwertinterpretation von Versuchsbohrungen	DIPMETER ADVISOR
	LITHO, PHI-NIX
	DRILLING ADVISOR
	LITHO, ELAS, EXPLORER

Mathematik

Simulation des schrittweisen Aufbaus mathematischer Begriffssysteme und Theorien	AM, EURISCO
Formelmanipulation	EXCHECK, MACSYMA, SMP, REDUCE-2

Medizin

Diagnose und Therapieempfehlungen verschiedener Krankheitsgruppen:

Bakterielle Blutinfektionen und Meningitis	MYCIN
Herz-Glykosid-Therapie	DIGITALIS THERAPY ADVISOR
Lungenkrankheiten	PUFF
Steuerung einer eisernen Lunge	VM
Augenkrankheiten (Glaukome)	CASNET, GLAUCOM
Diagnosen	RECONSIDER, KMS, MECS-AI, HODGKINS
Innere Krankheiten	INTERNIST, CADEUCUS
Nierenkrankheiten	PIP
Stoffwechselstörungen	ABEL
Leberkrankheiten	MDX
Rheumatische und Schilddrüsenfunktionskrankheiten	EXPERT
Krebstherapie	ONCOCIN, PROTOCOL WRITER
Rheumakrankheiten	RHEUMATOLOGY CONSULTANT

Dosierung von Psychopharmaka	HEADMED
Radiologie	RAYDEX
Chronische Krankheiten und klinische Medikamententests	RX
Angeborene Krankheiten	BIRTH DEFECTS
Kardiologische Vorhersagen der Herzkammerleistung durch Auswertung von Röntgenbildfolgen	ALVEN
Angeborene Herzfehler bei Kindern	GALEN
EKG-Auswertung	CAA
Anästhesie-Planung	ATTENDING
Medizinische Diagnose von Brustkrankheiten	MED1

Computer und Elektronik

Computer-Fehlerdiagnose	CRIP, DART
Schaltungsentwurf	EL, ARS
Fehleranalyse bei PDP11/03	IDT
Hardware-Fehleranalyse	ARBY
Halbautomatischer Schaltwerksentwurf	SYN, SADD
VLSI-Design	PALLADIO, EURISCO, DPL/DAEDALUS
Konfiguration von Computern	R1/XCON, XSEL, PTRANS
Automatische Programmierung	PSI, CHI, DEDALUS, PECOS LIBRA, APE, LOPS PROGRAMMERS APPRENTICE, CONSUL
Sprachanalyse	HARPY, HEARSAY I, II, III
Büroanwendungen	ODYSSEY, OMEGA, PIE, NUDGE
Lernhilfen bei Computer-anwendungen	SOPHIE, CADHELP, ADA*TUTOR
Natürlichsprachlisches Interface	RITA, KLAUS, UC, XCALIBUR TEAM, ASK, CONSUL, PEARL, SUPERNATURAL
Robotersteuerung	NOAH, STRIPS, ASTRIPS
Bildanalyse	VISIONS, ACRONYM
Programmierwerkzeuge	TEIRESIAS, EMYCIN, KS-300, KAS, EXPERT UNITS, CENTAUR, AGE, RLL KL-ONE, FRL, KRL, AIMD, PLANNER, CONNIVER, FUZZY ROSIE, OPS5, OMEGA, MLSE, HRPL KMS-300, LOOPS, SRL, MECS-AI, KEE, KES, EXPERT

Militärwesen

Identifikation von Schiffen/Flugkörpern	STAMMER2, SU/X bzw. HASP
Simulation von Luft-/Seegefechten	ROSS, EURISCO

Planung militärischer Einsätze	KNOBS
Operative Planung bei Start/Landung von Flugzeugen auf Flugzeugträgern	AIRPLAN
Analyse militärischer Situationen	TECH
Waffenzuordnung	BATTLE

Rechtswesen

Steuerrecht	LEGOL, TAXMAN
Schadensersatzforderungen aus Garantieforderungen	LDS

Wirtschaft, Finanzwesen, Produktion

Rohstoffmarkt-Beratung	COMEX
Investment-Beratung	FOLIO
Steuerberatung	TAXADVISOR
Einsatzplanung	OP-PLANNER
Automatische Fabrikation	IMS
Einsatz von Maschinen	ISIS-II

Ausbildung

Fehlersuche in elektronischen Schaltungen	SOPHIE, GUIDON
Betrieb von Dampfmaschinen	STEAMER
Fehler beim Rechnen	BUGGY
Geografischer Unterricht	SCHOLAR
Programmierung	ADA*TUTOR

Andere Technologien

Erdbebenvorhersage für Gebäude	SPERIL
Wettervorhersage	WHY
Stabilitätsuntersuchungen an technischen Konstruktionen	SACON
Steuerung des Luftverkehrs	AIR TRAFFIC CONTROL
Flugsimulation	PONTIUS-O
Konfiguration von Atomkraftwerken	CSA
Wartung von Kraftfahrzeugen/Lokomotiven	MODIS, CATS-1
Überwachung von kerntechnischen Anlagen	NUCLEAR, REACTOR
Telefonkabel-Wartung	ACE
Planetenüberwachung	DEVISER
Verhütung und Management bei Überschwemmungen	RIVER FLOOD EXPERT
Elektronische Multi-Media-Enzyklopädie	KNOESPHERE

Schrifttum zu Abschnitt III:

Alexander, T.: Why Computers can't Outthink the Experts. Fortune International, Vol. 110, No. 4 Aug. 20th 1984, pp. 99–108.

Barr, A. u. *E. A. Feigenbaum* (Eds): The Handbook of Artificial Intelligence. Vol. 1, William Kaufman, Los Altos, 1981.

Barr, A. u. *E. A. Feigenbaum* (Eds): The Handbook of Artificial Intelligence. Vol. 2, William Kaufman, Los Altos, 1982.

Belkin, N., R.-D. Hennings, Th. Seeger, G. Wersig u. *G. Windel:* Mass-Informatics and their Implication for Everyday Life. In: Proc. of the IFIP 9th World Computer Congress, Paris, 1983.

Belkin, N., T. Seeger u. *G. Wersig:* Distributed Expert Problem Treatment as a Model for Information System Analysis and Design. North-Holland Publ. Co., Journal of Information Science 5, 1983, pp. 153–167.

Belkin, N., R.-D. Hennings u. *T. Seeger:* Simulation of a Distributed Expert-based Information Provision Mechanism. In: Information Technology – Research & Development, Vol. 3 No. 3, 1984.

Buchanan, B. G. u. *E. H. Shortliffe:* Rule based Expert Systems. Addison Wesley Publ. Co., 1984.

Cohen, P. R. u. *E. A. Feigenbaum* (Eds): The Handbook of Artificial Intelligence. Vol. 3, William Kaufman, Los Altos, 1982.

Date, C. H.: An Introduction to Database Systems. Addison Wesley Publ. Co. Reading, 1975.

Davis, R., H. Austin, I. Carlbom, B. Frawley, P. Pruchnik, R. Sneiderman u. *J. A. Gilreath:* The DIPMETER ADVISOR: Interpretation of Geological Signals. Proc. of the 7th Int. Joint Conf. on Artificial Intelligence, Vancouver Canada, August 1981.

Duda, R. O., P. E. Hart u. *N. J. Nilsson:* Subjective Bayesian Methods for Rule-based Inference Systems. Proc. National Computer Conference, Vol. 45, 1976, pp. 1075 to 1082.

Duda, R. O., P. E. Hart, N. J. Nilsson u. *G. Sutherland:* Semantic Network Representations in Rule-based Inference Systems. In: Waterman/Hayes-Roth 1978.

Duda, R. O., J. G. Gaschnig u. *P. E. Hart:* Model Design in the PROSPECTOR Consultant System for Mineral Exploration. In: Michie (Ed.): Expert Systems in the Microelectronic Age. Edinburgh University Press, Edinburgh, 1979.

Duda, R. O. u. *J. G. Gaschnig:* Knowledge-based Expert Systems Come of Age. BYTE, September 1981, pp. 238–280.

Erman, L.: Expert System Tutorial held on the 8th Int. Joint Conf. on Artificial Intelligence, Karlsruhe FRG, August 1983.

Hayes-Roth, F., D. A. Waterman u. *D. B. Lenat:* Building Expert Systems. Addison-Wesley Publ. Co., Advanced Book Program, Reading, 1983.

Hennings, R.-D.: Expert Systems; Objectives, Definitions, Principles and unsolved Problems. In: Seeger 1982.

Hennings, R.-D.: Neue Aufzeichnungs-, Wiedergabe- und Einzelverarbeitungstechnologien. In: Wersig, G. (Hrsg.): Informatisierung und Gesellschaft, K. G. Saur, München u. a., 1983. S. 31–117.

Hennings, R.-D.: Neue kabelgebundene Technologien und Dienstleistungen. In: Wersig, G. (Hrsg.): Informatisierung und Gesellschaft, K. G. Saur, München u. a., 1983. S. 140–162.

Hennings, R.-D.: Informationssysteme und Problembewältigung III, Informationsvermittlungsmechanismen als konstruktive Aufgabe. Endbericht des Projekts INSTRAT 1. Bundesministerium für Forschung und Technologie (BMFT), Postfach 200706, 5300 Bonn 2, Februar 1984.

Hennings, R.-D.: Telekommunikation in den 80er Jahren. Freie Universität Berlin, Arbeitsbereich Informationswissenschaft. Bericht (44 Seiten), 1984. Siehe auch in: Schuck-Wersig, P. u. G. Wersig (Hrsg.): Akzeptanz neuer Kommunikationsformen. K. G. Saur, München u. a., 1985, pp. 28–80.

Hennings, R.-D. u. *H. Munter:* Expertensysteme. Mathware Verlag, Berlin, 1985.

Lehmann, E.: Expertensysteme – Überblick über den aktuellen Entwicklungsstand (1983). Bericht der Siemens AG, ZT ZTI INF 131, München 1984.

Lenat, D. B., F. Hayes-Roth u. *P. Klahr:* Cognitive Economy. Rept. HPP-79-15, Heuristic Programming Project, Computer Science Dept. Stanford University, Stanford, 1979.

McDermott, J.: R1 – An Expert in the Computer Systems Domain. Proc. First Annual National Conference on Artificial Intelligence (AAAI-80), Stanford 1980, pp. 296–271.

McDermott, J.: R1 – The Formative Years. AI Magazine Vol. 2, Summer 1981, 2, pp. 21–29.

McDermott, J.: XSEL – A Computer Salespersons Assistant. In: Hayes, J. E. et al. (Ed): Machine Intelligence 10. Ellis Horwood/Halstedt Press (Wiley), 1982.

McDermott, J.: R1 – A Rule-based Configurer of Computer Systems. Artificial Intelligence 19, 1982, pp. 39–88.

McDermott, J.: Extracting Knowledge from Expert Systems. Proc. of the 8the Int. Joint Conf. on Artificial Intelligence, Karlsruhe FRG, August 1983.

Michie, D.: In: Knowledge Engineering Cybernetics 2, 1973, pp. 197–200.

Salton, G.: Automatic Information Organization and Retrieval. McGraw-Hill Book Co., New York 1968.

Salton, G. u. *M. J. McGill:* Introduction to Modern Information Retrieval. McGraw-Hill Book Co., New York, 1983.

Seeger, Th. (Ed.): Information Systems as Collectives of Cooperating functional "Experts". Proc. of a Workshop held in Nov./Dec. 1981 in Berlin. Projekt INSTRAT, FU Berlin, 1982.

Smith, R. u. *J. D. Baker:* The DIPMETER ADVISOR System: A Case Study in Commercial Expert System Devolopment. Proc. 8th Int. Joint Conf. on Artificial Intelligence, Karlsruhe FRG, August 1983.

Stefik, M., J. Aikins, R. Balzer, J. Benoit, L. Birnbaum, F. Hayes-Roth u. *E. Sacerdoti:* The Organization of Expert Systems, A Tutorial. In: Artificial Intelligence 18, 1982, pp. 135–173, North-Holland, 1982.

Stukenbroker, B.: Vortrag auf der Infobase 1985. Bericht im CHIP, Mai 1985, pp. 234–235.

Waterman, D. A. u. *F. Hayes-Roth* (Eds.): Pattern-directed Inference Systems. Academic Press, New-York, 1978.

Wersig, G.: Beobachtungen einer Studienreise in den USA – Hysterie ist nicht notwendig. Projekt INSTRAT, Freie Universität, Berlin, 1981.

Wersig, G. u. *R.-D. Hennings:* The Intellectual Architecture of Information Systems – A Broad Research Agenda. In: Dietschmann, H.-J. (Ed): Representation and Exchange of Knowledge as a Basis of Information Processes. Elsevier Science Publ. B. V. North-Holland, 1984.

Wigg, K. M.: Trends and Developments of Artificial in Practical Use. Technologieforum, Berlin, 30. November 1984.

Abschnitt IV

Die Entwicklung der Informationstechnik – Anforderungen an die Weiterbildung, Auswirkungen auf den Arbeitsmarkt und das Bildungswesen

Prof. Dr. *Bernhard Dieckmann*
Technische Universität Berlin

1. Anforderungen an die Weiterbildung

Über die Entwicklung der Informationstechnik wurde in dieser Vortragsreihe genügend ausgeführt, so daß ich mich in meinen Ausführungen auf einige gesellschaftliche Konsequenzen konzentrieren kann. In bezug auf den Bereich Weiterbildung bedarf es zunächst einiger Klärungen historischer und begrifflicher Art.

1.1. Zum Begriff „Weiterbildung"

Vor der Herausgabe des Strukturplanes für das Bildungswesen durch die Bildungskommission des Deutschen Bildungsrates im Jahre 1970 gab es in der offiziellen Diskussion den Begriff Weiterbildung kaum. Es existieren ausschließlich die Begriffe Erwachsenenbildung, Fortbildung, Umschulung und politische Bildung. Ihnen entsprachen unterschiedlich institutionalisierte Bereiche von Bildungsangeboten für Erwachsene. Mit Verabschiedung des Strukturplans wurde ein großangelegter Versuch unternommen, in einem vierten Hauptbereich des Bildungswesens verschiedene Bereiche zusammenzufassen, die insgesamt in einer neuen Einheit „Weiterbildung" integriert werden sollten[1]). Die Arbeiten des Deutschen Bildungsrates haben erstmals vor Augen geführt, wie unterschiedlich die institutionellen Voraussetzungen in verschiedenen Bereichen des gewachsenen Weiterbildungsangebotes sind. So befindet sich einem großen Block privatwirtschaftlich und innerbetrieblich angebotener Weiterbildung ein Bereich gegenüber, den man zwar als öffentlich verantwortete Weiterbildung bezeichnen kann, den die öffentliche Hand aber nicht total in Regie genommen hat. Der Hauptanbieter der Erwachsenenbildung scheint nach wie vor im Bereich kommunaler Trägerschaft die Volkshochschule zu sein. Daneben existieren Kirchen und zahlreiche Interessenverbände sowie politische Parteien als quasi öffentliche Anbieter.

Charakteristisch für das Personal der Weiterbildungsanbieter ist – das gilt für öffentliche wie private Anbieter –, daß es sich in der Regel um freie Mitarbeiter handelt. Die Angebotsplanung sowie die Artikulation der Bildungsnachfrage gehorcht im Weiterbildungsbereich anderen Regeln und Voraussetzungen, als dies in Schule und Universität der Fall ist. Man kann daher nicht umstandslos von „Anforderungen" an „die" Weiterbildung sprechen, sondern man muß von verschiedenen Entwicklungslinien in verschiedenen Bereichen eines komplizierten Weiterbildungssystems ausgehen.

---

1) Vgl. Emfpehlungen der Bildungskommission des Deutschen Bildungsrates: „Strukturplan für das Deutsche Bildungswesen", Bundesdruckerei 1970, S. 199 f.

1.2. Entwicklungen in der öffentlich verantworteten Weiterbildung

Der deutsche Volkshochschulverband hat 1980 auf seiner 28. Mitgliederversammlung eine Entschließung verabschiedet, in der es u. a. heißt: „Der DVV macht darauf aufmerksam, daß eine Vermehrung der Informationsmenge nicht automatisch zu mehr Bewußtsein über Zusammenhänge führt. Bei der Konzeption der Pilotprojekte sollte dieses Problem und auch seine sozialpsychologischen Auswirkungen für den Fortbestand der Demokratie gesehen werden. Der DVV setzt sich dafür ein, Vor- und Nachteile einer möglichen Anwendung der neuen Medientechnologien sorgfältig zu prüfen. Dabei werden die Volkshochschulen, das Satellitenfernsehen, das Kabelfernsehen und die Teletexte daran gemessen, welchen Beitrag sie zur Verbesserung der Bildungssituation leisten können. Der DVV schlägt vor, die Pilotprojekte für das Kabelfernsehen sowie die Feldversuche zum Bildschirmtext möglichst intensiv und mit einer Zeitdauer durchzuführen, die eine wissenschaftliche Begleitung und gründliche Analyse auch unter den genannten Fragestellungen zuläßt. ... Der DVV fordert auch für die Programme und ihre Veranstalter eine umfassende demokratische Legitimation. Die neuen Technologien sollten deshalb unter der Verantwortung einer öffentlich-rechtlichen Anstalt oder ähnlichen Formen gesellschaftlicher Kontrolle erprobt werden. ... Der DVV stellt fest: „Die gesellschaftspolitischen Probleme, die mit den neuen Medientechnologien aufgeworfen werden, sind ohne erhebliche finanzielle Anstrengungen weder zu untersuchen noch zu lösen. Geschehen diese Anstrengungen nicht, so besteht die Gefahr, daß sowohl die Begleituntersuchungen als auch die Medienpädagogik als Alibi für spätere politische Entscheidungen benutzt werden"[2]).

Die in den verbandsoffiziellen Äußerungen zum Ausdruck kommenden Sorgen werden schon 1980 aufs Eindrücklichste empirisch bestätigt: So teilt Hartmut Hille mit, daß im Angebot der Volkshochschulen 1969 bis 1975 gesellschaftliche Auswirkungen des Datenverarbeitungs-Einsatzes fast überhaupt nicht behandelt werden. „Diese Ergebnisse weisen darauf hin, daß das Lernangebot in Volkshochschulen in diesem Zeitraum ein Abklatsch dessen war, was auch bei kommerziellen Bildungsträgern und in der innerbetrieblichen Aus- und Weiterbildung als ‚Grundlagen der Daten-

---

2) Weiterbildung und neue Medientechnologien, Entschließung der 28. Mitgliederversammlung des Deutschen Volkshochschulverbandes, in: Hessische Blätter für Volksbildung 3/1980, S. 273 f.

verarbeitung' angesehen war und dem damals hohen Bedarf an ,Fußvolk' für die Programmierung und das Operating entsprach"[3]).

Für das Jahr 1980 kann man hiernach tendenzmäßig feststellen, daß im Deutschen Volkshochschulverband durchaus ein kritisches Bewußtsein gegenüber Problemen der Informationstechnik vorhanden ist. Schaut man sich die Diskussion fünf Jahre später aber wieder an, dann hat sich der Stand der Diskussion im Volkshochschulbereich schon von den Hoffnungen, gesellschaftliche Folgen der Informationstechnik in den Lehr- und Lernprozeß mit einbeziehen zu können, entfernt. Gleichzeitig ist die Nachfrage intensiver geworden, und was vor fünf Jahren in der Volkshochschule noch als unfein galt, ist jetzt gesellschaftsfähig geworden. So stellt Joachim H. Knoll im offiziellen Organ des Deutschen Volkshochschulverbandes der „Volkshochschule im Westen", folgendes fest: „Uns interessiert zunächst eine andere Dimension der neuen Medien, eben nicht ihre Verängstigung, sondern ihre Chancen. Ich meine, daß die Weiterbildung erst heute die Möglichkeit erhält, sich an ihre präsumptiven Kunden direkt und aufklärend zu wenden. ... Ich stimme der Einschätzung zu, daß die Volkshochschulen zunächst eine Aufklärungs- und Informationspflicht wahrzunehmen hätten. ... Mehrere Besuche in Israel haben mich gelehrt ..., daß die technische Faszination Jugendlicher und Heranwachsender – ich nenne dies die „Faszination der logischen Kreativität" – durch Erwachsenenbildung aufgenommen, strukturiert und fortentwickelt werden kann"[4]).

Ähnlich wie Knoll argumentiert in der gleichen Ausgabe von „Volkshochschule im Westen" Alfred Joppich: Er beklagt bereits ein Qualitätsgefälle in der Weiterbildung zu Lasten der Volkshochschulen: „Ein Grund dafür liegt auf der Hand: Gute EDV-Leute, die zudem noch über pädagogische Ausbildung und Erfahrung verfügen, sind selten. Sie werden dort unterrichten, wo sie am besten bezahlt werden, oder sie werden gar nicht unterrichten, weil sie an anderen Stellen in der EDV viel dringender gebraucht werden. Ein Kursangebot, das qualitativ ausreichend, dem aktuellen Stand der Entwicklung angemessen und konkurrenzfähig ist, wird daher, ohne höhere Honorare, für gute Dozenten nicht aufzustellen sein. Ein weiterer Grund für den Rückstand – auch der Volkshochschulen – ist eine gewisse Orientierungslosigkeit in den Lernzielen und Lerninhalten,

---

3) *Hille, Hartmut:* Leitziele zur Datenverarbeitung und Informatik, in: Hessische Blätter für Volksbildung 3/1980, S. 225.

4) *Knoll, Joachim, H.:* Neue Technologien und Weiterbildung, in Volkshochschule im Westen, April 1985, S. 47–49.

die mit einer Orientierung an veralteten Konzepten aus der Frühzeit der EDV zusammentrifft"[5]).

Aus seinen Überlegungen folgert Joppich, daß es notwendig sei, ein differenziertes Angebot im Bereich EDV zu entwickeln: Er unterscheidet in dem Vorschlag, den er selbst hierzu macht, einen praxisorientierten Ansatz für eine erste Begegnung mit der EDV von einem mehr programmsprachenorientierten Ansatz (für solide Einblicke in die Kunst des Programmierens) und nennt schließlich noch einen „problemorientierten Ansatz" (für eine theoretische Beschäftigung mit der EDV/Informatik und für die Vorbereitung auf zukünftige Anforderungen wie Entwicklungen)[6]).

Als Vorbild für die Volkshochschularbeit in diesem Bereich zieht er ein Projekt „Informatik-Schule Schweiz" der Clubschule Migros als Vorbild heran. Didaktisch ist dieses Vorbild wie folgt zu charakterisieren:

- Problemlösendes Lernen in weitgehend selbstorganisierten Lernprozessen steht im Vordergrund.
- Spezielle, von außen rekrutierte Informatiker werden als Dozenten eingesetzt, und sie werden – im Gegensatz zu der sonstigen Honorierung von Dozenten der Erwachsenenbildung – vollzeitlich bezahlt.

Deutlicher kann die Trendwende im Bereich öffentlich-verantworteter Weiterbildung (hier der Volkshochschulen) kaum benannt werden.

Auch die Hörerschaft hat diese Trendwende mitgemacht. So beschreibt ein Aufsatz von Andrea Alexander und Udo Schneidereit über Computerisierung der Lebenswelten aus dem Frühjahr 1985, daß das Weiterbildungsinteresse zum Themenkomplex Computerkunde seit Beginn der 80er Jahre derartig zugenommen habe, daß man dem Bedarf kaum gerecht werden kann. Folgende Teilnehmergruppen werden unterschieden:

- Beruflich orientierte Teilnehmer, vorwiegend aus dem Verwaltungs- und Dienstleistungsbereich, die in ihrem Arbeitsfeld in Zukunft mit einer Computerisierung zu rechnen haben.
- Beruflich orientierte Teilnehmer, deren Arbeitsplatz bereits computerisiert wurde. (Sie äußern häufig Kritik an den allzu speziellen betrieblichen Einweisungen in die neuen Technologien).

---

5) *Joppich, Alfred:* Didaktische Überlegungen zu einem Informatik-Angebot, in: Volkshochschule im Westen, April 1985, S. 54.

6) *Joppich, Alfred:* a. a. O., S. 56.

– Hobbyisten, die im Besitz eines eigenen Heimcomputers sind, hierbei handelt es sich vorwiegend um Schüler zwischen 14 und 17 Jahren und Jugendliche.

– Auszubildende, denen in der Berufsschule keine Unterweisung in der EDV zuteil wird.

– Arbeitslose, die sich mit dem Erwerb fachbezogener EDV-Kenntnisse eine größere Beschäftigungschance erhoffen.

– Studenten.

– Lehrer, denen für einen Einsatz des Computers im naturwissenschaftlichen Unterricht die entsprechenden Kenntnisse fehlen.

Weiterhin teilen Alexander und Schneidereit mit, daß heute bis zu 50 % der Frauen in den Grundkursen sitzen, Teilnehmerinnen mit beruflich orientierten Interessenschwerpunkten und mit dem Wunsch, sich fachlich im Bereich der Computerkunde weiter zu qualifizieren. Vielfach schwingt bei ihnen die Angst vor dem Verlust des Arbeitsplatzes mit. Ihnen stehen die begeisterten Computeranhänger – auch als Computerfreaks bekannt – gegenüber[7]). Von einem gesellschaftskritischen Ansatz gegenüber der Mikroelektronik scheint jetzt nichts mehr übrig zu sein: „In den unbestritten erforderlichen berufsqualifizierenden EDV-Kursen ... gestattet das zeitliche Kontingent nur zu einem geringen Maße eine kritische Auseinandersetzung mit den Vor- und Nachteilen, den Grenzen und Möglichkeiten der EDV. Dies gilt auch für das in diese Richtung einzuordnende Grundkurs-Konzept der Pädagogischen Arbeitsstelle des DVV, welches selbst bei einer Reduzierung vorgeschlagener Themenkomplexe einem kritisch-aufklärerischen Ansatz nur eingeschränkt Platz machen kann"[8]).

Dies ist nicht weiter verwunderlich, denn die wichtigste Zielgruppe vieler volkshochschulischer Weiterbildungsmaßnahmen sind arbeitslose Teilnehmer unterschiedlicher Altersstufen. In Hannover werden diesen Arbeitslosen Lehrgänge eines sog. technischen Weiterbildungszentrums sowie eines EDV-Weiterbildungszentrums als Vollzeitmaßnahmen mit in der Regel bis zu zwölf Monaten Dauer angeboten. Die Teilnehmer dieser Maßnahmen sind 20 bis 40 Jahre alt und haben einen Berufsabschluß, der aber zur Zeit nicht zu verwerten ist. In diesen Kursen geht es nicht mehr um die Frage, wie sozial- und bildungspolitisches Wissen mit Fachwissen der Informatik

---

7) *Alexander, Andrea; Schneidereit, Udo:* Computerisierung der Lebenswelten, in Volkshochschule im Westen, April 1985, vgl. S. 60.

8) *Alexander, Schneidereit:* a. a. O., S. 61.

in Verbindung gebracht werden kann, sondern es geht wirklich *nur* noch um die Vermittlung von Fachwissen an Menschen, die nur durch diesen Wissenserwerb eine Chance auf dem Arbeitsmarkt sehen[9]).

Auch in den Bildungsurlaub dringen Angebote mit informationstechnischen Inhalten immer mehr ein. Das Land Nordrhein-Westfalen hat seit Anfang des Jahres 1985 ein neues Arbeitnehmer-Weiterbildungsgesetz erlassen, das zum Zwecke der beruflichen und politischen Bildung einen Bildungsurlaub vorsieht, ohne jedoch diesen Begriff zu verwenden. Im Vorgriff auf dieses Gesetz wurde im Herbst 1984 in der Volkshochschule Düsseldorf ein Kompaktseminar abgehalten, das nach Möglichkeit den Rahmenbedingungen dieses Gesetzes entsprechen sollte. Titel des Seminars war: „EDV und Programmierung". Berichte aus diesem Seminar zeigen zwar noch gewisse Ansätze des Versuchs der Vermittlung zwischen konträren Einstellungen gegenüber Computern, es wird aber ebenfalls festgestellt, daß die Programmierkurse überfüllt sind und daß die Diskussionsrunden über das Orwell'sche Jahr dünn besucht sind. Zwar sollte versucht werden, „mit der Thematisierung gesellschaftlicher und technischer Perspektiven... eine gewisse Angst zu wecken, die umgelenkt werden sollte in einen selbstbewußten, kritischen Umgang mit den neuen Technologien. ... Ein Ergebnis, das (die beteiligten Pädagogen) nicht beabsichtigt hatten, war, daß sich nahezu alle Teilnehmer nach dem Seminar einen Computer kaufen wollten, und (die Seminarleitung bei der Kaufentscheidung um Rat fragten)"[10]).

Diese wenigen Dokumente aus der gegenwärtigen Praxis der Volkshochschulen zeigen, daß die Nachfrage sich – angesichts der Arbeitsmarktsituation – in der Weiterbildung fast ausschließlich auf technisches Know-how richtet. Eine Vermittlung zwischen technischem Know-how und bildungs- sowie gesellschaftspolitischer Argumentation wird zwar im Weiterbildungsbereich versucht, gelingt jedoch nur sehr begrenzt.

Quantitativ sah das in Berlin im ersten Semester 1984 folgendermaßen aus: Die Berliner Volkshochschulen boten insgesamt 66 Kurse im Bereich EDV, Datenverarbeitung und Textverarbeitung sowie Betriebssysteme an. Nur ein einziger Kurs in der Volkshochschule Wedding betraf gesellschafts- und bildungspolitische Themen im Zusammenhang mit der Einführung dieser

---

9) Vgl. hierzu *Wesely, Wolfgang:* Neue Technologien in der Beruflichen Weiterbildung, in: Volkshochschule im Westen, April 1985, S. 62–64.

10) *Miesen, K.; Hüser, B.; Dröse-Stahr, Ch.:* EDV im Bildungsurlaub, in: Volkshochschule im Westen, April 1985, S. 65–67.

neuen Technologien. Der Einfluß des Arbeitsmarktes und der Diskussion innerhalb privatverantworteter Weiterbildung auf die Volkshochschulen scheint übermächtig zu werden.

1.3. Entwicklungen in der privat verantworteten Weiterbildung

Die privatverantwortete Weiterbildung, vor allem der Hersteller, kommerzieller Weiterbildungsanbieter und großer Industriefirmen, erfreut sich eines großen Nachfragebooms. Entsprechend entwickeln sich die Preise: Preise über 1000,– DM sind nicht selten, und die Preisdifferenzierung richtet sich keineswegs nach Gesichtspunkten der Bedürftigkeit der Teilnehmer, sondern fast ausschließlich nach Gesichtspunkten der Nachfrage. Kostenlose Angebote fördern in der Regel den Verkauf von Hardware und Software, sehr teure Angebote richten sich an diejenigen, die ihre teuren Anlagen mit teurer Software zum Laufen bringen wollen. Die Menge des Angebotes übersteigt, gemessen in Kursen, Kursusstunden und Teilnehmerstunden, bei weitem das Angebot öffentlicher Träger.

Daß in diesem Angebot privater Träger von gesellschaftskritischer Information keine Rede mehr ist, eher aber ideologisch ausgesprochen geschickte Rechtfertigung des Einsatzes der Informationstechnik erfolgt, überrascht niemanden. Es gehört mit zum Verkaufskonzept, daß die Verhältnisse sich in dieser Weise entwickeln.

Bemerkenswert im Angebot der privaten Anbieter ist noch ein weiteres: Es wird versucht, diese Angebote quasi in Konzepte für neue Berufe[11]) einzufügen. Damit wird erstmals im Bereich der Bildung durch die Bildung von Themenkomplexen einer bestimmten Disziplin die Konstitution bestimmter Tätigkeitsfelder quasi vorweggenommen. Dem Kursprogramm „Datentechnik 1985" der Firma Siemens sind Aus- und Weiterbildungsvorschläge beigefügt, in denen neue Berufsbilder oder doch zumindest Tätigkeitskomplexe benannt sind, und es wird aufgeführt, welche Kurse man besuchen muß, um sich für diese Berufsbilder oder Tätigkeitskomplexe zu qualifizieren. Im einzelnen handelt es sich hierbei um folgende Arbeitsbereiche (in alphabetischer Reihenfolge):

---

11) Neuerdings bietet eine von den Firmen Siemens, Nixdorf und PSI gegründete „Gesellschaft für Neue Berufe" eine Weiterbildung für Akademiker an, die pro Jahr 4 800,– DM kostet, und deren Klienten durch Hilfe des Arbeitsamts einen großen Teil der Kosten erstattet bekommen können. Berufsziele liegen zum Teil in den Vertriebsbereichen der Gründerfirmen.

Anwender in der Fachabteilung, Arbeitsvorbereiter, Entwickler, Führungskraft, Operator, Organisator, Programmierer, Programmierer-Assistent, Revisor, Softwareberater, Softwarebetreuer, Umschüler. Den verschiedenen Tätigkeitsbereichen werden unterschiedliche Lernvoraussetzungen zugeordnet, die bis hin zu mehrjähriger Tätigkeit als qualifizierter Programmierer mit guten Kenntnissen des Aufgabengebietes reicht. Das Gesamtangebot in Datentechnik der Firma Siemens ist baukastenmäßig organisiert, also in einer Form, die in der Erwachsenenbildung seit Anfang der 70er Jahre in bestimmten Bereichen immer wieder angestrebt worden ist.

Zieht man zum Vergleich das IBM-Ausbildungs-Handbuch für den Systembereich MVS-MVS-XY/VM heran, so ergibt sich ein ähnliches Bild: eine Vielzahl einzelner Kurse mit sehr unterschiedlichen Preisen ist vorhanden, die Dinge sind ebenfalls ausgesprochen gut durchorganisiert und die Preisspanne reicht von 50,– DM aufwärts bis zu 39600,– DM für eine Teamausbildung, wobei ein Team von vier Mitarbeitern und einer Führungskraft eines Kunden vom Hersteller geschult wird.

Zu fragen ist, was dieser neue Kursustypus, der in privater Verantwortung für hohe Eintrittsgelder angeboten wird, und der ausschließlich der Instruktion in bezug auf herstellertypische Hardware und Software dient, soziologisch bedeutet.

Zunächst ergibt sich ein krasser Unterschied zur öffentlichen Weiterbildung: Nur noch wenige ausgewählte Teilnehmer haben den Zutritt zu solchen Veranstaltungen. Sofern sie es selbst bezahlen können, handelt es sich um reiche Teilnehmer. Arme sind von vornherein ausgeschlossen. Sofern sie von Firmen delegiert werden, werden sie von den Firmen unter Umständen mit Hilfe besonderer Tests ausgewählt: So kann man sich in einer der Siemens-Ausbildungsstätten darin schulen lassen, Tests anzuwenden, die die Eignung eines Bewerbes für den Einsatz in verschiedenen Gebieten einschätzbar machen: im Bereich der Softwareentwicklung, im Bereich von Datenverarbeitung in einer Fachabteilung, und im Bereich von Computer-aided-engineering. Die Durchführung solcher Tests dauert ca. zweieinhalb Stunden, und die Testleiter werden für diesen Test ausgebildet und fortlaufend betreut. Der Test soll die Vorteile eines psychologischen Auswahlverfahrens besitzen. Das heißt er soll aufgrund einer Anforderungsanalyse systematisch aufgebaut sein, er soll ohne Vorkenntnisse beantwortbar sein und vor jedem Untertest können Aufgaben durch Beispiele eingeübt werden. Der Test wird zentral überwacht, und falls Änderungen in der Bewerberstruktur bestehen, können die Anforderungen beliebig nach oben oder unten geschraubt werden. Auf diese Weise bekommen die Firmen, die ihre Mitarbeiter auf entsprechende Kurse schicken, hier ein vorzügliches Instrument in die Hand, um überflüssige Kursuszuweisungen vermeiden zu können. Dieses scheint angesichts der hohen Kurskosten natürlich rational[12]).

Wer also von Firmenseite delegiert wird, ist auch noch eine Frage besonderer Eignung, und die Selektionseffekte, die dieser expandierende Bildungsbereich auf die Teilnehmer haben wird, können kaum unterschätzt werden. Da anzunehmen ist, daß die Statuszuweisungseffekte dieses neuen Bildungsbereichs immer stärker werden, haben wir es hier mit einem neuen Instrument gesellschaftlicher Steuerung zu tun, dessen Wirksamkeit frühere Funktionen des Bildungswesens möglicherweise deutlich übertrifft.

Ein besonderer Bereich der privaten Anbieter sind die professionellen, kommerziellen Anbieter von Tagungen. So hat das Bildungszentrum für informationsverarbeitende Berufe e. V., das seit über zwölf Jahren in Paderborn arbeitet, im Jahre 1984 in Hannover eine Niederlassung gegründet und den Unterricht in der neuen DV-Bildungseinrichtung zum 1. 10. 1984 aufgenommen. Mit Unterstützung des Niedersächsischen Kultus- und Wirtschaftsministeriums verfolgt dieses Institut eine Reihe bildungspolitischer Ziele wie

- anwendungsbezogene berufliche Erstausbildung von Abiturienten im Bereich der Informationstechnologie,
- berufliche Anpassungsfortbildung berufserfahrener Erwachsener aus kaufmännischen und elektrotechnischen Bereichen,
- praxisorientierte Fortbildung der Lehrer des Landes Niedersachsen im Bereich der Elektronischen Datenverarbeitung und
- Unterstützung mittelständischer Unternehmen bei der Einführung der EDV-Technologie[13]).

Die Gründung eines solchen Institutes, besonders aber jüngere Äußerungen von Tagungsfachleuten zeigen, daß sich EDV-bezogene Weiterbildung zu einem lukrativen Markt entwickelt hat. So hat sich in der jüngeren Vergangenheit eine deutsche Gesellschaft zur Förderung und Entwicklung des Seminar- und Tagungswesens e. V. etabliert, die kürzlich einen Kongreß hatte. In der Zeitschrift Kongreß und Seminar 8/9 1984, S. 45, wird berichtet, daß ein baden-württembergischer Landtagsabgeordneter Jürgen

---

12) Vgl. Siemens, Kursprogramm Datentechnik 1985, S. 368.

13) Vgl. hierzu eine Werbebroschüre des Bildungszentrums für Informationsverarbeitende Berufe e.V., ohne Ort, ohne Jahr.

Eisele in seinem Kongreßkommentar folgendes festgestellt habe: „Flinke Politiker (seien) zur Hand, die Verstaatlichung der beruflichen Weiterbildung zu betreiben. Erste Aufgabe der deutschen Gesellschaft zur Förderung und Entwicklung des Seminar- und Tagungswesens (müßte) es daher sein, die Sinne aller Bildungspolitiker dafür zu schärfen, daß sich die private Tagungswirtschaft ihre angestammte Rolle der Fort- und Weiterbildung nicht widerstandslos von arbeitslosen Lehrern und Universitätsprofessoren aus der Hand nehmen (lasse)".

Die private Weiterbildung geht also zum Angriff über: Es reicht nicht aus, daß in der öffentlich verantworteten Weiterbildung die Thematisierung politischer Grundfragen eingeschlafen ist; es reicht nicht aus, daß die öffentliche Weiterbildung die hohen Dozentenhonorare nicht bezahlen kann; es soll ihr auch noch verboten werden, entsprechende Angebote überhaupt zu machen[14]).

1.4. Staatliche Unterstützung privater Trägerschaft

Die öffentlichen Hände lassen sich, wie es scheint, nur zu willig, darauf ein, Weiterbildungsaufgaben an private Anbieter abzugeben. Zumindest zwei Quellen belegen dies: Der Bericht der Kommission Weiterbildung, der im Auftrag der Landesregierung von Baden-Württemberg im November 1984 erstellt wurde, und die Broschüre des Bundesministers für Bildung und Wissenschaft über den zwischenbetrieblichen Verbund vom Januar 1985.

1.4.1. Bericht der Weiterbildungskommission von Baden-Württemberg (1984)

So heißt es im Kommissionsbericht des Landes Baden-Württemberg: „Die Rolle des Staates im Bereich der Weiterbildung sollte sich im Prinzip auf die Schaffung und Überwachung der Einhaltung von bestimmten Rahmenbedingungen konzentrieren. Darüberhinaus sollte sie sich auf die des Förderers und Helfers beschränken, insbesondere durch Motiviationshilfen zur Weiterbildung, durch Informations- und Werbemaßnahmen, durch finanzielle Unterstützung beim Aufbau der Grundausstattung von Trägern sowie durch finanzielle Unterstützung, vor allem von Problemgruppen der Weiterbildung"[15]). Wettbewerb gilt als ordnungspolitisches Prinzip für den

14) Vgl. *Freise, Eberhard, B.:* D. G. fest stellt die Weichen zur Gemeinsamkeit, in: Kongreß und Seminar 8/9, 1984, S. 46 f.

15) Regierung des Landes Baden-Württemberg: Weiterbildung. Herausforderung und Chancen. Bericht der Kommission „Weiterbildung". Breuer-Verlag, Stuttgart 1984, S. 50.

Bereich der allgemeinen und beruflichen Weiterbildung. Diese „Ordnungsform" gewährleistet die erforderliche Innovationsbereitschaft und Qualität des Leistungsangebotes am besten[16]).

Was die Kommission unter Schaffung geeigneter Rahmenbedingungen für diese Wettbewerbssituation versteht, führt sie im folgenden aus: Sie fordert grundsätzlich freien Zugang der Träger zu Weiterbildungsaktivitäten[17]) und fordert implizit, daß alle Einrichtungen Gebühren erheben, damit nicht wegen der Gebührenfreiheit bestimmte Einrichtungen vom Markt verdrängt werden[18]). Der Schutz des Teilnehmers, der früher Politik der Bundesregierung und auch einiger Länderregierungen gewesen ist, ist dem Schutz des privaten Trägers der Weiterbildung gewichen. Die Süddeutsche Zeitung faßt denn auch am 18. Dezember 1984 ihren Bericht über diese Kommissionsarbeit unter dem Titel „Gegen Weiterbildung zum Nulltarif" zusammen. Wichtigste Empfehlung der Kommission ist nach Meinung der Süddeutschen Zeitung „es soll sich ein gesellschaftliches Klima und Bewußtsein bilden, in dem sich künftige Weiterbildung günstig entwickeln kann"[19]).

Was unter einem solchen Klima verstanden wird, kommt in den Bildungszielen zum Ausdruck, die die Kommission ebenfalls nennt: „Entwicklung der Fähigkeit und Bereitschaft, ein vorurteilsfreies Verhältnis zu Wissenschaft und Technik zu gewinnen, ... Entwicklung der Fähigkeit und Bereitschaft zum autonomen Lernen und zur selbständigen Übertragung des Gelernten auf neue Sachverhalte, ... Entwicklung der Fähigkeit und Bereitschaft zur Übernahme von Verantwortung, ... analytisches und integrierendes Denken, künstlerische Kreativität und Innovation, Phantasie und Logik"[20]). Aus diesen Zielen, so sollte man meinen, würden viele – komplizierte sozial- und naturwissenschaftliche Inhalte resultieren. Aber hier erlebt der Leser eine herbe Überraschung:

Der einzige Inhaltsbereich, der im Kapitel „Ziele und Inhalte" in den Empfehlungen genannt wird, heißt: „Grundkenntnisse in Informations- und Kommunikationstechnik für breite Bevölkerungskreise"[21]). Dieser Inhalt wird wie folgt spezifiziert, es geht um:

---

16) Vgl. ebd., S. 51.
17) Vgl. ebd., S. 51.
18) Vgl. ebd., S. 51.
19) Vgl. ebd., S. 143.
20) Vgl. ebd., S. 146.
21) Vgl. ebd., S. 146.

– die Fertigkeit, mit den entsprechenden Geräten umzugehen,
– die Fähigkeit des einfachen Dialogverkehrs an einem computerunterstützten Arbeits- oder Ausbildungsplatz oder mit Bildschirmtext zuhause,
– die Fähigkeit, einfache Aufgaben computergerecht aufzuarbeiten, also Grundwissen über Computerlogik, und
– Urteilsfähigkeit über die Möglichkeiten und Grenzen der Informationstechnik.

Gesellschaftliche Folgen und Probleme dieser Technologie sind in der Empfehlung nicht angesprochen[22]).

Was die Lernmittel betrifft, so wird neuen Lernmedien große Bedeutung beigemessen. Besonders Lerndisketten, Bildplatte oder On-Line-Lernprogramme werden genannt, in Kombination mit Bildschirmtextanschluß, Tischcomputer oder Computerterminal. Die einzige gesellschaftspolitische Aussage der Kommission bezieht sich auf humane Arbeitsorganisation. Diese dient aber der „optimalen Nutzung neuer Technologien": „Über die optimale Nutzung neuer Technologien entscheidet im wesentlichen die Arbeitsorganisation (Einsatzgestaltung)".

Bei der Wahl der Arbeitsorganisation zum Einsatz neuer Technologien empfiehlt die Kommission aus wirtschaftlichen und technologischen Erwägungen sowie aus Gründen der Humanisierung der Arbeit der Entwicklungsrichtung ‚Job-Development' zu folgen. Neue Technologien sollen in Verbindung mit der Arbeitsorganisation daher so zum Einsatz kommen, daß sie eine höhere Qualifikation der Beschäftigten erfordern. Dabei entsteht für Arbeitgeber und Arbeitnehmer die Notwendigkeit, zukünftig mehr als bisher in Weiterbildung zu investieren[23]). Wie sich das auf die Menge der Beschäftigten auswirkt, bleibt zunächst offen.

1.4.2. Der „zwischenbetriebliche Verbund" als Förderinstrument des Bundesministers für Bildung und Wissenschaft

Die Unterstützung der öffentlichen Hand für private Weiterbildungsanbieter durch den Bund geschieht neuerdings mithilfe des Instrumentes „Der zwischenbetriebliche Verbund". Die 1985 herausgegebene diesbezügliche Broschüre des BMBW führt aus, daß verschiedene Betriebe Vereine gründen sollen, deren Arbeit dann aus öffentlichen Mitteln bezuschußt werden

22) Vgl. ebd., S. 146.
23) Vgl. ebd., S. 147.

kann. Funktion des Verbunds soll vor allem sein, „Informations- und Know-how-Transfer, Beobachtungen des Weiterbildungs- und Beratungsmarktes, um externes Know-how dem Verbund erschließen zu können, turnusmäßige Ermittlung und Analyse der technologischen organisatorischen und qualifikatorischen Veränderungen sowie Ableitung des daraus resultierenden Bedarfs an Maßnahmen zur Personalentwicklung, . . . Vorbereitung der zentralen Koordination und Abstimmung der gegenseitigen Nutzung von Ausbildungskapazitäten, sowie Hilfe bei Auswahl- und Prüfungsvorbereitungen der Auszubildenden[24]). Der BMBW hat für die Gründung entsprechender Vereine auch Satzungsparagraphen vorgeschlagen, in denen es heißt: „Zweck des Vereins ist es, in dauerhafter Form gemeinsam Qualifizierungs-, Informations-, Know-how-Transfer-, Beratungs- und andere, den Betrieben förderliche Aktivitäten mit internem und externem Personal durchzuführen"[25]). Als öffentliche Unterstützung stellt der BMBW für solche Verbundorganisationen Zuschüsse in Aussicht, wenn der Verbund in wirtschaftsschwachen Regionen gegründet wird und wenn der Verbund ein geeignetes Instrument ist, Sondermaßnahmen durchzuführen, an denen ein öffentliches Interesse besteht. Solche Sondermaßnahmen können sein: Umschulung von Arbeitslosen, Schaffung zusätzlicher Ausbildungsplätze sowie Forschungsaufträge, Gutachten etc.[26]).

Wie sich hier zeigt, ziehen im Bereich der privaten Weiterbildung, was Informationstechnik betrifft, öffentliche Hände und private Anbieter an einem Strang. Dem kann sich gegenwärtig kein Erwachsenenbildungsträger wirksam entziehen.

1.5. Weiterbildungsangebote des Berufsfortbildungswerkes des DGB als Signale für gewerkschaftliche Positionen

Sogar das Berufsfortbildungswerk des Deutschen Gewerkschaftsbundes bietet bereits Möglichkeiten an, über den Personalcomputer CAD-Anwendungen zu erlernen. Der Kursus Nr. 334 des Berufsfortbildungswerkes, Bezirksgeschäftsstelle Berlin, soll Technische Zeichner dazu bringen, mittels Personalcomputer zu lernen, die Computergraphik in vereinfachter Form anzuwenden, um dann die graphische Datenverarbeitung, eine Form

24) Bundesminister für Bildung und Wissenschaft, Referat Öffentlichkeitsarbeit, Der zwischenbetriebliche Verbund, ein neues Instrument, Bergisch-Gladbach 1985, S. 35.

25) Ebd., S. 46.

26) Vgl. ebd., S. 37.

der elektronischen Bildverarbeitung, anwenden zu können. Der Kursus richtet sich in erster Linie an AFG-Geförderte – die Maßnahmen werden im Vollzeitunterricht durchgeführt – und dauert 702 Unterrichtsstunden. Weitere Angebote des Berufsfortbildungswerkes sind: Ein CNC-Lehrgang, ein BTX-Editor-Kurs, eine Einführung in die Computergraphik, eine Einführung in die Assembler-Programmiersprache, eine Einführung in die Programmiersprache Cobol, eine Einführung in die Programmiersprache Basis sowie in die Grundlagen der EDV. Die Erläuterungen der Inhalte, die vom Berufsfortbildungswerk angeboten werden, enthalten in keinem Fall über die Instruktion hinausgehende Orientierungshinweise gesellschaftspolitischer Art. Die einzige Werbung für gewerkschaftliche Interessen, die die Broschüre des Berufsfortbildungswerkes enthält, bezieht sich auf die Verkürzung der Arbeitszeit[27]).

1.6. Zusammenfassung

Die privatverantwortete Weiterbildung expandiert gegenüber der Erwachsenenbildung von öffentlichen und halböffentlichen Trägern stark. Öffentlich und halböffentlich verantwortete Weiterbildung hinkt in bezug auf Informationstechnikangebote hinter den privatverantworteten Angeboten deutlich hinterher. Gründe für diesen Informationsvorsprung sind Wissensvorsprünge der Hersteller, höhere Gehälter der Experten auf Seiten der Industrie sowie eine Förderungspolitik für Weiterbildungsangebote der öffentlichen Hand, die sich von den etablierten Einrichtungen der Erwachsenenbildung wegbewegt.

Die bisherige Weiterbildungspolitik von konservativen Regierungen beschränkt sich auf den Versuch, nachzumachen und zu finanzieren, was in der Industrie sowieso geschieht. Ein Einwirken auf die reflexiven Bestandteile einer im übrigen fast 100 %ig auf Instruktion ausgerichteten Weiterbildung geschieht nur in dem Sinne, daß das geeignete Klima für die Verbreitung dieser Form von Weiterbildung geschaffen wird.

Ob die hier angedeutete Realität wirklich auch solche Anforderungen widerspiegelt, die man aus sozialwissenschaftlicher Perspektive für den Bereich der Weiterbildung begründen könnte, sei zunächst dahingestellt. Wir wollen zuvor, ehe ein diesbezügliches Urteil ausgesprochen wird, die Auswirkungen auf den Arbeitsmarkt und das übrige Bildungswesen sichten.

27) Berufsfortbildungswerk des DGB, Lehrgangsprogramm 1985, S. 21.

2. Auswirkungen der Informationstechnik auf den Arbeitsmarkt

2.1. Der Arbeitsmarkt in der Bundesrepublik Deutschland seit 1970

Die Auswirkungen der Informationstechnik auf den Arbeitsmarkt im Bundesgebiet sind bisher gesondert nicht erfaßt worden. Man ist daher auf Schätzungen angewiesen, die die unmittelbaren und mittelbaren Effekte betreffen. Den Interessen der Beteiligten gemäß, gehen solche Schätzungen stark auseinander.

Die Relevanz bestimmter Schätzungen wird erst deutlich, wenn die Gesamtsituation des Arbeitsmarktes in den letzten Jahren betrachtet wird. Einen Überblick geben die Zahlen, die ich aus den Mitteilungen des Institutes für Arbeitsmarkt- und Berufsforschung entnommen und mit eigenen Berechnungen versehen, hier darlege:

Beschäftigung und Arbeitslosigkeit von Deutschen in der Bundesrepublik Deutschland 1970 bis 1985, in 1000

	Beschäftigte deutsche Arbeitnehmer in der BRD 1970 bis 1985 nach dem Beschäftigungsort-Konzept in Tausend	Registrierte deutsche Arbeitslose in der BRD in Tausend	Produktivität je Erwerbstätigenstunde 1970 bis 1985 in Preisen von 1976 in DM	Registrierte und nicht-registrierte Arbeitslose von der Erwerbsbevölkerung 1970 bis 1985 in %
1970	20369	144	18,51	0,00
1971	20426	173	19,26	0,00
1972	20313	229	20,29	1,24
1973	20388	253	21,43	1,39
1974	20184	513	22,23	2,82
1975	19882	923	22,92	5,21
1976	19945	954	23,92	5,84
1977	20094	932	25,14	5,95
1978	20345	889	25,99	5,84
1979	20675	783	27,02	5,34
1980	20909	782	27,47	5,92
1981	20875	1104	27,95	6,81
1982	20538	1587	28,13	9,28
1983	20199	1966	28,84	11,50
1984	20257	2000	29,73	12,20

Quelle: Mitt. IAB 4/84, 1/85 und eigene Berechnungen.

Die Beschäftigung von Deutschen in der Bundesrepublik liegt 1984 bei 20257000 (Schätzwert). Dies sind weniger als die 20369000 im Jahre 1970. Insgesamt hat die Beschäftigung also abgenommen, wenn auch nur um 0,5 %. Einen Tiefpunkt erreichte die Beschäftigung 1976 mit 19945000.

Im gleichen Zeitraum hat aber die Produktivität je Erwerbstätigenstunde in DM von 1970 bis 1984 von 18,51 DM auf 29,73 DM zugenommen. Das entspricht einer Steigerung von 60,6 %. Die Menge der registrierten deutschen Arbeitslosen in der Bundesrepublik hat sich von 1970 bis 1984 dramatisch vermehrt. Waren es 1970 nur 144000, so sind es 1984 ca. 2 Millionen, und werden 1985 schätzungsweise 2,16 Millionen sein. Dies entspricht einer Steigerung auf das 15fache. Die Gesamtarbeitslosigkeit (einschließlich der nicht-registrierten Arbeitslosen) in Prozent von der Erwerbsbevölkerung betrug 1984 12,2 %. Hierbei ist zu berücksichtigen, daß sich diese Zahlen nur auf die Deutschen beziehen. Nimmt man die ausländischen Mitbürger mit hinzu, dann sehen die Zahlen wesentlich dramatischer aus: Für 1985 werden vom IAB 3,469 Millionen Arbeitslose vermutet, was einer bundesweiten Arbeitslosenquote von 12,6 % entspräche, einschließlich der nicht-registrierten Arbeitslosen. Die Ausländerarbeitslosigkeit würde in diesem Konzept ca. 18 % betragen (1984 und im Jahre 1985 ca. 16 %). Auch hier sind die nicht-registrierten Arbeitslosen einbezogen. Inzwischen sind diese Schätzwerte für 1985 schon durch die Realität im schlechten Sinne überholt[28]).

2.2. Die Freisetzungseffekte der Informationstechnik

Zu den Auswirkungen der CAD/CAM-Technologie führt G. Hartwig auf dem produktionstechnischen Kolloquium Berlin 1983 aus: „Die erzielbare Produktivitätssteigerung durch Einführung der CAD/CAM-Technologie läßt sich nur schwer quantifizieren. Zum Beispiel kann davon ausgegangen werden, daß sich ... für den Konstruktionsprozeß eine durchschnittliche Produktivitätssteigerung um den Faktor 2 erreichen läßt, aber die Problematik der Kontrolle dieses Wertes ist ... noch nicht geklärt: nur langwierige detaillierte Ablaufuntersuchungen führen zu einigermaßen sicheren Vorhersagen. ... Die Kontrolle der Produktivitätssteigerung wird zusätzlich dadurch erschwert, daß der Entwicklungsprozeß sich aufgrund der Umwelt- und Wettbewerbsbedingungen ständig verändert. Die Frage des Sozialpartners nach den Auswirkungen der Einführung dieser Technolo-

28) Vgl. Der Tagesspiegel vom 4. 7. 1985: „Zahl der Arbeitslosen ging saisonal bedingt geringfügig zurück".

gien auf die Anzahl der Arbeitsplätze ist angesichts der Dynamik des Wettbewerbs und des Marktes ebenso schwer zu beantworten wie die Frage des Unternehmers nach Senkung der Gemeinkosten"[29]).

Deutlicher als Hartwig formuliert in dieser Beziehung K. H. Janzen: „Mit welchen Produktivitätssteigerungen und Personaleinsparungen bereits der Weg zur menschenleeren Fabrik verbunden ist, . . . das verdeutlicht Messerschmidt-Bölkow-Blohm. Gegenüber dem allgemeinen Stand der Technik wurde eine Produktivitätssteigerung von rund 50 % erreicht. . . . Jahre, bevor die menschenleere Fabrik Wirklichkeit ist, vernichtet der technologische Wandel weitaus mehr Arbeitsplätze als durch die Herstellung neuer Technologien geschaffen werden. Ernstzunehmende Prognosen gehen davon aus, daß bis 1990 allein durch den Einsatz der NC-Technologie über 100000 Arbeitsplätze gefährdet sind, durch Industrieroboter 16000 Arbeitsplätze wegzufallen drohen, durch Prozeßüberwachung und Prozeßsteuerung 115000 Arbeitsplätze vernichtet werden. Durch den Einsatz neuer Techniken der Texterfassung und -verarbeitung, der Nachrichtentechnik, der Informations- und Kommunikationstechniken, der Datenerfassung und -verarbeitung, sind insgesamt 2,4 bis 2,7 Millionen Arbeitsplätze gefährdet. Durch rechnergestütztes Konstruieren werden 300000 bis 400000 Arbeitsplätze und durch den Einsatz von Datenkassen im Handel werden weitere 100000 Arbeitsplätze als gefährdet angesehen"[30]). Auch Johannes Dünnwald hat sich in „Rationalisierung 1984" mit den Beschäftigungswirkungen ausführlich auseinandergesetzt. Er sagt dazu folgendes: „Nach Aussagen der Enquête-Kommission des Deutschen Bundestages ‚Neue Informations- und Kommunikationstechniken' sind 25 % aller Büroarbeiten durch diese Techniken automatisierbar. Zur Zeit sind etwa 50 % aller abhängig Beschäftigten im Büro tätig. Eine Studie „Büro 1990" der Fa. Siemens sagte bereits 1976 voraus, daß die automatisierbaren Arbeitsplätze im Bürobereich von 25 bis 30 % bis 1990 tatsächlich automatisiert sein werden. Bei etwa 2 Millionen Schreibkräften und 3 Millionen, vor allem Texte erstellenden Sachbearbeiter, kann die Einführung der automatischen Textverarbeitung bis zu 1,5 Millionen allein durch in diesem Bereich wegfallende Arbeitsplätze bedeuten. Nach Schätzungen von IBM werden im Industriebereich allein von der Ausbrei-

---

29) *Hartwig, G.:* Bedeutung der CAD/CAM-Technologie für die Automobilproduktion, Produktionstechnisches Kolloquium, Berlin 1983, S. 61.

30) *Janzen, K. H.:* Menschenleere Fabrik – Fortschritt für wen?, in: Produktionstechnisches Kolloquium, Berlin 1983, S. 138 f.

tung von Computer-aided design/Manufacturing-Systemen 1,1 Millionen Arbeitskräfte in der Bundesrepublik betroffen sein"[31]).

Dem Argument, daß auch Arbeitsplätze in anderen Bereichen geschaffen werden, tritt Dünnwald mit dem Hinweis entgegen, daß die Relation in den Arbeitsbereichen „Herstellung elektronischer Bauteile", „Herstellung von Geräten unter Verwendung von Mikroelektronik" und „Anwendung dieser Geräte" sich wie 1 : 10 : 100 verhält. Weil die Herstellung elektronischer Bauteile heute weitgehend automatisiert geschieht, führen Umsatzsteigerungen im Bereich der Herstellung von Geräten unter Verwendung der Mikroelektronik kaum zu positiven Beschäftigungseffekten. Insgesamt ergibt sich eine Verschiebung der Arbeit hin zur Herstellung von Mikroelektronikbauteilen und -geräten, während gleichzeitig eine massenhafte Vernichtung von Arbeitsplätzen aufgrund von Rationalisierungstechniken im Bereich der Anwendung dieser Geräte stattfindet[31a]).

Nur in wenigen Branchen gibt es leichte Erhöhungen der Beschäftigtenzahl, wie z. B. in der Büromaschinenindustrie, die 1984 in Berlin von 3930 auf 4140 Mitarbeiter meldete. Im Jahr 1985 waren etwa 2,7 % mehr Mitarbeiter in diesem Berliner Industriezweig beschäftigt als ein Jahr zuvor. Wie der Tagesspiegel meldet, profitieren Berlins Büromaschinenhersteller von dem Drang in die Informationstechnik[32]).

In anderen Bereichen, vor allem den Anwendungsbereichen, stehen die eigentlichen Rationalisierungseffekte noch bevor.

Wenn die erste Anschaffungswelle vorbei ist, wird sich auch der Markt für Mikrocomputer im Büro stark verengen: „In der Branche wird damit gerechnet, daß von den zur Zeit weltweit noch operierenden 250 bis 300 Mikrocomputerherstellern bis zum Jahre 1990 nur noch 50 bis 70 überleben. Bei den Homecomputern, so heißt es, sind die Zeiten des großen Booms schon vorbei[33]).

---

31) *Dünnwald, Johannes:* Neue Medien und Arbeitnehmerinteressen, in: Rationalisierung 1984, Berlin 1984, S. 211.

31a) Ebd., S. 214.

32) Der Tagesspiegel: Verkaufsschlager „Gabi 9009", in: Der Tagesspiegel vom 16. April 1985, S. 21.

33) Der Tagesspiegel: „Markt für Mikrocomputer steht kurz vor dem Kollaps". Bundesverband Bürowirtschaft vermißt entsprechenden Beratungsservice, in: Der Tagesspiegel vom 7. Juni 1985, S. 17.

2.3. Organisationsstruktureffekte der Informationstechnik

Neben den reinen Beschäftigungswirkungen hat der Einsatz der Informationstechnik dem Arbeitsleben zahlreiche andere Wirkungen, die als Organisationsstruktureffekte beschrieben werden können. Von gewerkschaftlicher Seite wird in erster Linie befürchtet, daß der wichtigste Effekt ein Zentralisierungseffekt sein wird. Die Ausführungen von Lutz und Schultz-Wildt auf dem Produktionstechnischen Kolloquium 1983 weisen darauf hin, daß Zentralisierungseffekte stärker sind als Dezentralisierungseffekte, die auch möglich sein könnten. Zentralistische Formen der Arbeitsorganisation sind nach Lutz und Schultz-Wildt durch ausgeprägte Qualifikationspolarisierung und starke vertikale Arbeitsteilung gekennzeichnet. Qualifikationspolarisierung und vertikale Arbeitsteilung sind nach übereinstimmender Auffassung gegenüber qualifikationshomogenen Organisationsformen ohne starke vertikale Arbeitsteilung in der Industrie wesentlich häufiger[34)][35)].

Als soziale Folgen des technischen Wandels, besonders im Zusammenhang mit solchen Zentralisierungstendenzen, führt Janzen auf: „Nervliche Belastungen und soziale Isolation stehen dabei an der Spitze. Hinzu kommen Monotonie, Maschinenbindung, steigendes Arbeitstempo auf der einen, Überforderung durch eine enorme Verdichtung hochbeanspruchender Arbeit auf der anderen Seite. In wachsendem Maße ist dadurch die Gesundheit der Beschäftigten bedroht. Hinzu kommt, daß die Anwendung der neuen Technologien in rapidem Tempo den gläsernen Menschen schafft. Zunehmend werden mit Hilfe von Personalinformationssystemen und umfassender Betriebsdatenerfassung Leistung und Verhalten der Arbeitnehmer durchleuchtet. Schutz und Entfaltung der Persönlichkeit sind . . . hochgradig gefährdet[36)].

2.4. Zusammenfassung

Die Konsequenzen der Informationstechnik für den Arbeitsmarkt sind – obwohl im einzelnen bisher statistisch nicht erfaßt – aufgrund der vorliegenden Schätzungen wie folgt zu beurteilen:

---

34) Vgl. hierzu *Lutz, B., Schultz-Wildt, R.:* Tendenzen und Faktoren des Wandels der Arbeitswelt bei fortschreitender Automatisierung, in: Produktionstechnisches Kolloquium, Berlin 1983, S. 150–154.

35) Vgl. ebenfalls *Volpert, Walter:* Zauberlehrlinge. Die gefährliche Liebe zum Computer. Manuskript, S. 135.

36) *Janzen:* Ebd., S. 139.

- Die Rationalisierungsinvestitionen mit Hilfe der Informationstechnik werden neben unmittelbaren Entlassungen von Arbeitnehmern langfristig die Folge haben, daß keine neuen Arbeitnehmer eingestellt werden. Dies wird sich vor allem auf die Jugendarbeitslosigkeit auswirken.
- Die Konkurrenz um jene Positionen, von denen die Weiterentwicklung der Informationstechnik abhängt, wird schärfer. Kurzfristigkeit des Qualifikationserwerbs und des Qualifikationseinsatzes beim schnellen Veralten der Qualifikation kennzeichnen die Arbeitssituation.
- Der Arbeitsmarkt wird sich in die Bereiche Entwicklung und Anwendung von Informationstechnik und andere Bereiche auseinanderentwickeln, in denen Informationstechnik keine Rolle spielt oder abgelehnt wird.
- Generell werden sich die Arbeitsbedingungen und die tariflichen Bedingungen verschlechtern, vor allem wegen einer Aufweichung von Sozialgesetzgebung und Mitbestimmungsregelungen.
- Daraus resultiert eine größere soziale Unsicherheit und eine Verstärkung der sozialen Kontrolle. Von Industrieseite wird dies nicht bestritten; im Gegenteil, es wird empfohlen, sich von einer „Vollkasko-Mentalität" zu befreien[37]).

3. Auswirkungen der Informationstechnik auf das Bildungswesen

Die Informationstechnik hat langfristig drei Effekte auf das Bildungswesen: die Organisation von Lehr- und Lernprozessen wird verändert, es werden neue Inhalte an die Stelle alter Inhalte gesetzt und beides wirkt sich insgesamt auf die Struktur des Bildungswesens aus.

3.1. Einführung des Informatik-Unterrichts

Was die Effekte auf den Lehr- und Lernprozeß betrifft, so gibt es vor allem durch den Informatikunterricht an Schulen Veränderungen, die sich in Berlin wie folgt darstellen: „Anfang der 70er Jahre wurde in den ersten

37) *Helfenbein, Wilfried:* Kräftige Produktionsausweitung auch in diesem Jahr. Büro- und Informationstechnik gehören zu den dynamischsten Wachstumsträgern in der deutschen Wirtschaft. In: Der Tagesspiegel vom 16. April 1985, S. 18 f. – *Helfenbein* zitiert hierbei Prof. Dr. *Otto H. Thiele,* Präsident des Verbandes deutscher Maschinen- und Anlagenbau.

Schulen des Landes Berlin das Unterrichtsfach Informatik eingeführt. Das Angebot hat sich ständig ausgedehnt. Im laufenden Schuljahr konnten Schüler an 21 Gesamtschulen, 9 Realschulen und 34 Gymnasien das Fach Informatik im Wahlpflichtbereich der Klassen 9 bzw. 10 oder in der gymnasialen Oberstufe wählen. An 11 Schulen kann das Fach als Abiturprüfungsfach gewählt werden. In der berufsbildenden Schule ist der Einsatz des Computers fest etabliert. Seit 1975 werden berufliche Schulen mit Computern ausgestattet. Im Jahre 1984 wurden 9 Oberstufenzentren mit neuen Computeranlagen für insgesamt 1,4 Millionen DM ausgerüstet. ... Im Schuljahr 1985/86 werden etwa 16 Gymnasien und Gesamtschulen im Rahmen des Anschaffungsprogrammes „GULVIS" neu mit Computeranlagen für Informatikunterricht ausgestattet. Weitere Schulen werden in den kommenden Jahren folgen. Die Planung sieht insgesamt 40 Schulen vor. Die Ausstattung wird durch eine zentrale didaktische und organisatorische Betreuung unterstützt. Bei den neuen Computern handelt es sich um Anlagen mit neuen vernetzten Arbeitsplätzen, mit gemeinsamer Steuerung und gemeinsamen Zusatzgeräten. Wichtiges Element der pädagogischen Planung ist der Ausbau der Lehrerfortbildung. Für die Ausbildung im Fach Informatik gibt es einen dreijährigen Kurs. 47 Lehrerinnen und Lehrer haben mit Beginn dieses Schuljahres den Kurs neu begonnen. Darüberhinaus gibt es ein vielfältiges Angebot an halbjährigen Kursen; das Angebot wird gezielt ausgebaut"[38]).

Der Senator für Schulwesen reagiert mit diesen Vorhaben auf generell wachsende Wünsche der Industrie, Beschäftigte mit guten Datenverarbeitungskenntnissen einstellen zu können.

Von der Gesellschaft für Informatik werden die Beschäftigungs-Chancen einschlägig qualifizierter Bewerber wie folgt eingeschätzt: „Bis 1990 benötigen wir eine Aus- und Weiterbildung in der Informatik mit tiefgehenden Kenntnissen bei 5 % der Erwerbstätigen, das sind 1,3 Millionen Menschen. Gut ausgeprägte Kenntnisse benötigen 15 %, d. h. rund 4 Millionen und 50 %, das sind 13 Millionen, benötigen einen Computer-Führerschein"[39]).

Der Vorsitzende der Geschäftsführung der IBM Deutschland GmbH, Stuttgart, Lothar F. W. Sparberg, schätzt die Nachfrage nach informations-

---

38) Der Senator für Schulwesen, Berufsausbildung und Sport: Programm – Neue Computer. In: Durchblick. Nachrichten für junge Leute, Schüler, Eltern und Erzieher Nr. 1/1985, S. 8.

39) *Helfenbein, W.:* a. a. O., S. 19.

technischen Bildungsgehalten wie folgt ein: „27 % der in der Industrie Beschäftigten und 47 % der in Dienstleistungsbereichen Tätigen (haben) mit Information zu tun"[40]).

Diese Einschätzungen, die zum Teil Zweckoptimismus widerspiegeln, wecken in der Industrie das Motiv, nicht nur den Import informationstechnischen Wissens ins Bildungswesen zu betreiben, sondern dessen Inhalte und die Struktur schließlich insgesamt zu ihren Gunsten zu verändern.

3.2. Informationsverarbeitung als neue Kulturtechnik

Schon 1983 hat die Fa. IBM in ihrem Geschäftsbericht ausführlich das Thema Bildung behandelt. Die Forderungen, die dort erhoben werden, lauten folgendermaßen: „Zu den ... Grundtechniken Lesen, Schreiben und Rechnen kommt eine weitere hinzu: Der Umgang mit den Werkzeugen der Informationsverarbeitung und der Kommunikation. ... Der sinnvolle Gebrauch dieser Werkzeuge ermöglicht Lehr- und Lernprozesse, die über das Vermitteln und Einprägen von Daten und Fakten weit hinausgehen. Für Lehrer wie für Lernende können neue Freiräume entstehen: Verstärkte Konzentration auf die eigentlichen pädagogischen Aufgaben auf der einen Seite, individuelle Eigenbestimmung des Lerntempos und des Lernfortschritts auf der anderen. Die Erfahrung, sich selbst etwas erarbeiten zu können, durch individuelles Bemühen zum Erfolg zu kommen, wird verstärkt[41]). Die Fa. IBM ist kräftig dabei, ihre Geräte an die Gymnasien des Landes zu vermitteln: „Das Land Baden-Württemberg erhielt im Dezember 1983 100 Geräte. Im Rahmen dieses ... Projekts soll zunächst die praktische Verwendung von Computern an den Gymnasien des Landes sowie an den Seminaren für die Lehrerausbildung verstärkt und erweitert werden. IBM-Mitarbeiter werden dabei die Schulung der beteiligten Lehrer, die Programmentwicklung und den Erfahrungsaustausch unterstützen. ... Seit 1975 stellt die IBM neben anderen Materialien für Schüler und Schulen ein Jugendbuch mit dem Titel „Computer – was ist das?" überwiegend Grund- und Hauptschulen in der Bundesrepublik auf Anforderung zur Verfügung. Zielsetzung dieser Broschüre ist es, 10- bis 13jährigen Mädchen und Jungen Grundwissen über die Informationsverarbeitung zu vermitteln. Die-

40) Der Tagesspiegel: Europa kann technologisch im Wettbewerb mithalten. *Sparberg* fordert Umstrukturierung des Bildungswesens – Information wird immer gewichtiger, in: Der Tagesspiegel, 7. Juni 1985, S. 17.

41) IBM Deutschland, Geschäftsbericht 1983, S. 10.

ses Buch wurde zum „heimlichen Bestseller": Am 30. Juni 1983 wurde der Goethe-Schule in Kaiserslautern das 1millionste Exemplar überreicht – zusammen mit einem IBM-Personal-Computer, der künftig den praktischen Unterricht in der Arbeitsgemeinschaft „Informatik" noch attraktiver gestalten soll"[42]).

Die Tatsache, daß Informationstechnik in den Schulen einen immer breiteren Raum in den Lehrplänen einzunehmen beginnt, führt nun strukturell dazu, daß die Schule, die nicht über Lehrer verfügt, deren vorgängiges Wissen ausreicht, um diesen Unterricht zu gestalten, zunehmend vom Wissen der Industrie abhängig wird. War früher die Industrie vom Wissen der Hochschule und Schule abhängig, so hat sich dieses Verhältnis im Bereich der Informationstechnik heute fast umgekehrt. Allerdings haben sich die Risiken der Bildungspolitik, die darin bestehen, möglicherweise falsche Lernprozesse einzuleiten, auch deutlich verstärkt.

So kann heute niemand sagen, ob die Curricula des Informatikunterrichts, die beispielweise einer 9. Klasse angeboten werden, in der 13. Klasse noch modern genug sind, um hier als Abiturstoff zu taugen. Dem tragen allerdings die Argumente der IBM Deutschland bereits Rechnung: „. . . Das Aufpfropfen von 1 oder 2 Informatikkursen auf den ansonsten unverändert gelassenen „klassischen" Stoff (kann) allenfalls ein Übergangsverfahren sein. Tatsächlich geht es um die wirkliche Integration der neuen Technik in die Lehre. . . . Mehr allgemeine Denk- und Lernschulung ist erforderlich. Ein bewußt kommunikatives und gemeinschaftsbezogenes Verhalten sollte eingeübt werden. Die traditionelle Aufgabe der akademischen Ausbildung, nämlich die Fähigkeit zur Problemanalyse und zum Abstrahieren zu vermitteln, muß wieder mehr in den Vordergrund rücken. Originalität und Flexibilität gegenüber neuen Situationen, schließlich auch das bereichsübergreifende Verarbeiten von Aufgaben, sind Merkmale, auf die es im Zuge einer Reform der Ausbildungsinhalte ankommt. Hinter diesen Kriterien steckt auch die Vorstellung vom künftigen erfolgreichen Mitarbeiter: Den Generalisten, der sich mehrfach in seinem Berufsleben spezialisiert"[43]).

Das Bild, was hier vom Bildungswesen gezeichnet wird, sieht verlockend aus: Die Förderung eines bewußt kommunikativen und gemeinschaftsbezogenen Verhaltens als Programm scheint der Idee der Chancengleich-

---

42) IBM-Geschäftsbericht 1983, S. 11.

43) *Sparberg, Lothar:* Informationstechnologie/eine Herausforderung für Wirtschaft und Wissenschaft, in: Schnellpresse, Informationsdienst der IBM Deutschland GmbH vom 21. 9. 1984, S. 1.

heit, die aus einem Bildungsziel „Zwischenmenschliche Kommunikation" resultieren könnte, kaum zu widersprechen. Nur näheres Hinsehen lehrt, daß von der Fa. IBM ganz andere Dinge gemeint sind: Nämlich Qualifikationen, die den einzelnen Arbeitnehmer zum optimalen Element einer störungsfrei funktionierenden Maschinerie macht, die sich selber immer weiter perfektioniert, ohne dabei ein Bewußtsein vom Gewinn oder Verlust sozialer Dimensionen von Gesellschaft zu entwickeln.

3.3. Das neue „Miteinander" der Optimisten

Wenn Informatik-Kenntnisse und das Leitbild des „Generalisten, der sich mehrfach in seinem Berufsleben spezialisiert" charakteristisch für das künftige Bildungswesen werden, bleibt dies für seine Groß-Strukturen nicht ohne Folgen. Schlagwort hierfür ist ein neues „Grundverständnis vom menschlichen Miteinander". Wo Menschen einander verstehen und vertrauen, wird Politik und politischer Kampf tendenziell überflüssig. Viele bildungspolitischen Forderungen, die den für die Anforderungen der Demokratie zu rüstenden mündigen Bürger stützen und entwickeln wollten, werden daher heute fallengelassen: Statt Chancengleichheit kann man jetzt Hochbegabten- und Eliteförderung als Herausforderung begreifen, und auch die Integration der spannungsgeladenen Bereiche „allgemeine", „berufliche" und „politische" Bildung fällt als Forderung weg, ja sie erledigt sich sozusagen von selbst.

Die Integrationsforderung hatte ihr Grundmotiv in der Annahme, daß personelle Entwicklung, politische Auseinandersetzungen und berufliche Sozialisation im Bildungsprozeß aufeinander bezogen werden müßten, um einer Spezialisierung oder Isolierung vorzubeugen, die durch Lern-, Arbeitsprozesse oder Lebenssituationen sonst leicht entstehen. Die politische Bedeutung von Arbeitssituationen sollte ins Bewußtsein gerufen werden und sie sollte bewertet werden können vor dem Hintergrund von Zielen allgemeiner menschlicher Entwicklung. Heute wird stattdessen von „einer Konvergenz der allgemeinen und beruflichen Weiterbildung" in einem ganz neuen Sinne gesprochen: „Diese Konvergenz wird gefördert durch sog. Schlüsselqualifikationen, die beim Lernen erworben werden. Das sind Fähigkeiten, die den Schlüssel zur raschen und reibungslosen Erschließung von wechselndem Spezialwissen bilden, beispielsweise die Fähigkeit zu analytischem (insbesondere systemorientiertem und kybernetischem) Denken, die Fähigkeit zur Abstraktion, zur sinnvollen Vereinfachung und Vernetzung sowie zur Problemlösung, die Fähigkeit zum Transfer vorhandenen Wissens auf neue Anforderungen, die Fähigkeit zum selbständigen Erwerb von Sachwissen und Handlungswissen, die Fähigkeit zur Nutzung von Informations- und Kommunikationssystemen"[44]).

Hier wird das für die neuen Technologien erforderliche Wissen nicht nur als berufliche Bildung, sondern auch als Allgemeinbildung „verkauft":

„Die wachsende Konvergenz außerberuflicher und beruflicher Weiterbildung führt deshalb nicht zur Deprofilierung des Angebotes; die Anforderungen der Zukunft können in der Erwachsenenbildung nur bewältigt werden, wenn sich die Träger stärker als bisher profilieren, den Teilnehmern vertieftes Wissen zu vermitteln, und ihnen dadurch den Erwerb von Schlüsselqualifikationen ermöglichen. Der teilweise dramatische technische Wandel bietet so die Chance, zu einer ganzheitlichen Betrachtungsweise menschlicher Existenz zurückzukehren. Allgemeine Weiterbildung darf sich deshalb nicht als eine befreiende Einführung in eine berufsferne Alternativkultur verstehen, berufliche Weiterbildung nicht allein den Menschen nur als Arbeitskraft ansprechen. Beide sind vielmehr gleich notwendig und können dazu beitragen, den Menschen zur besseren Bewältigung ihres Lebens zu verhelfen"[45]).

Wurde in der alten Bildungstheorie, die noch dem Strukturplan zugrundelag, noch von einem Spannungsverhältnis zwischen allgemeiner beruflicher und politischer Bildung ausgegangen[46]), so geht der Bericht der Kommission von Baden-Württemberg bereits von der Lösung dieser Problematik aus. Wie die Lösung aussieht, wird ebenfalls mitgeteilt: „Die allgemeine und die berufsorientierte Weiterbildung haben das gemeinsame Ziel, den modernen Menschen die personale Annahme seines Berufs auch in einer hochtechnisierten Arbeitswelt zu ermöglichen"[47]).

Hier enthüllt sich, daß Bildung in erster Linie Akzeptanz moderner Technologie zu fördern hat. Wie diese Akzeptanzförderung aussieht, wird in folgendem Zitat deutlich: „Eine optimistische Einstellung zur Zukunft ist eine wesentliche Voraussetzung für die Bewältigung der Herausforderungen der nächsten Jahrzehnte. Es gibt keine wissenschaftlichen Nachweise dafür, daß die Probleme des Hungers, der Ressourcenknappheit, der Umweltzer-

---

44) Landesregierung von Baden-Württemberg: Bericht der Kommission Weiterbildung, Nov. 1984, S. 40.

45) Ebd., S. 41.

46) Strukturplan, S. 53.

47) Bericht der Kommission Weiterbildung, S. 10.

störung, der Kriegsgefahr, nicht bewältigt werden können"[48]). Und weiter heißt es: „Mehr als bisher müssen deshalb die anthropologischen Grundlagen, die sich an der abendländischen Geschichte vom Selbstverständnis der menschlichen Person orientieren, die Weiterbildung mitbestimmen"[49]).

Viele andere Stellen belegen ebenfalls, was ich jetzt zur Tendenz dieses Berichts zusammenfassend darlege: Es geht in der neuen Bildungspolitik ausschließlich um die Sicherung der Akzeptanz von Arbeitsstrukturen in der Großindustrie, die gekennzeichnet sind durch zentralistische Arbeitsorganisation bei gleichzeitiger Intensivnutzung moderner Informationstechnik. Konflikte, die sich aus dieser als generell verbindlich erklärten Arbeitsorganisationsform ergeben, werden in dem Bericht nur am Rande erwähnt, in der Regel aber durch beschönigende Formeln unterdrückt. Die Möglichkeit einer begründeten Ablehnung des Einsatzes bestimmter Formen moderner Technik wird von vornerhein ausgeschlossen zugunsten einer Weltsicht, die im Grunde von Harmonie geprägt ist. „Die wissenschaftlich-technische Allgemeinbildung befähigt den Bürger zu einem sachgerechten Verständnis neuer Technologien. Sie weckt Verständnis für die ethischen Verpflichtungen des Wissenschaftlers und zeigt die Ausrichtung der Wissenschaft auf die menschlichen Bedürfnisse. Wissenschaftlich-technische Allgemeinbildung leistet einen Beitrag zum Aufbau eines Vertrauensverhältnisses zwischen Wissenschaft und Öffentlichkeit"[50]). Die Bemühung der Kommission, generelle Formeln für ihr Bemühen, konflikthafte Strukturen zu verschleiern, gipfelt in dem Satz: „Die größte Herausforderung der nächsten Jahrzehnte besteht darin, eine positive Einstellung zur Zukunft zu finden"[51]).

Daß dieser Optimismus nur für eine kleine Zahl von hochbegabten Anwärtern technischer Qualifikationen tatsächlich gerechtfertigt sein dürfte, geht aus einschlägigen Prognosen eindeutig hervor und wird auch von führenden Vertretern technischer Innovation der Technischen Universität nicht bestritten: So führt Spur aus: „Die Anzahl der Beschäftigten nimmt insgesamt ab. Besser ausgebildete, höher bezahlte und selbständigere Mitarbeiter erfordern neue Weiterbildungs-, Motivations-, Entlohnungs- und Arbeitszeitstrategien"[52]). Es zeigt sich, daß ein Optimismus nur gerechtfertigt

48) Bericht der Kommission Weiterbildung, S. 11.
49) Ebd., S. 11.
50) Bericht der Kommission Weiterbildung, S. 13.
51) Ebd., S. 17.
52) *Spur, Günther:* Aufschwung, Krisis und Zukunft der Fabrik, a. a. O., S. 24.

wäre, wenn die geringere Anzahl der Beschäftigungsmöglichkeiten auf die Gesamtbevölkerung verteilt wird und wenn gleichzeitig Entlohnungsstrategien gewählt werden, die eine Zweiteilung der Gesellschaft in Gewinner und Verlierer an der Front der Informationstechnik verhindern.

Wie dieses Problem zu bewältigen ist, daran sollten sich alle Forschungs-, Entwicklungs- und Bildungsinstitutionen abarbeiten. Anforderungen an das Weiterbildungssystem sehe ich persönlich vor allem im Hinblick auf eine Erziehung von Bürgern zu einem Bewußtsein von der Verpflichtung aller, Technik zum Nutzen aller einzusetzen und nicht nur zum Nutzen von wenigen.

Ein wichtiger Ansatzpunkt hierzu ist die wesentliche Verstärkung öffentlicher Weiterbildung, in der der Umgang mit Informationstechnik nur im Zusammenhang einer Reflektion ihrer gesellschaftlichen Folgen und Bedeutung erfolgt. Hierbei ist vor allem auf die entsolidarisierenden Wirkungen der Erfahrung hinzuweisen, daß der persönliche Erfolg vom individuell erfolgreichen Umgang mit der Maschine abhängt und nicht von der gelungenen Kommunikation in der sozialen Gruppe.

Weiterhin müßte eine solche Weiterbildung ebenfalls zeigen, mit welchen sprachlichen Mitteln und welchen Weglassungen wesentlicher Fakten die Propagierung der Informationstechnik heute arbeitet. Sie könnte hierdurch sensibilisieren für den Verlust der Ganzheitlichkeit von Lernen und Arbeiten, der durch die Einführung von Informationstechnik zugleich voranschreitet und erfolgreich geleugnet wird.

Abschnitt V

Lernende Maschinen – Ein Problem der künstlichen Intelligenz und ein kognitives Problem

Dr. *Ion Olimpiu Stamatescu*
Freie Universität Berlin

1. Einleitung

In seinen berühmten Lectures an der Illinois Universität von 1949 [1] bezieht sich von Neumann häufig auf die Fähigkeiten größerer Rechner jener Zeit, die aus einigen Zehntausenden Vakuumröhren bestanden, Millionen Floating-Point-Operationen pro Sekunde (Flops) durchführen konnten und etwa 10 mJ pro elementare Operation verbrauchten. Verglichen mit dem menschlichen Gehirn waren diese Zahlen eher bescheiden: ein Millionstel der Anzahl von Neuronen, mit einem um einigen Hunderttausende höheren Energieverbrauch (siehe Tabelle 1). Es war nur der Faktor von etwa tausend in der Anzahl von Flops zugunsten der Rechner, der von Neumann erlaubte, Probleme in der Quantenmechanik, Chemie, Hydrodynamaik anzusprechen, deren Lösung durch die weitere Entwicklung der elektronischen Rechner angestrebt werden konnte.

Was ist in den folgenden Jahrzehnten geschehen? Sicher haben sich diese Zahlen geändert – aber nicht um einige Faktoren, sondern um ein Vielfaches an Größen-Ordnungen. In der Tabelle 1 sind Vergleichszahlen angegeben, zusammen mit einigen physikalischen Grenzwerten (Spalte 3) und Gehirn-Daten:

Tabelle 1.

„Computer":		1950	1980	Grenz-werte(?)	Gehirn
Speicher (Bits, bzw. Neuronen)	S:	10^4	10^{10}	$10^{49}/F^3$	10^{10}
Flops (Fl. point-Operationen/sec.)	F:	10^6	10^8	10^{15}	10^3
Energieverbrauch (J/Flop)	e:	10^{-2}	10^{-8}	10^{-19}	10^{-8}
Datenfluß	:	serial	parallel		„komplex"

Der Grenzwert für den Energieverbrauch wurde schon von J. von Neumann mit Hilfe thermodynamischer Überlegungen errechnet. Der Grenzwert für die Anzahl von Flops entspricht der Zeitskala von elektromagnetischen Wechselwirkungen. Die Grenze für den Speicherplatz ergibt sich aus der Grenze für die Elementenminiaturisierung und aus der Synchronisierungsbedingung. Diese verlangt, daß ein Signal bei maximaler Geschwindigkeit (Lichtgeschwindigkeit) das System in der Zeit zwischen zwei elementaren

Operationen überquert. Diese Bedingung ist keineswegs akademisch. In der Tat ist in einem Computer wie dem Cray-1 die Anzahl der Flops weniger durch den darunterliegenden physikalischen Prozeß begrenzt, als dadurch, daß die elektromagnetischen Signale auf der typischen Länge von einem Meter etwa 3 ns (Milliardstel Sekunde) brauchen. Mit 12,5 ns ist die Taktzeit – die Zeiteinheit also – für diese Maschine so abgestimmt, daß Abweichungen in der Synchronisierung 30 % der Taktzeit nicht überschreiten. Einige Details über die Ableitung von Grenzwerten sind im Anhang A gegeben.

Die „Gehirn-Daten" habe ich speziell als letzte Spalte aufgeführt. Sie dürfen nicht zu einem direkten Vergleich verleiten, da der wichtigste Unterschied, angedeutet in der letzten Zeile, kaum quantifizierbar ist. In der Tat stellen der Parallel-Rechner und weitere Vorstellungen über Rechner (datenflußgesteuerte Rechner, mit vielfachen Befehlen, vielfacher Ausführung) bedeutende Aspekte in der Entwicklung der Computer-Bauart dar. Mit der Vernetzung im Gehirn, wo die Synapsenzahl etwa Billionen beträgt, ist das allerdings gar nicht erst vergleichbar. Das Wort „komplex" steht in der Tabelle anstelle einer besseren Charakterisierung, die z. B. berücksichtigen muß, daß im Gehirn offensichtlich mehrere Niveaus der Informationsverarbeitung mit unterschiedlichem Parallelitäts- oder Korrelationscharakter existieren. Aber auch wenn der Computer und das menschliche Gehirn sehr unterschiedlich sind, können wir versuchen, etwas über das Gehirn und das Denken zu erfahren, indem wir mit Computern spielen und Denkprozesse simulieren. Auf der anderen Seite ist die Computerentwicklung von Hinweisen aus den Entwicklungsprozessen in der Natur abhängig.

Gesehen in diesem größeren Rahmen für die Künstliche Intelligenz, ist maschinelles Lernen ein Erkenntnisproblem. Lernprozesse für Computer sollen die Fähigkeiten der informationsverarbeitenden Maschinen verbessern. Computersimulationen von Lernmodellen können uns helfen, Lerntheorien zu überprüfen und weiter zu entwickeln. Diese beiden Aspekte sind miteinander verknüpft.

Technisch hat sich der Schritt vom Rechenschieber zur Künstlichen Intelligenz mit dem programmierbaren Rechnen von Konrad Zuse sehr früh vollzogen. Trotzdem hat die Computer-Entwicklung bisher vor allem in der „Hardware" stattgefunden, wie die folgende Tabelle 2 aus dem Jahr 1982 [2] darstellt:

Tabelle 2.

	1955 (Vergleichsjahr)	1965	1975	1985 (Abschätzung)
Industrie-„Größe" :	1	20	80	320
Fähigkeit der Hardware (fester Preis) :	1	100	10000	1000000
Effizienz der Programmierer :	1	2	2,7	3,6

Wie man sieht, ist die „Software"-Entwicklung unvergleichbar langsamer gewesen, und man hofft hier von der Künstlichen Intelligenz-Forschung den entscheidenden Beitrag zu bekommen. Andererseits hat eben diese Hardware-Entwicklung Künstliche Intelligenz-Untersuchungen erlaubt, die vorher nicht möglich gewesen wären. Beispielweise läuft unser im Abschnitt 4 päsentiertes statistisches (oder stochastisches) Lernmodell auf einer Cray-1 Maschine, die uns erst erlaubt, kompliziertere Fälle anzugehen. Außerdem gibt es auch Erkenntnisse aus der Physik, Mathematik, Biologie, Physiologie (wie z. B. Kollektive Phänomene, stochastische Prozesse, Chaos etc.), zu deren Gewinnung der Computer entscheidend beigetragen hat, und die in der Künstlichen Intelligenz Anwendung finden.

Die Zahlen in den Tabellen 1 und 2 illustrieren eher eine explosionsartige als eine kontinuierliche Entwicklung. Eine weitere Selbstbeschleunigung kann durch die Rückkopplung kommen, da die Möglichkeit der Entwicklung durch die Entwicklung selbst vergrößert wird. Im Design der neuen Computergeneration werden die heutigen Großrechner ausschlaggebend beteiligt, und es gibt Experten-Programme dafür (z. B. bei DEC). Diese Entwicklungszahlen sind typisch für einen Anfang. Ich glaube, daß wir mittel- und langfristig diese Entwicklung nicht abschätzen können.

An diese Stelle wäre vielleicht noch eine Bemerkung fällig. Die künstliche Intelligenz wurde eben im Zusammenhang mit menschlicher Intelligenz angesprochen und wird auch meistens so präsentiert. Auch das ist eine willkürliche Beschränkung und sollte nicht zur Vernachlässigung von Entwicklungsmöglichkeiten führen, die nicht durch diesen Vergleich gedeckt sind.

Allgemeine und eingehende Literatur über Künstliche Intelligenz (KI) kann man zum Beispiel in der Ref. [3 bis 9] finden. Das Problem des Lernens in der KI wird außerdem zum Beispiel in Ref. [10 bis 14] speziell behandelt. In letzter Zeit wird der kognitive Aspekt der Computerlernanalysen betont, dies sowohl als Beitrag zur kognitiven Psychologie [15] wie auch als allgemeiner Rahmen für KI-Lernprogramme [16].

Im folgenden wird erst kurz an einige Probleme und Techniken der Künstlichen Intelligenz erinnert und aufgezeigt, wo das Lernen einsetzt (Abschnitt 2). Dann werde ich mich auf zwei meiner Meinung nach wichtige Aspekte der Evolution und des „natürlichen Lernens" konzentrieren, die „Prodigalität" und die Nichtlinearität (Abschnitt 3) und ein statistisches Lernmodell für Künstliche Intelligenz präsentieren, das diese Aspekte berücksichtigt (Abschnitt 4), und dadurch einen „natürlichen Lernprozeß" simuliert. Mein Zugang hier entspricht überwiegend dem „kognitiven Modellieren", das heißt, durch KI-Simulationen sollen die Grundlagen unseres Verstehens von Lernprozessen erkundet werden [15].

Ich möchte hier Leonard Mlodinow (mit dem zusammen das Lernmodell im Abschnitt 4 entwickelt wurde) und meinen Kollegen am Max Planck Institut für Physik München und am Institut für Elementarteilchenphysik der Freien Universität Berlin für Diskussionen und Anregungen danken. Ich möchte des weiteren danken Herrn G. Marhold und dem mit ihm verbundenen Diskussionskreis in Berlin für Diskussionen und für die Ermöglichung dieses Beitrags. Ich danke Elli Brombacher für die entscheidende Hilfe bei der Fassung dieses Textes.

2. Lernen in der Künstlichen Intelligenz

2.1. Einige Probleme der Künstlichen Intelligenz und des Lernens in der Künstlichen Intelligenz

Üblicherweise beinhalten Künstliche Intelligenz-Definitionen einen Bezug zur menschlichen Intelligenz und sind entsprechend vage, da wir über die letztere auch nicht sehr klug geworden sind. So definiert Minsky vom MIT (Massachussets Institute of Technolgy) die KI als diejenige maschinelle Aktivität, die, würde sie von Menschen verrichtet, Intelligenz voraussetzt. In ähnlichem Sinne fordert Turing, daß ein Mensch seinen Gesprächspartner nicht identifizieren können sollte (ob Maschine oder Mensch), Bild 1. Es scheint, als ob wir Aspekte des intelligenten Verhaltens nennen und sie in KI-Experimenten überprüfen können, einen minimalen und genügenden Set von Kriterien allerdings nicht erstellen können.

Vielleicht ist dies gar kein „gut gestelltes Problem" im logischen Sinne, weil die Frage einen Selbstbezug nicht vermeiden zu können scheint. Versuchen wir uns deshalb nur einige der KI-Projekte vor Augen zu halten. Die

Bild 1. Wer ist wer?

folgende Aufzählung ist weder vollständig noch detailliert und soll nur eine Idee geben über die verschiedenen KI-Bereiche (Schrifttum siehe [2 bis 9]).

Als typische KI-Bereiche zählen:
- natürliche Sprachen (Übersetzen, Verstehen, Zusammenfassen),
- Spielen (Schach, Dame, etc.),
- Experten-Systeme (z. B. MYCIN – in der Medizin, DENDRAL – in der Chemie),
- Problemlöser (Vertreterprobleme, Codierungen, u. a.),
- Theorembeweiser (Geometrie, Zahlentheorie),
- Roboter,
- Sehen und Hören,
- Gestalterkennung,
- intelligenter Datenzugriff,
- automatisches Programmieren,

. . .

und als typische KI-Techniken:

- Baum-Such-Strategien,
- Produktionsregeln,
- Prädikatenkalkül, nichtmonotone Logik,

...

Hier treffen wir auch auf eine erste Dichotomie der KI unter der Frage:

soll man vorwiegend von computerspezifischen Eigenschaften ausgehen

oder

soll man versuchen, so weit wie möglich den Menschen/Natur zu kopieren?

In der Praxis ist das keine Dichotomie: ein Kompromiß wird gesucht. Es stellt sich heraus, daß alle KI-Projekte an irgendeinem Zeitpunkt menschliche/natürliche Prozesse kopieren. Allerdings sind die KI-Projekte eben menschliche Angelegenheiten! Auf diesem Niveau wird auch maschinelles Lernen definiert als:

Änderung oder Ausbau von Informationsstrukturen durch das Programm selbst, so daß die von der Maschine gelieferte Information (i. a. Dienstleistung) vermehrt, präziser und/oder billiger wird.

Eine zweite Dichotomie taucht dann als die Frage auf:

soll man den Computer selber lernen lassen

oder

soll man ihm stattdessen hochgradige Informationen, Strategien, etc. einprägen?

Es scheint, daß ab einem gewissen Grad an Komplexität es effizienter und dann schlichtweg notwendig wird, den Computer teilweise selber lernen zu lassen. Um zu illustrieren, wo das Lernen einsetzt, nehmen wir als Beispiel Spielprogramme.

Das Schach-Spiel z. B. ist charakterisiert durch:

mittlere Zahl von Bewegungsmöglichkeiten:	35
Stellungen nach 3 Schritten:	2×10^9
die Anzahl aller möglichen Spiele:	10^{12}.

Die typische Technik ist die der Baum-Suche, in verschiedenen Optimierungen ($\alpha\beta$ pruning, etc.), Bild 2. Die Bewertung der Stellungen erfolgt nach einer Bewertungsfunktion, die vor allem die Figuren berücksichtigt.

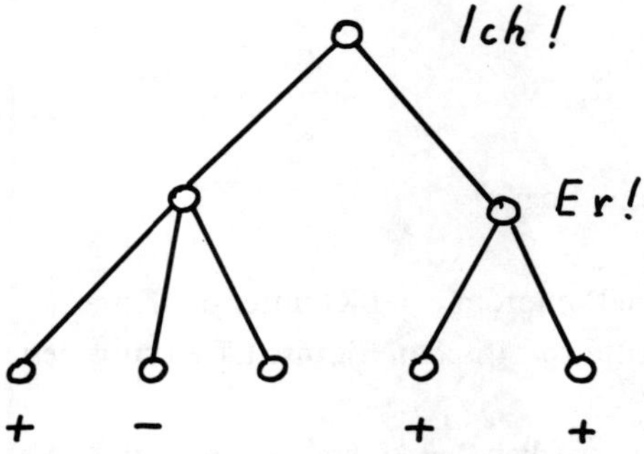

Bild 2. Entscheidungsbaum für einen Schritt ($\alpha\beta$ pruning). Wird auf einem Zweig eine schlechte Möglichkeit entdeckt, werden die weiteren Möglichkeiten nicht mehr untersucht und der ganze Zweig verlassen. Man geht davon aus, daß der Gegner die für ihn günstige Möglichkeit ausnützen wird, wenn man ihm die Gelegenheit dazu gibt.

Da aber nicht das ganze Spiel analysiert werden kann und in der Tat nur wenige Schritte verfolgt werden können, ist eine „statische" Bewertung unzureichend. Man versucht deshalb, dem Computer Zugang zu mächtigeren Strategien zu verschaffen. Shannon klassifiziert die Strategien wie folgt [4]:

A: vollständige Suche,

B: heuristische Suche,

C: zielorientierte Suche.

Im Schrifttum [2] wird als letzter Standard angegeben:

Computer (BELLE)		Mensch (Bobby Fischer)
A	– Strategie-Typ –	C
10^{10}	– analysierte Stellungen – (pro min.)	1 (?)
10^{6}	– analysierte Stellungen – (pro Bewegung)	100 (?)
2160	– „rating" – (internationale Klassifizierung)	2700

Das Lernprojekt für Spielgprogramme (Schach, Dame) hat früh angefangen mit der Formalisierung von Zielen (Beweglichkeit, Zentrumsbehauptung) [17], etc. Von großer Bedeutung in dieser Entwicklung sind vor allem die „signature table method" [18; 19] und die „induktive Programmierung" für Endspielstrategien [20; 21]. Siehe auch Schrifttum [2; 14; 22].

Die Arbeit Samuels [18] für das Damespiel enthält mehrere Schritte. Es wird zuerst eine Bewertungsfunktion in Form einer linearen Kombination von gewichteten Aspekten entwickelt. Diese Aspekte sollen, in quantifizierter Form, die wichtigen Eigenschaften einer Stellung wiedergeben (Figurenvorteil, Zentrumsbehauptung, Verwundbarkeit, etc.) und werden heuristisch festgelegt. Das Lernen besteht unter anderem darin, daß der Computer seine Erfolge/Mißerfolge beobachtet, bewertet und die Parameter, die als Gewichte in der Bewertungsfunktion dienen, ändert. Er soll also selber herausfinden, wie wichtig jeder dieser Aspekte ist. Diese Parameter sind aber sehr stark korreliert, was bedeutet, daß eine einzige Bewertungsfunktion eigentlich nicht ausreicht. Die Stellung, beschrieben z. B. durch Wert 1 für Figurenvorteil und Wert 3 für Zentrumsbehauptung, mag sich sehr stark von der Stellung mit Wert 3 für den ersten und 1 für den zweiten Aspekt unterscheiden – obwohl in beiden Fällen die Bewertungsfunktion denselben Wert kriegt, $1 + 3 = 3 + 1 = 4$. (Dieses Beispiel ist natürlich vereinfacht. Allerdings besteht eine solche „Entartung" genauso bei komplizierteren Bewertungsfunktionen, so lange diese einen „größeren" Raum der Parameter auf einen „kleineren" Raum der Werte abbilden. Vor allem führen aber lineare Bewertungsfunktionen zu solchen Problemen.) Deshalb geht Samuel über zur „signature table method", die erlaubt, jede Kombination von Parameterwerten getrennt zu bewerten, also in dem Beispiel vorher (1,3) und (3,1) als verschiedene Paare zu behandeln. Siehe auch [19]. Das Lernprogramm selbst enthält verschiedene Lernschemata, die dem Computer erlauben, während Wettspielen oder im Kampf mit sich selbst seine Fähigkeiten ständig zu verbessern. Eins der Probleme dieses eindrucksvollen Lernprogramms blieb allerdings seine Unfähigkeit, relevante Parameter selbst zu erzeugen.

Durch die Beschränkung auf Endspielsituationen im Schach (z. B. König-Bauer-König) wurde erreicht, daß vollständige Tabellen von Stellungen errichtet werden konnten, auf deren Basis dann der Computer in induktiver Weise Strategien bauen konnte [2; 20; 21]. Dafür holte sich das Programm jedes Mal eine Anzahl von Beispielen (Stellungen, Bewegungen und ihre Entwicklungen) und versuchte aus ihnen eine Regel zu induzieren. Das geschah durch Einteilen in Klassen, Finden von repräsentativen Beispielen, etc. Am Ende befand sich das Programm im Besitz einer Anzahl von Strategien, die ihm erlaubte, aus jeder Endspielstellung startend, das Beste zu machen. Die wichtigste Beobachtung dabei war, daß dieser Lernprozeß viel effizienter war, als wenn man versuchte, dem Computer diese Strategien zu füttern (geschweige denn vom Problem des Programmierers, sie erst zu finden!).

Lernprogramme existieren in fast allen Bereichen der KI. Sie sind meistens vom jeweiligen Bereich abhängig, da die Techniken auch verschieden sind. So zum Beispiel besteht das Lernen in Expertensystemen, die vorwiegend auf Produktionsregeln aufgebaut sind, vor allem in der Bewertung dieser Regeln und der Erfindung und Einbeziehung von neueren Produktionsregeln aus neueren Daten und Verknüpfungen. Die Produktionsregeln bestehen aus einem Prämissenteil und einem Schlußfolgerungsteil. So zum Beispiel enthält MYCIN [23] einige hunderte Regeln und Metaregeln vom Typ:

If the infection is primary bacteremia, and the site of the culture is one of the sterilesites, and the suspected portal of entry of the organism is the gastrointestinal tract,

then there is suggestive evidence (0,7) that the organism is a bacteroid,

oder:

If the site of the culture is one of the nonsterilesites, and there are rules which mention in their premise a previous organism which may be the same as the current organism,

then it is definite (1,0) that each of them is not going to be useful.

Das Programm kombiniert diese Regeln im Laufe einer interaktiven Sitzung, bei der es Patienten-Daten verarbeitet, weitere Fragen stellt und schließlich zu einem Behandlungsvorschlag (Antibiotica) kommt. Das Lernen würde sowohl die Prämissen wie auch die Schlußfolgerungen aus den Regeln und Metaregeln berühren. Auch hier ist die Erstellung neuer Regeln am schwierigsten. Siehe z. B. [14; 24].

Obwohl das Lernen in verschiedenen KI-Projekten unterschiedlich behandelt wird, sind viele gemeinsame Eigenschaften und Probleme zu beobachten. Wie werden neue Strategien gefunden, wie werden Hypothesen für neue Produktionsregeln aufgestellt? Wie soll die Bewertung der Strategien, bzw. der Regeln erfolgen? Unter welchen Umständen ist ein stabiler Lernprozeß gewährleistet etc.? Eine Betrachtung des Lernens in der KI unter einem erkenntnistheoretischen Gesichtspunkt [16] könnte daher einen Rahmen geben, in dem solche Fragen mehr allgemeingültig beantwortet werden. Da ein solcher Rahmen noch nicht besteht, werden wir taxonomisch vorgehen.

2.2. Lernprojekte in der Künstlichen Intelligenz

Es gibt viele KI-Programme, die Lernfähigkeiten aufweisen. Lernfähigkeit wird hier pragmatisch verstanden, als Verbesserung der Leistung während des Programmlaufes. Einige der „klassischen" Programme zeigen eindrucksvolle praktische Leistungen; so zum Beispiel Samuel's Damespielprogramm [18], das innerhalb eines Tages Turnierniveau erlangen konnte, oder Buchanan's Meta-DENDRAL [25], das Lernunterprogramm von DENDRAL, welches Massenspektrometriedaten verarbeitet. Einige andere dieser Programme sind für ihre kognitiven Fähigkeiten berühmt geworden. Diese liegen zum Beispiel im Erwerb von natürlichen Sprachen und in der Erzeugung von Konzepten (Winograd's SHRDLU [26], Winston's Programm [27]), oder in der heuristischen Suche und Entdeckung (Lenat's AM [28], das neue Theoreme in der Zahlentheorie findet). Ich werde diese Programme hier nicht weiter besprechen (siehe [18; 25 bis 28] wie auch [3 bis 14]). Stattdessen möchte ich versuchen einige allgemeine Aspekte zu diskutieren.

Es gibt mehrere Gesichtspunkte über das KI-Lernen:

a) – das Lernen selbst als ein Problem zu sehen, in letzter Instanz also als eine Frage für den Problemlöser;

b) – das Lernen als Anpassung zu sehen, einen quasistatischen Prozeß mit dem Ziel eine Art Gleichgewicht (Homöostase) zwischen der Umwelt und dem Subjekt (der lernende Computer) zu erhalten [3];

c) – das Lernen als einen unabhängigen, dynamischen Prozeß zu sehen der, wie auch die Evolution, teleologisch nur begrenzt erfaßt werden kann.

Diese Gesichtspunkte schließen sich nicht gegenseitig aus, sie entsprechen nur unterschiedlicher Betonung. Der meistverbreitete Rahmen scheint der unter Punkt a) zu sein (siehe zum Beispiel [9; 14]). Als Beispiele für Techniken tauchen hier auf [9]:

- Mechanisches Auswendiglernen. Das ist teilweise in Samuel's Programm enthalten [18]: Dessen Speicher füllt sich langsam mit vorgerechneten Entscheidungsbäumen.
- Lernen durch Parameterjustierung. Als Beispiel wieder Samuel's Programm: Die Bewertungsfunktion selbst wird entsprechend dem Erfolg geändert.
- Lernen als Problemlösen. Produktionsregeln werden erstellt, um die Lernziele zu erreichen (Allgemeiner Problemlöser: GPS [29]).

– Konzeptlernen. Konzepte werden durch die Klassifizierung von Beispielen, der Suche nach dem repräsentativen Beispiel, etc. gewonnen (Winston's Programm [27], Endspielstrategien für Schach [20]).

– Lernen als Entdeckung. Hier kommen die heuristischen Suchstrategien zum Tragen. Als Beispiel kann das AM-Programm dienen [28], das Kriterien enthält, Fragen, als „interessant" zu bewerten, oder das Hypothesen aufstellen kann. Dafür verfügt AM über solche Produktionsregeln (hier ist der Problemlöser-Charakter zu beobachten) wie [30]:

  If a concept already has a conjuction in its definition,
  then define and study the concepts one gets by separating the conjuncts.

Rich [9] erkennt in allen diesen Lernprozeduren zwei wesentliche Aspekte:

– Wissensrepräsentation. Hier soll durch eine hierarchisch strukturierte Speicherung, sowohl ein leichter Zugriff zur alten Information wie auch eine effiziente Anordnung von Neuerworbenem gewährleistet werden.

– Problemlösen. Hier gilt es, Techniken zu entwickeln, wie: heuristische Suche, Fit, Optimierung, Trial and Error, etc.

Alle diese Projekte enthalten erkenntnistheoretische Problemstellungen: logische Verknüpfungen, induktive Vorgänge, etc. In der Entwicklung verschiedener KI-Lernstrategien werden viele Hinweise aus den menschlichen/natürlichen Lernprozessen benützt (z. B. [5; 31 bis 33]). Dabei kommt auch der kognitivpsychologische Aspekt des KI-Lernens zum Ausdruck.

Unter Punkt b) oben fallen einige „evolutionäre" Lernprozeduren, in denen „kognitive Systeme" (CS) aufgestellt werden (z. B. [11; 33]). Das Lernen hier beruht auf „genetischen Algorithmen" (GA), wodurch elementare Produktionsregeln modifiziert, eliminiert oder erzeugt werden. Diese Algorithmen funktionieren nach evolutionären Prinzipien wobei die Selektion innerhalb eines Generationswechsels der Produktionsregeln stattfindet.

Wir werden an diese Diskussion noch einmal in Abschnitt 5 anknüpfen, wenn wir die Perspektiven des KI-Lernens kurz besprechen werden. Ich möchte jetzt einen Fall für den Punkt c) oben aufstellen, und das Lernen (im allgemeinen, nicht nur in der KI) als einen dynamischen, statistischen Prozeß betrachten. Ein solcher Prozeß würde eine gewisse Unabhängigkeit sowohl von Zielvorstellungen wie auch von Anpassungsabsichten haben. Dieser Zugang findet in dem evolutionären Paradigma seinen Platz, und ich möchte deshalb auf einige speżifische Züge natürlicher Evolutionsprozesse zurückgreifen.

3. Evolution und Intelligenz

Die Wissenschaften, die sich mit der Intelligenz beschäftigen (Erkenntnistheorie, Psychologie, usw.) führen ihre eigenen Konzepte und Methoden ein; trotzdem ist die Intelligenz ein Produkt der Evolution, und es scheint mir, daß wir vieles über sie verstehen können, indem wir die charakteristischen Züge des Evolutionsprozesses betrachten.

Die natürliche Evolution ist unter anderem durch zwei Eigenschaften gekennzeichnet, deren Wichtigkeit uns immer wieder bewußt wird: Prodigalität und Rückkopplung. Hier liegt die Betonung vor allem auf dem nichtlinearen Charakter der Rückkopplung und der großen Anzahl von Möglichkeiten, welche die Prodigalität (Überschwenglichkeit) anbietet. Diese Merkmale scheinen überall dort eine Rolle zu spielen, wo nichttriviale Phänomene sich abwickeln. Schon der Anfang des Lebens scheint davon abhängig gewesen zu sein, daß die Prodigalität die Umstände schuf, in denen der nichtlineare Prozeß der Rückkopplung einsetzen konnte. Unter den enorm vielen chemischen Verbindungen, die sich zufällig bildeten, tauchten auch diejenigen organischen Verbindungen auf, die sich reproduzieren konnten – wodurch sich im Wahrscheinlichkeitsfeld der möglichen Verbindungen eine „Singularität" formierte, Bild 3. Im folgenden werden wir uns auf diese zwei Züge konzentrieren.

Bild 3. Ursuppe und Reproduktion.

Die Konzepte von „großen Zahlen" und „nichtlinearen Phänomenen" sind zum wichtigen Bestandteil des heutigen naturwissenschaftlichen Paradigmas geworden. Sie werden in allen Bereichen und auf allen Längeskalen angetroffen. Ein m^3 enthält ca. 10^{28} Moleküle, die Erde hat etwa 10^{21} m^3. Es gibt etwa 10^{11} Sterne in einer typischen Galaxie. Nichtlineare Prozesse treten in kosmischen Entwicklungen auf, in der Hydrodynamik und der Festkörperphysik sowie in der Physik der Elementarteilchen. In der Tat beobachtet man hier Phänomene, die typisch für das Zusammenwirken von großen Zahlen und nichtlinearen Verknüpfungen sind und kollektive Effekte genannt werden. Turbulenzen, Phasenübergänge, kritisches Verhalten usw. sind solche Phänomene. Spezifisch für sie ist das Auftauchen langreichweitiger Korrelationen im Verhalten weit auseinanderliegender Teile, obwohl die darunterliegende elementare Wechselwirkung kurzreichweitig ist. Das System verhält sich wie ein Ganzes im dem Sinne, daß sich eine lokale Störung blitzschnell im ganzen System ausbreitet. Diese Art von Verhalten ist sehr allgemein, sie kann überall angetroffen werden – von biologischen und sozialen Phänomenen bis zu den Naturwissenschaften – und bildet somit eins der Hauptobjekte der „Synergetik".

Betrachten wir als Beispiel ein einfaches, lösbares Modell. Modelle sind Lieblingswerkzeuge des Physikers. Ein Modell beschreibt nicht die Wirklichkeit. Es stellt eine vereinfachte Wirklichkeit auf, oder besser gesagt, simuliert eine solche und kann daher Fragen über das Zusammenwirken von ausgewählten Zügen und Verknüpfungen beantworten.

Stellen wir uns die Taubenschar auf einem italienischen Platz vor, und nehmen wir an, daß die einzelnen Vögel von Zeit zu Zeit in die Luft springen und fliegen. Dies passiert mit einer gewissen Wahrscheinlichkeit W_0. Darüber hinaus nehmen wir auch an, daß sie sich gegenseitig zum Flug verleiten können. Also mit einer gewissen Wahrscheinlichkeit K fliegt eine Taube ab, weil sie eine andere abfliegen sieht. Die Frage lautet: Was passiert mit der ganzen Schar auf dem Platz, wenn die Anzahl der Vögel in dieser Schar wächst? (Es wird angenommen, daß eine Taube nur ein paar Meter weit sieht, daß aber die Vögel mit steigender Anzahl dichter gedrängt werden. So werden im Überblickskreis eines Vogels immer mehr andere Vögel stehen. Da die Schar mit wachsender Anzahl von Vögeln nicht nur dichter wird, sondern sich auch ausbreitet, kann der Anstieg der Vogeldichte viel langsamer sein – aber in unserer Annahme mindestens logarithmisch.) Dasselbe Problem kann man in ganz anderen Zusammenhängen stellen, z. B. in bezug auf die Sicherheitsmechanismen eines Kernkraftwerks. Hier versucht man sich vor dem möglichen Ausfall von Sicherheitsmechanismen in Notsituationen damit zu schützen, daß man mehrere solcher Mechanismen parallel bereitstellt. Die Frage lautet jetzt: Führt die Anhäufung von Sicherheitsmechanismen zu erhöhter Funktionssicherheit auch dann, wenn sie sich gegenseitig beeinflussen können (Störungspropagation)?

In beiden Fällen geht es um induziertes Verhalten und seinen Folgen im Rahmen großer Systeme. Ein (stark vereinfachtes) Modell für solche Probleme kann man folgendermaßen zusammenbasteln [34]: Gegeben seien n Punkte, jeder davon kann von sich aus mit der Wahrscheinlichkeit W_0 verschwinden, außerdem kann irgend ein Punkt „i" mit der Wahrscheinlichkeit K(i, j) deshalb verschwinden, weil irgend ein anderer Punkt – „j" – verschwunden ist. Wie hoch ist die Wahrscheinlichkeit W(n), daß alle Punkte weg sind? Das Modell ist exakt lösbar und zeigt ein typisches kollektives Verhalten [34]. Für eine kleine Anzahl von Punkten nimmt die Wahrscheinlichkeit W(n), daß alle Punkte verschwinden, rasch mit n ab, wie erwartet. Wenn aber n größer als eine gewisse Zahl n_0 (von K und W_0 abhängig) wird, ändert sich radikal die Tendenz, und W(n) nähert sich dem Wert 1, Bild 4. Das System wird also völlig instabil: Die ganze Taubenschar hebt auf einmal in die Luft ab oder die Sicherheitsmechanismen fallen alle aus. Das Verhalten des größeren Systems für K unterschiedlich von Null ist total verschieden von dem des kleineren Systems. Es ist bemerkenswert, daß das Verhalten, das für ein großes System spezifisch ist, schon bei einem relativ niedrigen Wert von n einsetzen kann (Bild 4). Details siehe Anhang B.

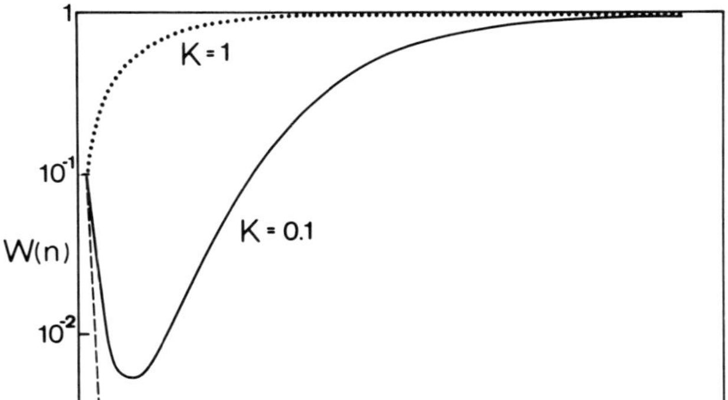

Bild 4. Wahrscheinlichkeit W(n), daß alle n-Punkte verschwinden, als Funktion von n, für $W_0 = 0.1$ und verschiedene Werte für K(i, j) = K = konstant.

Die Notwendigkeit, diese Art von Effekten – nämlich die kollektiven Phänomene – zu berücksichtigen, führt auch dazu, daß mit jedem neuen Grad in der Komplexität der untersuchten Systeme neue Begriffe, neue Bilder und für ihre Analyse neue Methoden eingeführt werden. So führt die

Chemie eigene Konzepte und Methoden ein, obwohl das elementare Phänomen physikalischer Natur ist. Und so könnte man die Neigung, eine teleologische Terminologie in Diskussionen über die Evolution und die Intelligenz zu benützen, als eben die Berücksichtigung solcher kollektiven Effekte verstehen.

Das Leben und die Intelligenz als Produkte der Evolution zu betrachten, bedeutet nicht, sie als zufällige Erscheinungen einer willkürlichen Entwicklung anzusehen. Die Evolution ist ein Prozeß, in dem verschiedene Strukturen sich gegenseitig ermöglichen und gestalten. Der evolutionäre Charakter wirkt in der Natur auf zwei Ebenen: zum einen in der Evolution selbst, wo innerhalb der Entwicklung der Spezies Individuen ausgewählt und abgelöst werden; zum anderen auf der Ebene des Lernens, wo jedes Individuum, von einer gewissen Basis aus startend, sich entwickelt.

Beim Aufstellen eines evolutionären dynamischen Modells für das Lernen werden wir uns vor allem auf die beiden erwähnten fundamentalen Eigenschaften natürlicher Evolutionsprozesse stützen: Prodigalität und Rückkopplung. Die Prodigalität beim Lernen bezieht sich auf die große Anzahl von Erfahrungen und deren teilweise ungeordneten (zufälligen) Charakter. Die Rückkopplung entspricht der Zurückführung des Erfolges oder Mißerfolges einer gesamten Aktivität auf die elementaren Teilhandlungen und deren Verstärkung bzw. Hemmung. Das Resultat des Lernens ist das Entwickeln von Verhaltensmustern oder Strategien, welche sich als Regeln zur Durchführung von Ketten von elementaren Handlungen manifestieren. Diese synthetischen Begriffe (Strategien etc.) beschreiben Phänomene, die man als Folgen des Zusammenwirkens der Prodigalität und der Nichtlinearität in den Erfahrungen und ihrer Auswertung erkennen könnte. Das Lernen wird dabei als ein hierarchischer Prozeß betrachtet, der ständig quasi-abgeschlossene Wissensstrukturen und Strategiensysteme bildet, die als Grundlagen für die weitere Entwicklung dienen.

Der Zugang, den wir hier gewählt haben, unterscheidet sich von dem verbreiterten Zugang, bei welchem das Lernen als Anpassungsprozeß mit dem Ziel gesehen wird, die Homöostase aufrechtzuerhalten [3]. Im Rahmen dieses dynamischen Zugangs betrachten wir hingegen das Lernen als einen Prozeß, der nicht völlig durch die Bedingung determiniert ist, einem gewissen Ziel optimal zu entsprechen, sondern der seine eigene Dynamik hat und eine gewisse Zufälligkeit aufweist. Das würde sich in stochastischem Vorgehen ausdrücken, wo Verknüpfungen probabilistisch aufgestellt und genützt werden. Das bedeutet nicht, daß die beiden Zugangsarten sich nicht häufig entsprechen und auch ähnliche Lernprozesse beschreiben. Allerdings wird in unserem Zugang das Lernen als aktiver Prozeß betrachtet, der nur zum Teil als Antwort auf Veränderungen in der Umwelt (also passiv) verstanden werden kann. Deshalb könnte dieser Zugang geeigneter sein, Lernphänomene zu beschreiben, bei denen der revolutionäre Charakter wichtig ist – zum Beispiel der Übergang von der Anpassung zur Planung etc.

Vom Gesichtspunkt der KI wird dieser Zugang interessant in dem Moment, in dem der Programmierer das Programm nicht mit einer vollständigen Anzahl von gut definierten Strategien versorgen kann, die alle anzutreffenden Situationen behandeln können. Wenn das möglich ist, besteht das Lernen im wesentlichen aus einer lokalen Anpassung an veränderliche Situationen. Entweder kann der Computer lokale Regeln anwenden und seine Aktivität Schritt für Schritt optimieren oder er bekommt eine Tabelle aller möglichen Situationen mit detaillierten Hinweisen für alle seine Handlungen, und er muß nur die aktuelle Situation erkennen. Wie wir im Abschnitt 2 sahen, ist das in vielen interessanten Fällen nicht möglich oder nicht effizient. Lernprozeduren mit evolutionären Charakter, in welchen der Computer ein Reservoir an vorgegebenen „Taktiken" hat, so daß er unter diesen auswählen und gemäß seinen Erfahrungen sie zu Strategien kombinieren kann, haben sich als weitreichend gezeigt (siehe z. B. [18 bis 22]). Im nächsten Schritt muß das Programm selbst das Reservoir an „Taktiken" bilden und seine Strategien entwickeln. Hier scheint uns ein statistisches (stochastisches) Verfahren adäquat, welches in natürlicher Weise in den Rahmen eines evolutionären Modells für das maschinelle Lernen paßt. Wir werden im folgenden ein solches Modell präsentieren und diskutieren. Im Rahmen der Untersuchungen über die Intelligenz nehmen solche Modelle Bezug auf die allgemeineren Beobachtungen über Lernprozesse, in dem sie sich auf diese Beobachtungen stützen und sie gleichzeitig prüfen. Der abstraktere Gesichtspunkt, das KI-Lernen selbst als Erkenntnisproblem zu betrachten wird hier zunächst nicht verfolgt.

4. Eine evolutionäre statistische Prozedur für maschinelles Lernen

In diesem Abschnitt werden ein evolutionäres, stochastisches Lernverfahren für KI und dessen Anwendung zur Kontrolle eines imaginären Roboters Namens TURTLE beschrieben. TURTLE startet von einem Zustand völligen Unwissens und erwirbt die Fähigkeit, sich zielgerichtet auf einem Brett zu bewegen und verschiedene Hindernisse zu umgehen. Das Programm enthält ein stochastisches Element und ist nach den Prinzipien der vorangegangenen Diskussion gebaut. In unserer Arbeit [35] sind wir vor allem am Aspekt des kognitiven Modellierens interessiert, nämlich die Funktionsfähigkeit des Konzeptes des evolutionären, statistischen Lernens nachzuprüfen. Mögliche praktische Anwendungen in KI-Projekten, wie Spielen oder Expertensystemen, werden am Ende des Abschnitts diskutiert.

4.1. Problemstellung

Was wir hier nachprüfen wollen, ist, ob Lernen unter folgenden Bedingungen möglich ist und zu stabilem Verhalten führt:

- Der Computer erhält keine hochwertige Information. Die „Objekte" seines „Denkens" sind seine direkten Erfahrungen.
- Die Handlungen des Computers haben eine stochastische Grundlage. Die Zufälligkeit ist durch die Berücksichtigung früherer Erfahrungen weitgehend eingeschränkt, aber nie völlig aufgehoben.
- Die Bewertung der Erfahrungen kommt global und undifferenziert. Sie entspricht dem Erfolg/Mißerfolg einer ganzen Reihe von Handlungen.

Infolgedessen werden in unserem Modell im Programm keine Strategien gespeichert. Das Programm führt zuerst zufällig eine Reihe von Operationen durch. Es merkt sich aber, was es in jeder gegebenen Situation getan hat. Nach einer Weile wird der Erfolg einer Kette von Operationen ausgewertet und jedem beteiligten Situations-Operationspaar ein Gewicht zugeteilt, welches nur vom globalen Erfolg abhängig ist. Der Prozeß geht weiter, die Gewichtswerte werden dauernd justiert. Die Operationen werden immer weniger zufällig, um so mehr das Programm frühere Erfahrungen anwenden kann. Schließlich wird ein stabiles Verhalten erreicht. Diese Periode ist durch andauernden Erfolg, aber auch durch einige zufällige Fluktuationen gekennzeichnet, welche sehr wichtig für das Optimieren sind.

4.2. TURTLE's Aktivität und „Intelligenz"

Unser Beispiel beschäftigt sich mit einer „Schildkröte", TURTLE, die sich auf einem Brett mit Hindernissen bewegen kann. Unser Ziel ist nicht, die effizienteste „Schildkröte" zu konstruieren. Vielmehr liegt unser Interesse darin, am Beispiel dieser einfachen aber nichttrivialen Aktivität, das Problem des statistischen (stochastischen) Lernens zu untersuchen.

Die elementaren Operationen von TURTLE sind einzelne Schritte in die vier Himmelsrichtungen (Nord, West, Süd und Ost). Das Brett bildet ein 8 x 8 Gitter. Aus praktischem Grund haben wir „spirale" Randbedingungen benützt, Bild 5. Diese Wahl der Randbedingungen, wie auch die Beschränkung der Gittergröße und andere Festlegungen können ohne weiteres aufgehoben werden. Details über das Programm siehe Anhang C.

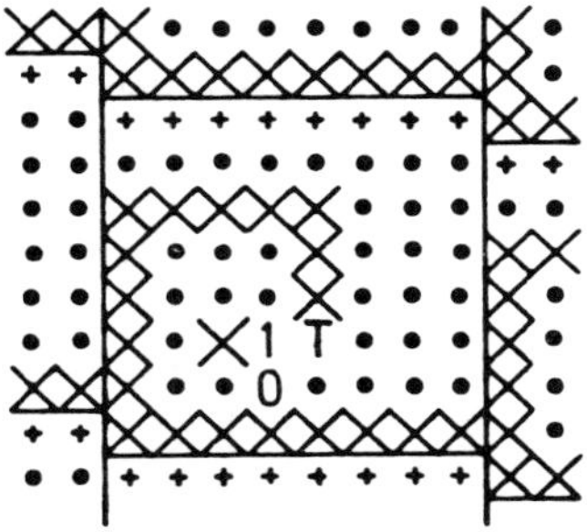

Bild 5. Das spiral-periodische 8 x 8-Gitter, mit Hindernis und TURTLE's Weg und Stellung nach 2 Schritten. Hier, wie in allen weiteren Bildern bezeichnet "X" eine besetzte Zelle, "." eine freie Zelle und "+" die Ziellinie. Die Bilder 5 bis 17 gehören zum Schrifttum [35] und sind im „International Journal for Computer and Information Sciences" veröffentlicht.

TURTLE (T) kann einen Schritt weit „sehen" und feststellen, welche Nachbarzellen besetzt (X) und welche frei (.) sind. Ein „Versuch" besteht aus einer Reihe von „Läufen" (in der Regel einige Tausende), die auf einem spezifizierten „Brett" stattfinden. Ein „Brett" entspricht einem gewissen Arrangement von Hindernissen (besetzte Gitterzellen) und einem gewissen Startpunkt. Ein „Lauf" beginnt in der Startposition und endet, wenn TURTLE die obere Kante erreicht hat (die „Ziellinie"). Er wird aber abgebrochen nach maximal 40 Schritten, falls das Ziel noch nicht erreicht wurde. Am Ende eines Laufes bekommt TURTLE eine Belohnung, dann fängt er einen neuen Lauf an. Am Anfang macht TURTLE meistens zufällige Schritte, da er keine vorprogrammierten Taktiken besitzt. Nach einigen Läufen lernt TURTLE allerdings, sich zielgerichtet zu bewegen, Schranken zu umgehen und Fallen zu vermeiden.

TURTLE's „Intelligenz" besteht aus drei Teilen: dem Gedächtnis (MEMORY), dem Entscheidungsprozeß (DECISION) und der Rückkopplung (FEEDBACK).

Das Gedächtnis (MEMORY) besteht aus einem Katalog von „Verhaltensmustern" und dessen Management. Ein Verhaltensmuster besteht aus einer „Taktik" und einem „Gewichtswert". Jede Taktik besteht aus einer „Karte" und einer „Bewegung", Bild 6. Die Karte ist eine Darstellung dessen, was TURTLE über seine Umgebung erfahren hatte bis zu dem Zeitpunkt, als die Bewegung entschieden wurde. Dann wurde aus den beiden – Karte und Bewegung – die Taktik zusammengestellt und gespeichert. (Das passiert beim ersten Auftreten dieses Situations-Operationspaares – siehe Beschreibung von DECISION.) Der Gewichtswert, assoziiert mit der Taktik in dem Verhaltensmuster, entspricht dem Erfolg der Läufe, in denen später diese Taktik benützt wurde. Positive Gewichtswerte bedeuten, daß diese Läufe erfolgreich waren, negative Gewichtswerte bedeuten erfolglose Läufe. Dies um so mehr, um so größer der absolute Gewichtswert ist. Die Management-Funktion von MEMORY normiert die Gewichtswerte (so daß die absoluten Werte beschränkt bleiben), erkennt und vereint identische Taktiken und entfernt jene Taktiken, deren absoluter Gewichtswert zu klein geworden ist. Alle Karten mit denen TURTLE hantiert, sind relativ zu seiner Stellung aufgestellt. Die Information ist „bitweise" gespeichert (eine Zelle ist frei, besetzt oder unbekannt).

Die Entscheidung (DECISION) legt die Bewegung in jeder Situation fest – also die Richtung des folgenden Schrittes. Als erstes werden die 4 benachbarten Zellen untersucht und als frei oder besetzt erkannt. Mit dieser Information wird die „aktuelle Karte", von TURTLE während des Laufes entwickelt, auf den neuesten Stand gebracht (siehe Bild 6). Als zweites wird dann der Katalog nach ähnlichen früheren Situationen durchsucht:

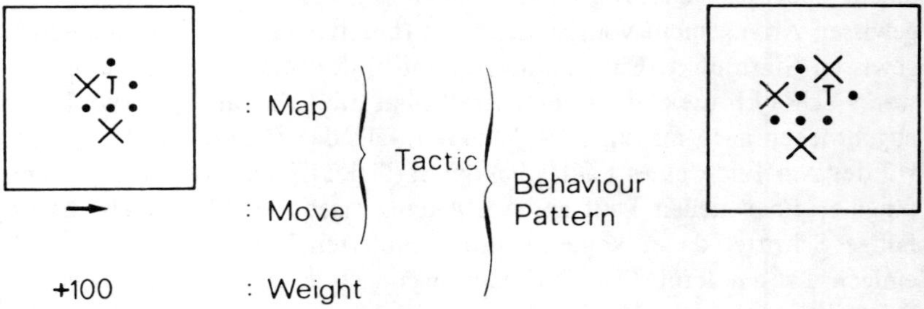

Bild 6.

a) Verhaltensmuster (pattern), gebildet von TURTLE beim ersten zufälligen Auftreten des Situations (Karte: map) – Operations (Bewegung: move) -Paares, das den 2. Schritt in Bild 5 beschreibt.

b) Aktuelle Karte nach dem 2. Schritt, in der Vorbereitung des 3.

„passende" Verhaltensmuster, deren Karten der aktuellen Karte „ähnlich" sind. Als Maß für das Fit wird der Hamming-Abstand benützt. Werden solche passenden Verhaltensmuster gefunden, untersucht DECISION die dazugehörigen Bewegungen und deren Gewichtswerte. Daraus werden die Wahrscheinlichkeiten der Richtungen für die nächste Bewegung errechnet. Ein positiver Gewichtswert für eine Taktik bedeutet, daß die entsprechende Bewegung empfohlen wird, ein negativer Gewichtswert bedeutet, daß von dieser abgeraten wird (somit werden die komplementären Richtungen empfohlen). Die benützte Formel ist vom Typ:

$$p(i) = \exp\left(\sum_{\text{MUSTER}} (\text{CF} \cdot \text{Fitqualität} + \text{CK} \cdot \text{Gewicht})\right)$$

wo i = 0, 1, 2, 3 (für Nord, West, Süd, Ost) und die Summe im Exponenten erstreckt sich über die passenden Verhaltensmuster die die Bewegung in Richtung i haben. Hier sind CK, CF eine Art Kontrastparameter. Nach der Normierung ergeben die p(i) die Wahrscheinlichkeiten der Bewegungen in die verschiedenen Richtungen i. Auf diese Weise werden sowohl empfehlende wie auch abratende Verhaltensmuster völlig ausgenützt.

Als drittes und letztes wird die Richtung des nächsten Schrittes mit Hilfe der vorher ermittelten Wahrscheinlichkeiten p(i) statistisch entschieden. Falls kein passendes Verhaltensmuster gefunden wird, oder die p(i)'s sich zu wenig voneinander unterscheiden (keine eindeutige Richtungsempfehlung), wird die Situation als „unentscheidbar" betrachtet. Dann wird die neue Bewegung völlig zufällig genommen und die aktuelle Karte wird, zusammen mit dieser Bewegung und einem „default" Gewicht, als neues Verhaltensmuster gespeichert.

Die Rückkopplung (FEEDBACK) wird am Ende jedes Laufes eingeschaltet – also wenn TURTLE die Ziellinie erreicht hat, jedoch spätestens nach 40 Schritten. Ein „Erfolgswert" wird dann ermittelt als:

SUCCESS = LIFE – Anzahl von Schritten für diesen Lauf (maximal 40)

LIFE ist ein von uns gesetzter Parameter und liegt im Bereich 10 bis 20. Aus SUCCESS und seiner Änderung gegenüber früheren Läufen wird ein REWARD gerechnet, das somit positiv (Belohnung) oder negativ (Bestrafung) ausfallen kann. Mit Hilfe von REWARD werden dann proportional mit ihrer Auftritthäufigkeit die Gewichtswerte aller in diesem Lauf befolgten Taktiken gleichermaßen geändert.

Die verschiedenen Prozesse sind durch eine Anzahl von Parametern kontrolliert:

- Parameter, benützt in dem Katalog-Management, z. B. die Schwelle für „uninteressante" Verhaltensmuster, die vergessen werden (kleinstes Gewicht).
- Fit-Parameter, benützt um Zulassungsschwellen für passende Verhaltensmuster festzulegen und die Fitqualität abzuschätzen.
- Parameter zur Errechnung der Wahrscheinlichkeiten für Bewegungen (siehe die Formel für p(i)) und zum Festlegen der „Unentscheidbarkeits"-Schwelle.
- Parameter benützt in der Ermittlung des REWARD und im FEEDBACK, z. B. LIFE.

Alle Parameter, mit Ausnahme von LIFE, können durch TURTLE im Rahmen eines zweiten, übergeordneten Lernprozesses selbst festgelegt werden. Diesen haben wir vor allem aus praktischen Gründen eingebaut: das Programm war bei der Optimierung der Parameter viel effizienter als wir. Siehe auch Abschnitt 4.3.4.

Über TURTLE's Intelligenz ist zu bemerken, daß:

- der Entscheidungsprozeß einfach ist (keine eingebauten Strategien),
- die „Denkelemente" (die Verhaltensmuster) von TURTLE selbst erzeugt sind und direkt seinen Erfahrungen entsprechen,
- die Rückkopplung global und undifferenziert ist, und
- die verschiedenen funktionellen Abhängigkeiten sehr flexibel bleiben wegen der großen Anzahl von Parametern.

4.3. Resultate

Wir haben TURTLE auf verschiedenen Brettern laufen lassen, Bild 7. Drei Typen von Versuchen wurden hierzu unternommen: Läufe auf einem Brett, Läufe auf mehreren Brettern nacheinander und Läufe auf schnell alternierenden Brettern. In jeder Reihe von Versuchen startet TURTLE mit leerem Speicher und bildet langsam seinen Katalog an Verhaltensmustern.

Im allgemeinen ändern sich die Details aufgrund des statistischen Charakters sogar bei der einfachen Wiederholung eines Versuchs. Die in den Figuren angegebenen Zahlen beziehen sich auf ausgewählte Versuche und sind als typisch zu verstehen.

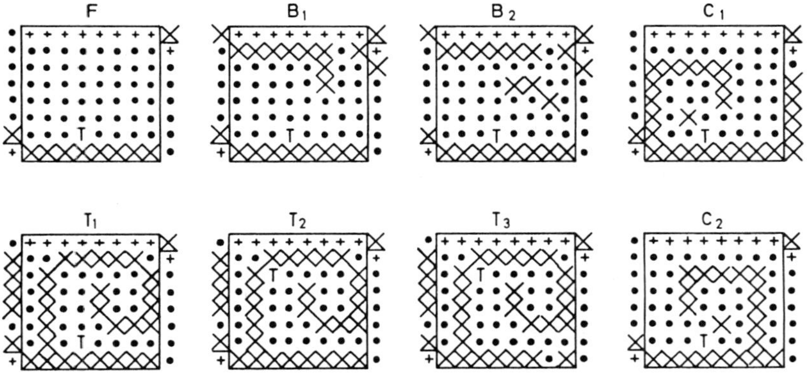

Bild 7. Beispiele von Brettern: freies Brett (F), Schranke (B1, B2), Falle (T1, T2, T3) und Käfig (C1, C2). TURTLE wird in Anfangsstellung gezeigt.

4.3.1. Lernen auf einem Brett

In allen Versuchen macht TURTLE am Anfang eine Reihe von schlechten Läufen, bis er den Weg zum Ziel findet. Wir nennen dies die „Lernperiode". Dann folgt die „stabile Periode", während der TURTLE mit gelegentlichen Abstrichen dem optimalen Weg folgt. Dieses stabile Verhalten mit Fluktuationen ist eine der wichtigsten Errungenschaften von TURTLE. Es erlaubt ihm, immer den besten Weg zu finden, falls er zunächst nur einen guten, aber nicht optimalen Weg gefunden hat. Das Befolgen eines guten, aber nicht optimalen Weges über mehrere Läufe nennen wir „metastabile Periode".

Bild 8 zeigt Beispiele von Versuchsresultaten auf vier verschiedenen Brettern. Bild 9 stellt die Lernperioden dar und das Einsetzen der stabilen Perioden.

Das Lernen besteht aus dem Ausbau des Katalogs sowohl abratender wie auch empfehlender Verhaltensmuster, Bild 10. Die empfehlenden Muster (positive Gewichtswerte) sind durch die wenigen erfolgreichen Läufe gewonnen. In der früheren Periode ist daher das Lernen auf abratende Muster angewiesen. Jenen Entscheidungen, welche ständig zum Mißerfolg führen, wird widersprochen und neue Muster werden erzeugt. So lange er allerdings nicht unter die 40-Schritt-Grenze kommt, kann TURTLE nicht wissen, was man von ihm will. Erst nach den ersten Teilerfolgen (Läufe

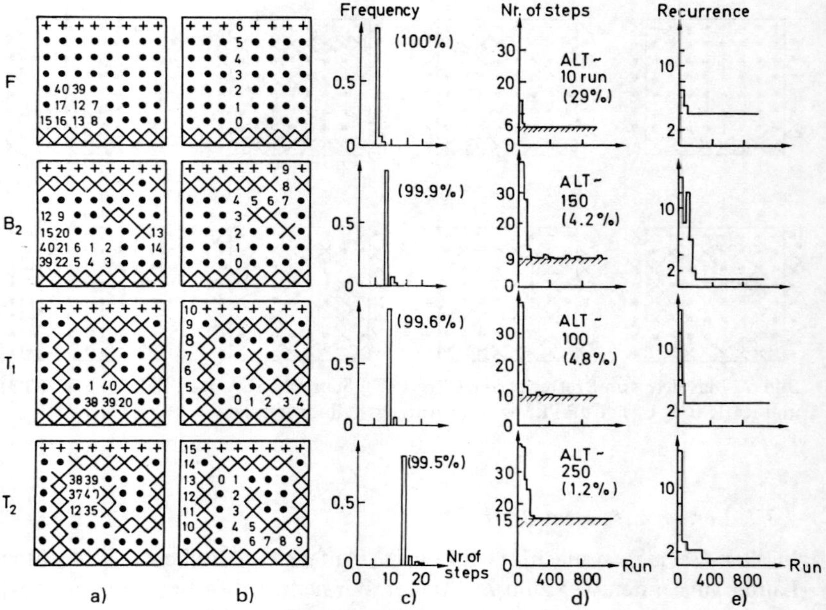

Bild 8. Lernen auf einem Brett: Beispiele von Versuchen.

a) Irrwege, typisch für die frühere Lernperiode (beim wiederholten Besuchen einer Zelle wird nur der letzte Schritt angegeben).
b) Optimaler Weg, typisch für die stabile Periode.
c) Häufigkeit einer Weglänge in der stabilen Periode. Die Prozentzahl entspricht dem totalen Anteil von Läufen, die kürzer als 40 Schritte sind.
d) Zeitentwicklung des Erfolgs: die Weglänge (gemittelt über 40 Läufe) als Funktion der Laufzahl (run). ALT gibt die mittlere Lernperiode wieder. Die Prozentzahl entspricht der Wahrscheinlichkeit eines völlig zufälligen, erfolgreichen Weges (kürzer als 40 Schritte).
e) Rekurrenzzahl: maximale Anzahl der Benützung desselben Musters in einem Lauf.

von weniger als 40 Schritte, obwohl immer noch unter der 0-Erfolgsschwelle), kann er überhaupt eine Verbesserung wahrnehmen. Dieses Feedback wird dann meistens sehr schnell ausgenützt und führt zu einer Optimierung seines Verhaltens.

Das Einsetzen der stabilen Periode ist auch durch eine Stabilisierung der Anzahl von Mustern auf etwa 10 bis 100 je nach Brett und ihrer Spezialisierung gekennzeichnet. TURTLE neigt dazu, jedes Verhaltensmuster in nur wenigen (unter Umständen nur einem) Schritten zu benutzen („Rekurrenzzahl" in Bild 8).

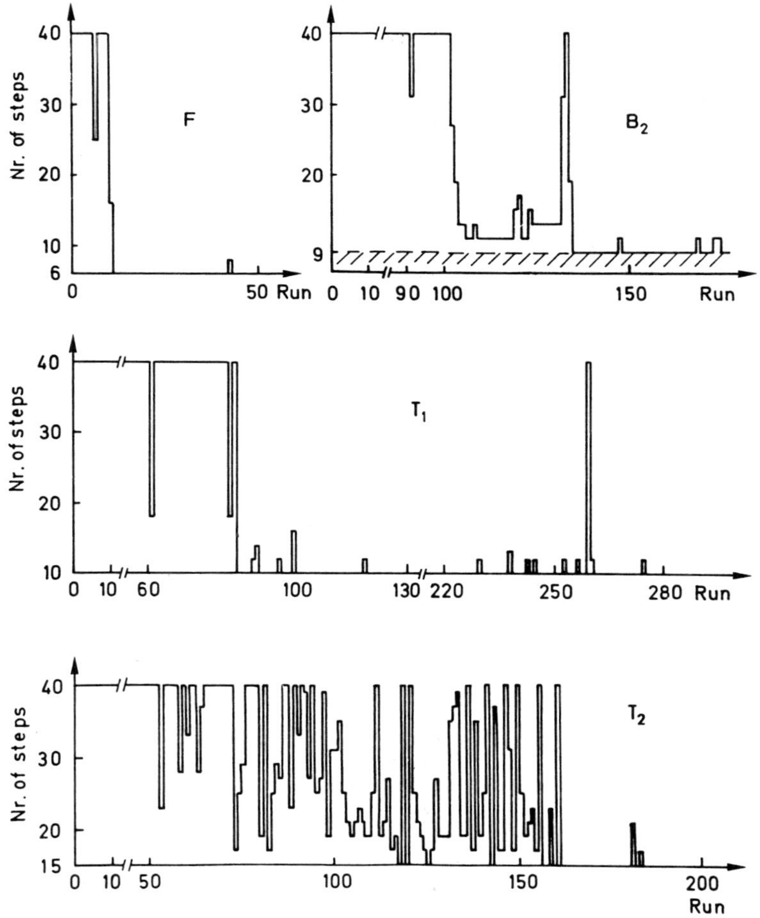

Bild 9. Lernen auf einem Brett: Lernperiode und Übergang zu stabilem Verhalten. Die Weglänge wird gezeigt, Lauf nach Lauf. Die minimalen Weglängen sind unterschiedlich für die verschiedenen Bretter (siehe Bild 8).

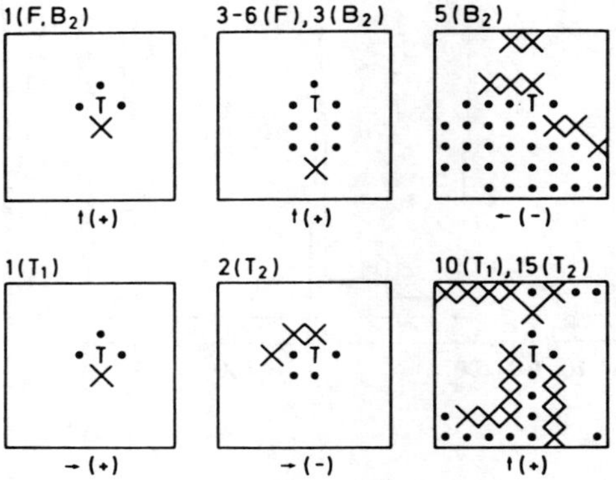

Bild 10. Lernen auf einem Brett: Beispiele von Mustern, benützt in den stabilen Perioden. Nur die Zeichen der Gewichtswerte werden angegeben. Oberhalb der Karten wird der Schritt und das Brett, wo das Muster benützt wird, angegeben (siehe Bilder 8 und 9).

4.2.3. Etappenlernen

Hier wird TURTLE's Fähigkeit zu hierarchischem Lernen geprüft. Nach dem Training auf einem Brett wird TURTLE auf ein neueres, komplizierteres Brett gesetzt, um zu zeigen, ob er das Gelernte in einer neuen Situa-

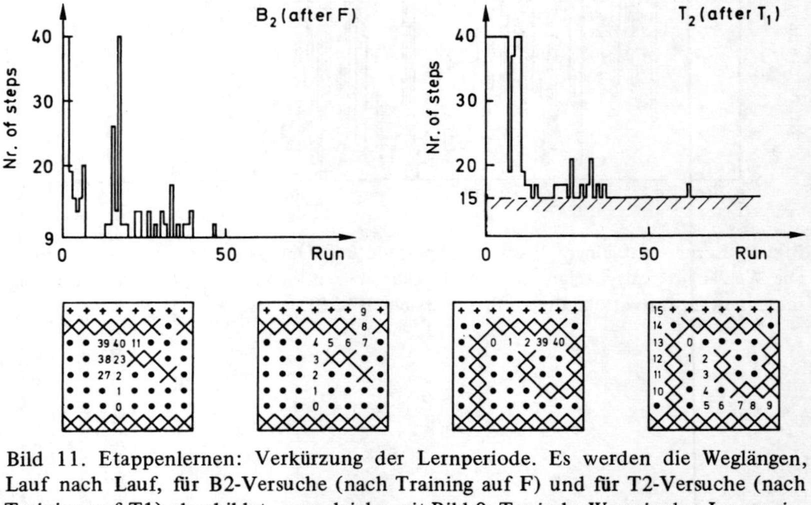

Bild 11. Etappenlernen: Verkürzung der Lernperiode. Es werden die Weglängen, Lauf nach Lauf, für B2-Versuche (nach Training auf F) und für T2-Versuche (nach Training auf T1) abgebildet – vergleiche mit Bild 9. Typische Wege in den Lernperioden und in den stabilen Perioden werden gezeigt.

tion mit Gewinn anwenden kann (siehe Bilder 11 und 12). Hier stellen wir fest, daß TURTLE die alten Muster, die er noch benützen kann, behält und neue Muster nur nach Bedarf erzeugt (siehe Bild 12: Die Muster 4 bis 10 hätten nicht auf dem T2-Brett gemacht werden können, sie wurden in den vorangegangenen T1-Läufen erzeugt). Die Lernperiode kann dadurch viel kürzer werden (vergleiche Bild 11 mit Bild 9).

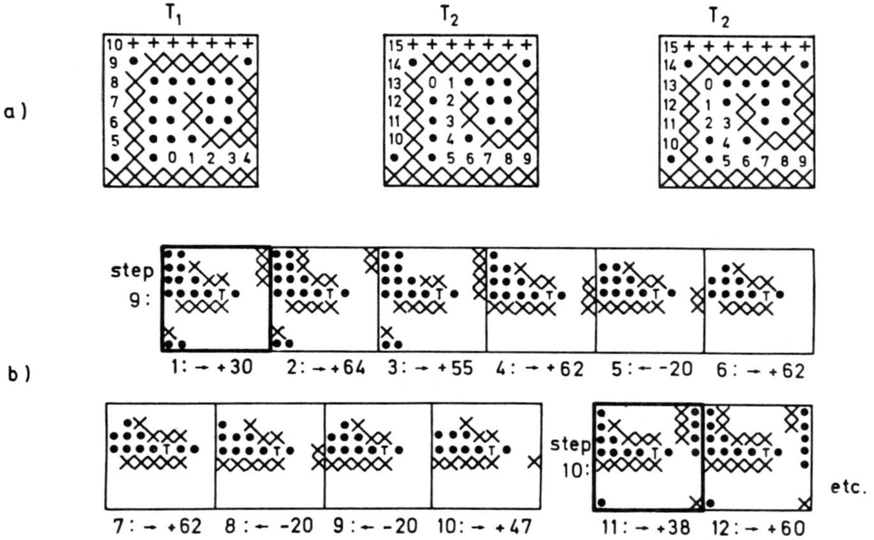

Bild 12. Etappenlernen: Übernahme von Mustern aus dem T1-Training in den nachfolgenden T2-Läufen.

a) Typische optimale Wege.

b) Einige Muster benützt beim 9. und 10. Schritt auf T2. Unterhalb der Karte werden, außer einer willkürlichen Reihenzahl, die Bewegung und der Gewichtswert angegeben. Hier und in den folgenden Bildern, bezeichnet eine stärkere Umrandung die Karte, die mit der aktuellen Karte übereinstimmt.

Unter Umständen könnte früher Gelerntes aber störend sein und mit dem neuen Lernproblem unvorteilhaft interferieren. So zum Beispiel suggeriert das F-Training einen guten, aber nicht optimalen Weg auf dem Brett B1. Das B1-Training führt zum selben Effekt, wenn TURTLE danach auf Brett B2 getestet wird, Bild 13. Es ist gerade der im 4.3.2. angesprochene Charakter des stabilen Verhaltens – nämlich das Zulassen von Fluktuationen –, der sicherstellt, daß nach einer kurzen metastabilen Periode TURTLE jedesmal den richtigen, optimalen Weg findet. Seine Abstriche

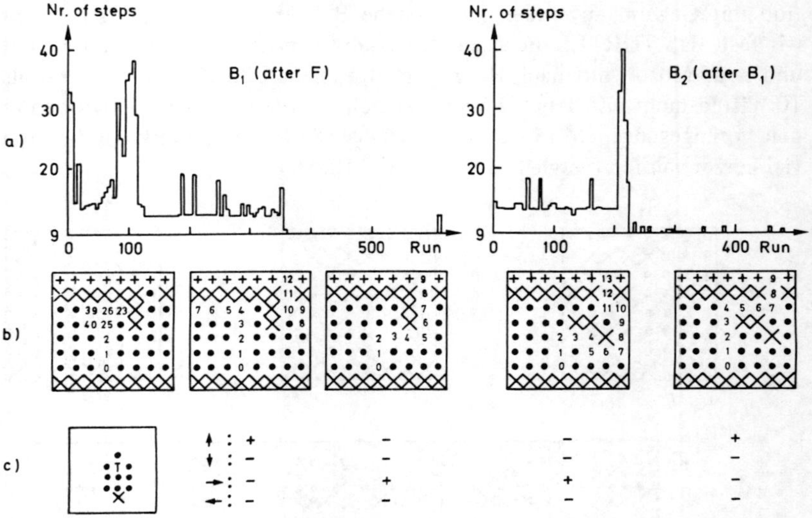

Bild 13. Etappenlernen: Korrektur von schlechten Gewohnheiten.
Das frühere Training auf F induziert die Entdeckung eines guten, aber nicht optimalen Weges auf B1, der dann befolgt wird mit gelegentlichen Abstrichen (metastabile Periode). Durch diese Abstriche wird dann ein optimaler Weg gefunden, der ähnlicherweise befolgt wird (stabile Periode). Bei dem weiteren Übergang zum Brett B2, führt das B1-Training gleich zur Entdeckung eines nicht optimalen Weges, und das Spiel wiederholt sich.

a) Weglänge (gemittelt über 5 Läufe).
b) Typische Wege in den metastabilen und stabilen Perioden.
c) Änderung der Verhaltensmuster, die den entscheidenen 3. Schritt bestimmen: die Karte ist dieselbe, nur die Gewichtung der verschiedenen Bewegungsvorschläge ändert sich.

– sozusagen aus „Neugier" – erlauben es ihm, die neue Möglichkeit zu erkennen (da er sonst keine Möglichkeit hat, Veränderungen außerhalb seines Blickfeldes zu erfahren). Durch seine „stabile Unruhe" (!) schafft es TURTLE, die Interferenzen harmlos zu machen.

4.3.3. Konkurrierende Strategien

Die dritte Art von Versuchen wurde auf schnell wechselnden Brettern gemacht: von Lauf zu Lauf alternierend z. B. T2 und T3 oder C1 und C2. Um diese Situationen zu bewältigen, muß TURTLE komplementäre, womöglich widersprüchliche Verhaltensmuster bilden und parat haben. Dann muß er sie je nach Situation richtig einsetzen können. Das ist natürlich sehr leicht einzuprogrammieren, TURTLE aber muß selbst darauf kommen, dies zu tun. Präziser gesagt fragen wir, ob in seinem MEMORY die Rückkopplung und die Gewichtswertejustierung ein „dynamisches Gleichgewicht" zweier oder mehrerer Sets konkurrierender Verhaltensmuster aufrechterhalten können.

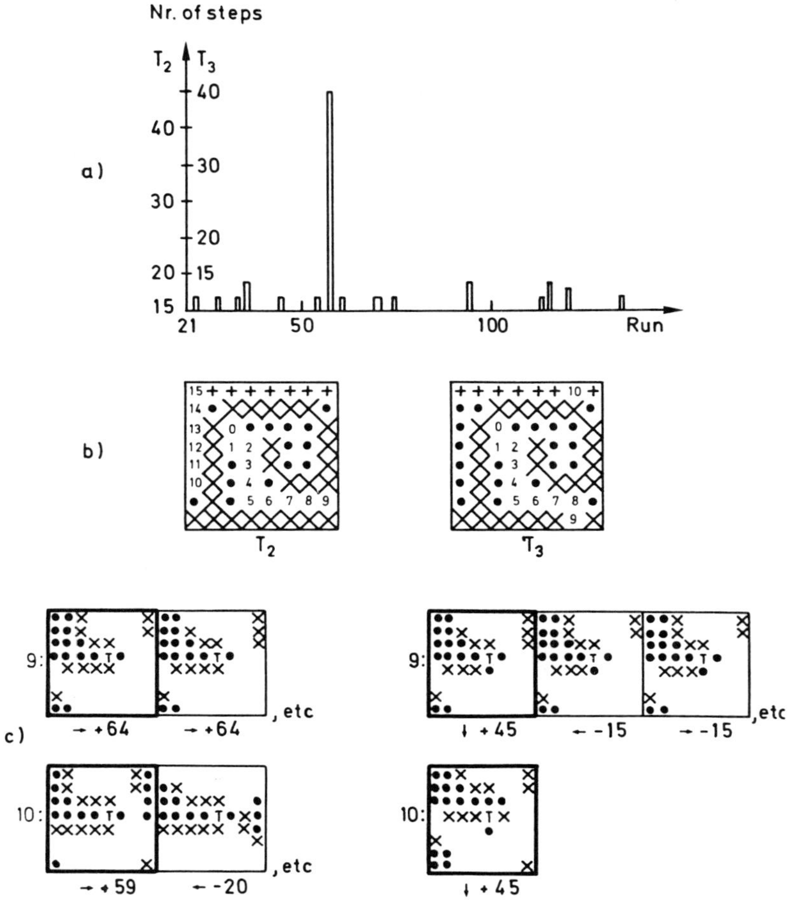

Bild 14. Alternierende Bretter: T2/T3.
a) Weglängen in der stabilen Periode.
b) Typische Wege.
c) Typische Muster, benützt in den entscheidenden Schritten.

Bild 14 stellt die Resultate für alternierende T2/T3-Bretter dar. Der Unterschied besteht in der Eröffnung auf T3, einer „Tür" zum Ziel beim 9. Schritt, die (man erinnere sich an unsere spiral-periodischen Randbedingungen) eine Kürzung des Wegs erlaubt. TURTLE erkennt dies prompt und benützt diese Tür.

Bild 15 beschreibt eine feinere Situation: Die zwei Bretter sind spiegelsymmetrisch, und eine Interferenz der Muster kann sehr schlechte Folgen haben. TURTLE findet die vernünftigste Strategie: Er macht erst einen Schritt nordwärts, wo er das Hinweishindernis sehen kann und nimmt dann entsprechend Schritt 2 (obwohl er die richtige Falle noch nicht zu sehen bekommt!). Wäre er früher nach rechts bzw. links gegangen, wäre das genauso gut für die einzelnen Bretter gewesen, verhängnisvoll aber für die alternierende Situation, da er sich über den Wechsel nicht informieren konnte. Eine weitere Beobachtung betrifft die konkurrierenden Muster in seinem Katalog. Die exakte Links-/Rechtssymmetrie der Bretter spiegelt sich in den Verhaltensmustern nicht wieder: nicht einmal ihre Zahl ist

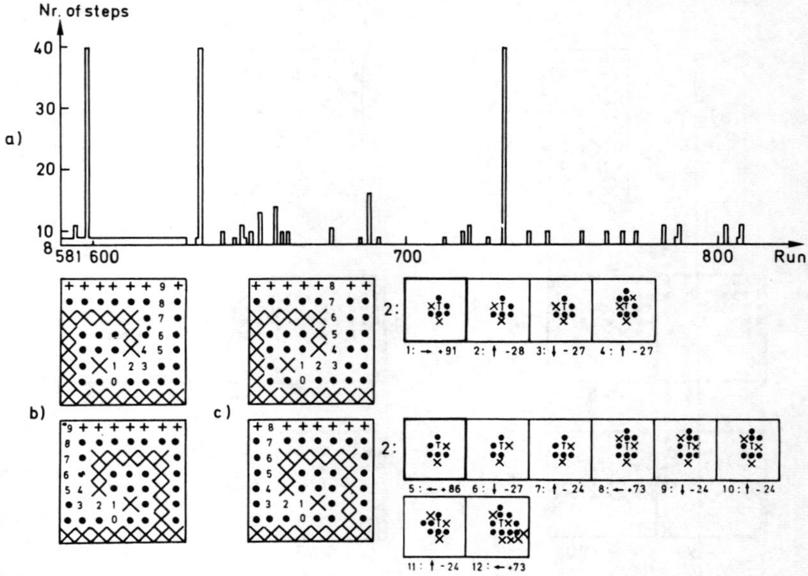

Bild 15. Alternierende Bretter: C1/C2.

a) Weglängen in der metastabilen und stabilen Periode.
b) Typische nächstbeste Wege.
c) Typische optimale Wege und die Muster, die beim entscheidenden 2. Schritt benützt werden.

dieselbe. Die Symmetriebrechung wurde durch die Trainingsreihe bedingt (F, C1, C2, C1/C2) und illustriert die Flexibilität von TURTLE, der also nicht auf ein präzises Set an Mustern angewiesen ist.

4.3.4. Parameter

TURTLE macht dauernd quantitative Beurteilungen und muß deshalb die funktionellen Abhängigkeiten, Schwellen etc. festlegen. Da wir keine spezielle funktionale Form vorschreiben wollten, haben wir so viele Parameter wie möglich eingebaut, um diese Formen flexibel zu halten. Weiterhin haben wir TURTLE selbst erlaubt, seine Parameter zu optimieren. Diesen, hierarchisch höheren, aber logisch trivialeren Lernprozeß haben wir deshalb benutzt, weil TURTLE meistens bessere Werte für die Parameter fand als wir. In der stabilen Periode fluktuieren die Parameter weiter um die optimalen Werte, wodurch eine zusätzliche, vorteilhafte „Beweglichkeit" entsteht.

Die Optimierung der Parameter passierte wie folgt: Erst wurde ein neuer Wert für irgendeinen Parameter vorgeschlagen und 40 Läufe mit diesem Wert gemacht. Der mittlere Erfolg der letzten 20 Läufe wurde dann mit dem der letzten 20 Läufe vor der Änderung verglichen. Falls eine Verbesserung vorlag, wurde der neue Wert beibehalten und ein anderer Parameter geändert. Falls eine Verschlechterung vorlag, wurde der alte Wert wieder eingesetzt und weitere 20 Läufe (zur Stabilisierung) gemacht, bevor ein anderer Parameter geändert wurde. Siehe Bild 16.

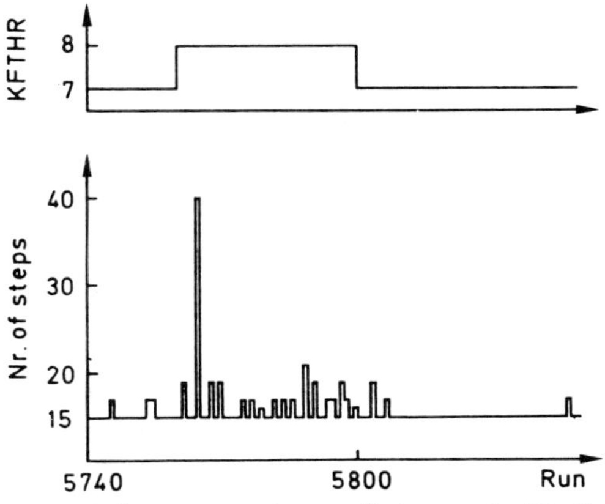

Bild 16. Parameterjustierung. Änderung der Weglänge als Antwort auf die Änderung des Parameters KFTHR (eine der Schwellen im Fitvorgang).

Die Ausnahme war LIFE, der nicht durch TURTLE optimiert werden kann. LIFE legt die Schwelle zum Erfolg fest (siehe die Formel für SUCCESS in 4.2.), und der Erfolg gibt das Optimierungskriterium. Deshalb würde ein Versuch zur Optimierung von LIFE instabilisierend wirken (Selbsttäuschung!). Wir haben LIFE also vorgegeben. Wir fanden heraus, daß eine strengere Festlegung von LIFE (kleinere Werte: 10 bis 20, je nach Brett) positiv auf das Lernen wirkt.

Im allgemeinen stellten wir ein eher stabiles Verhalten gegenüber allen Parametern fest: Kleine Änderungen scheinen nicht dramatisch zu wirken oder sie werden kompensiert durch Änderungen in anderen Parametern. Außerhalb bestimmter Grenzen allerdings, kann sich die Situation rapide verschlechtern.

4.4. Schlußfolgerungen

Wie schon am Anfang dieses Abschnittes gesagt, war unser Interesse nicht, einen Roboter für einen gewissen Auftrag zu bauen, sondern einige Eigenschaften der evolutionären, statistischen Lernprozesse zu testen. Unser imaginärer Roboter TURTLE muß sein Ziel und dann einen optimalen Weg zu diesem Ziel auf einem Brett mit Hindernissen finden. Er fängt sein Lernprogramm ohne jede eingebaute Taktik an und erzeugt diese aufgrund seiner eigenen Erfahrung. Nach einer Lernperiode, während der er immer weniger „umherirrt", erreicht er eine Periode von dauerhaftem Erfolg. Die Fluktuation in seinem Verhalten in der stabilen Periode entspricht einer residualen Zufälligkeit und ist sehr wichtig. Sie erlaubt ihm, den optimalen Weg zu finden oder sich schnell an neue Situationen anzupassen.

Das Lernen erfolgt durch eine globale, undifferenzierte Belohnung/Bestrafung, die über die Justierung der Gewichtswerte der erzeugten Taktiken stattfindet. Die Auswahl der nützlichen Verhaltensmuster folgt als Resultat der Änderung der Gewichtswerte durch die Rückkopplung und durch ihre Normierung. In dieser Weise entsteht eine Art „Erosionslandschaft" im Feld der Verhaltensmuster. So werden Strategien erzeugt. Es ist bemerkenswert, daß TURTLE gute wie schlechte Erfahrungen gleichermaßen ausnützen kann (empfehlende/abratende Muster).

Dieses Modell legt weitere Problemstellungen nahe. TURTLE hat kein eingebautes Abstraktionsvermögen. Es wäre zum Beispiel interessant, den Effekt des Einbaus eines progressiven „Vergessens" in MEMORY zu beobachten. Die Karten der Muster würden dadurch langsam verschwommen und vielleicht würde dabei das Relevante herausgefiltert. Die Belohnung/Bestrafung nach der Häufigkeit der Benützung sollte flexibler gemacht werden. Unser Programm auf dem Cray könnte Probleme von einer Komplexität behandeln, die einen etwa tausend Mal größeren Musterkatalog benötigten. Es wäre also keine Schwierigkeit, viel kompliziertere Versuche auf viel größeren Brettern vorzunehmen.

Eine andere und interessantere Frage ist, ob dieser Zugang für andere Probleme in der KI (Spielcomputer, Expertensysteme etc.) anwendbar ist. Obwohl wir hier von dem Gesichtspunkt ausgegangen sind, einige Grundhypothesen über den Lernprozeß zu prüfen und nicht eine Lernmethode zu entwickeln, können wir uns fragen, wie man hier gewonnene Einsichten in die Entwicklung von Lerntechniken einbauen kann. TURTLE's Verhaltensmuster – die Situations/Operations-Paare – sind Produktionsregeln, die TURTLE während seiner Aktivität selbst erzeugt, und von denen er die richtigen auswählt. In diesem Zusammenhang müssen wir zum Beispiel erst berücksichtigen, daß TURTLE's Intelligenz auf die Situation: komplizierter Input (die Verhaltensmuster)/einfacher Output (die vier Bewegungsrichtungen) eingestellt ist. TURTLE behält seine Handlungsfähigkeit dadurch, daß er keine genaue Anpassung der gespeicherten Situationen an die vorliegende Situation verlangt. Wenn der Verzweigungsfaktor groß wird (komplizierter Output) könnte man zum Beispiel versuchen, einen Abstand in die Menge der Operationen einzuführen und dadurch Ähnlichkeiten zu definieren. Weiterhin würde eine Verteilung der Situations/Operations-Paare in Klassen, wie für die signature table Methode [18; 19], helfen, die Handlungsfähigkeit zu bewahren.

Zweitens: Im Hinblick auf eine praktische Anwendung sollten wir dem Programm nicht jede hochgradige Information vorenthalten – im Gegenteil, wir müssen so viel wie möglich reinprogrammieren, um ihm eine bessere Startposition und „Werkzeuge" zu verschaffen. Dann wird es uns wahrscheinlich nicht mehr möglich sein, eine systematische Betrachtung des erkenntnistheoretischen Problems zu umgehen, weil wir die Hierarchie dieser Werkzeuge ausarbeiten müssen. Das erkenntnistheoretische Problem allerdings können wir „statisch" angehen, zum Beispiel im Rahmen des homöostatischen Gesichtspunktes. Dann können wir einen evolutionären Lernprozeß definieren, dessen Werkzeuge schon strukturiert aufgestellt werden, der aber weiterhin auf der Basis eines statistischen Verfahrens mit globaler Rückkopplung laufen würde. Diese Charakteristiken, die wir aus der Prodigalität und Nichtlinearität evolutionärer Prozesse im allgemeinen ableiten, würden dem Programm eine gewisse Unabhängigkeit geben und ihm so eine größere Beweglichkeit und vielleicht sogar die Produktion origineller Lösungen ermöglichen. Der weitere Einbau von Zügen, die in natürlichen Evolutionsprozessen beobachtet sind, wie ordnungserzeugende Mechanismen u. a. (siehe z. B. Schrifttum [5; 11; 31 bis 33]) kann die Effizienz des Programms steigern.

5. Quo Vadis?

Die Vielfalt der KI-Lernprojekte und ihre Techniken weist auf zwei Aspekte hin:

– Reichtum an Möglichkeiten,
– Fehlen einer gemeinsamen erkenntnistheoretischen Basis.

Verglichen mit den praktischen Erfolgen einiger KI-Projekte, wie zum Beispiel Expertensysteme, sind die Leistungen vieler Lernprogramme anscheinend etwas bescheiden. Allerdings müssen wir uns daran erinnern,

– daß einige der Lernprogramme tatsächlich eindrucksvolle Erfolge vorzeigen konnten (z. B. Samuel's Damespielprogramm),
– daß andere Lernprogramme schlichtweg notwendig sind (z. B. eben in Expertensystemen) und,
– daß einige KI-Projekte Lerncharakter per se haben (z. B. Lenat's AM).

Vielleicht muß man erst nur die richtigen Fragen stellen. Simon [15] versucht das zu tun, indem er die folgenden Prioritäten aufstellt:

– Kognitives Modellieren – das Simulieren und Verstehen des menschlichen Denkens.
– Entwicklung von Lernprogrammen, die die Langsamkeit menschlichen Lernens vermeiden – oder ihre grundlegende Bedeutung erläutern!
– Natürlichsprachliche Schnittstellen in der Mensch-Maschine-Wechselwirkung.
– Automatisches Programmieren.
– Entdeckungsprogramme.

Ich glaube, eine weitere Priorität, die zumindest von pragmatischen Gesichtspunkten her wichtig ist und wo auch, wie erwähnt, Erfolge erzielt wurden, ist:

– Lernen in Expertensystemen – mit dem Ziel, die Leistungen dieser Systeme zu verbessern (Lernen ohne zu verstehen, nur als gezieltes Problemlösen gesehen: Knowledge Engineering [24; 36]).

Andererseits wird die Notwendigkeit gefühlt, eine hohe Priorität zu setzen auf:

– Untersuchungen, die auf die Erstellung einer allgemeinen erkenntnistheoretischen Basis für KI-Lernen, zielen [16].

Das Paradigma der heutigen Untersuchungen zum KI-Lernen wird als wissensintensiver Zugang dargestellt [36]. Dabei verfügen die Lern-Unterprogramme über eine große Zahl hochentwickelter, zielorientierter Lernstrategien, wodurch die Fähigkeit des Haupt-KI-Programms, eine breite Datenbasis zu handhaben, ständig verbessert wird, siehe auch [37]. Als symptomatischer Aspekt dieses Paradigmas wird die Vielfalt der Zugänge genannt, die in den beiden Problemstellungen zu bemerken sind, wie sie im Abschnitt 2.2 erwähnt wurden:

Wissensrepräsentation und Problemlösetechniken.

Neue Untersuchungen betreffen das assoziative Gedächtnis [38], die Lernzielproduktion [39], die Benützung von Störungsmethoden als Verallgemeinerungsverfahren [40], die weitere Entwicklung evolutionärer Techniken [41], etc. Die Rolle des statistischen Zugangs kann hier von Bedeutung sein. Dabei würde man allerdings nicht von einer tabula rasa ausgehen, sondern wissensintensiv vorgehen. Entsprechend der Diskussion im Abschnitt 4.4, würde das Programm auf ein Reservoir von Strategien Zugriff haben, andererseits würde es durch das statistische Vorgehen ein gewisses Maß an Originalität erhalten können.

Anhang A (s. Seite 101)

Einige spezifische Größen für elektronische Rechner könnten sein:

e:	der Energieverbrauch pro Bitoperation (J = Joule)
F:	Geschwindigkeit (Flops = Fließkomma-Operationen pro Sekunde)
S:	Speicherplatz (Bits)
L:	eine charakteristische Länge für das System (m)
D:	Speicherdichte (Bits/m^3)
G:	Synchronisierungsgeschwindigkeit (m/s)
e_0, L_0, t_0:	charakteristische Energien, Längen und Zeiten des darunterliegenden physikalischen Prozesses.

Wichtige Naturkonstanten:

Planck-Konstante: $\hbar \cong 10^{-34}$ Js

Lichtgeschwindigkeit: $c \cong 3 \cdot 10^{8}$ m/s

Boltzmann-Konstante: $k \cong 1{,}4 \cdot 10^{-23}$ J/K

Wenn wir als fundamentales Phänomen für elektronische Rechner die elektromagnetischen Wechselwirkungen betrachten, haben wir als spezifische Energie das Elektronvolt

$$e_0 \cong 1 \text{ eV} = 1{,}6 \cdot 10^{-19} \text{ J}.$$

Bei Berücksichtigung der Heisenbergschen Unschärferelation erhält man wegen der Forderung $e \cdot t > \hbar$ zu $e_0 = 1$ eV die Elementarzeit

$$t_0 \cong 10^{-15} \text{ s}.$$

Zur Abschätzung einer Elementarlänge wird angenommen, daß als kleinste steuerbare Zelle eine Konfiguration in der Größenordnung eines Proteinmoleküls in Betracht kommt:

$$L_0 \cong 10^{-8} \text{ m } (= 100 \text{ Å})$$

(1 Å ist charakteristisch für Atomabmessungen).

Für die Computergrößen bekommen wir dann:

$$D < L_0^{-3} = 10^{24} \text{ Bits m}^{-3} \quad \text{und} \quad F < t_0^{-1} = 10^{15} \text{ Flops}$$

Weiterhin, aus:

$$F\,L = G < c \quad \text{und} \quad S < (L/L_0)^3$$

folgt:

$$S\,F^3 < c^3/L_0^3 = 10^{49} \text{ Bits Flops}^3$$

Einen kleineren Grenzwert für e hat von Neumann gerechnet als

$$e = k\,T \ln N \cong 3 \cdot 10^{-21} \text{ J}$$

mit N = 2 für eine Bitoperation und T = 300 K für die Zimmertemperatur. Dieser Wert wird noch kleiner bei niedrigen Temperaturen.

Die Vervollständigung der Tabelle 1 lautet dann:

Tabelle 1. Vervollständigung

„Computer":		1955	1980	Grenzwerte(?)	Gehirn
Elementare Länge (m)	L_0:	10^{-2}	10^{-4}	10^{-8}	10^{-5}
Dichte (Bits/m^3)	D:	10^2	10^{10}	10^{24}	10^{16}
„Synchronis.-Geschwindigkeit" (m/s)	G:	10^6	10^8	10^8	10^2
S F^3 (Bits $Flops^3$)	:	10^{22}	10^{34}	10^{49}	

Anhang B (s. Seite 113)

A sei die Menge der n-Punkte. Es wird gegeben:

$W_0(i)$: die Wahrscheinlichkeit, daß Punkt i von sich aus verschwindet,

$K(i, j)$: die Wahrscheinlichkeit, daß i verschwindet, weil j verschwunden ist.

Es wird nach $\overline{W}(n)$ gefragt. $\overline{W}(n)$ ist die Wahrscheinlichkeit, daß alle n-Punkte verschwinden. Als Vereinfachung nehmen wir:

$$W_0(i) = W_0, \quad K(i, j) = K(j, i).$$

Wir haben:

$$\overline{W}_0(n) \leqslant \overline{W}(n) \leqslant \overline{W}_1(n)$$

mit:

$$\overline{W}_0(n) = W_0^n \qquad \text{(für } K(i, j) = 0)$$

$$\overline{W}_1(n) = 1 - (1 - W_0)^n \qquad \text{(für } K(i, j) = 1).$$

Eine exakte Lösung ist gegeben durch 12:

$$\overline{W}(n) = \sum_{B \subset A,\, B \neq A} \Big(\prod_{i \in A-B} W_0(i) \Big) \Big(\prod_{j \in B} (1 - W_0(j)) \Big) P(A, B)$$

wo A–B das Komplement von B in A ist und die P(A, B) werden iterativ definiert:

$$P(B, C) = \sum_{D \subset C, D \neq C} \prod_{i \in C-D} \left(1 - \prod_{j \in B-C} L(i, j)\right)$$

$$\left(\prod_{i \in D} \prod_{j \in B-C} L(i, j)\right) P(C, D)$$

Hier

$$L(i, j) = 1 - K(i, j) \quad \text{und} \quad P(D, \phi) = 1.$$

Als Näherung liefert diese Lösung die Molekular-Feld-Formel:

$$1 - W(i) = (1 - W_0) \prod_{j=i}^{n} L(i, j);$$

$$\overline{W}(n) = \prod_{i=1}^{n} W(i) - \prod_{i=1}^{n} (W(i) - W_0))$$

also:

$$\ln \overline{W}(n) = \ln (1 - \exp(- n W_0)) -$$
$$- n(1 - W_0) \exp(- a(e^{-c/d(n)} - e^{-cn/d(n)})/(1 - e^{-c/d(n)}))$$

wo d(n) die Dichte der Punkte ist. Hier hat man eine exponential abfallende Wechselwirkung angenommen:

$$K(i, j) = a \exp(- c\, s(i, j))$$

wo a, c Konstanten sind und s(i, j) der geometrische Abstand:

$$s(i, j) = |i - j| / d(n)$$

(Der Abstand zwischen zwei beliebigen Punkten wird kleiner, wenn die Dichte wächst. Hier hat man die Punkte auf einem Kreis verteilt. Für andere räumliche Verteilungen ändert sich die letzte Formel, aber das berührt die weiteren Überlegungen nicht.) Für eine ansteigende Dichte:

$$d(n) = n^b \quad \text{mit} \quad 0 < b \leqslant 1$$

hat $\overline{W}(n)$ ein Minimum bei einem Wert n_0, und $\overline{W}(n) \to 1$ für $n \to \infty$. Für $b < 1$ haben wir:

$$\ln \overline{W}(n) \underset{n \gg 1}{\cong} - n(1 - W_0) \exp \left(- (a/c)\, n^b\, e^{-c\, n^{-b}} \right) \underset{n \to \infty}{\to} 0$$

$$n_0 \cong (a\, b/c)^{-1/b}$$

und für b = 1 haben wir:

$$\ln \overline{W}(n) \cong - n(1 - W_0) \exp(- a\, n) \underset{n \to \infty}{\to} 0$$

$$n_0 \cong 1/a$$

Die kritische Dichte ist $d(n) = \ln n$.

Anhang C

Das ganze Brett ist gespeichert in einem 64-Bit Cray-Wort. Für die Muster brauchen wir 3 Wörter (bekannt frei, bekannt besetzt und Bewegung und Gewicht). Das Programm ist voll vektorisiert und braucht einige Millisekunden pro Lauf. Das logische Schema des Programms ist gegeben in Bild 17.

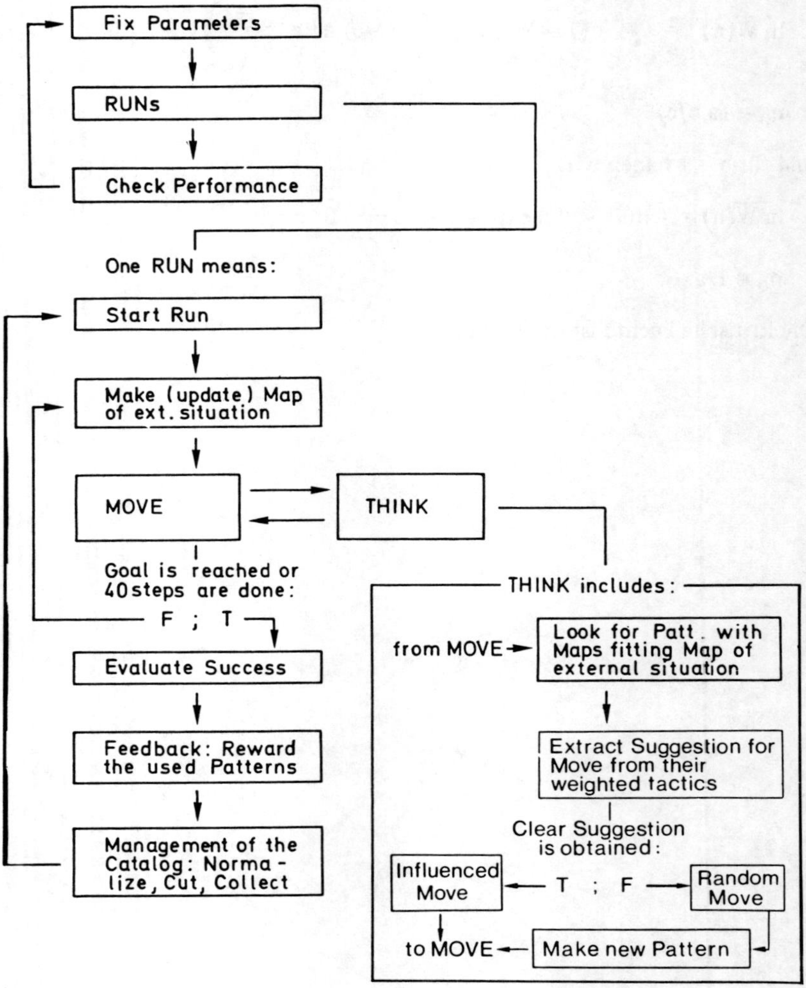

Bild 17. Flußdiagramm des Programms.

Schrifttum zu Abschnitt V:

[1] *von Neumann, J.:* The Theory of Selfreproducing Automata. E. Burks Ed., Illinois (1966).

[2] *Michie, D.:* The State of the Art in Machine Learning. In Vol. Ref. 8, p. 208.

[3] *Ashby, W. R.:* Design for a Brain. Chapman & Hall (1952).

[4] *Sampson, J. R.:* Adaptative Information Proceeding. Springer-Verlag, Berlin, Heidelberg, New York (1976).

[5] *Boden, M.:* Artificial Intelligence and Natural Man. The Harvester Press, Hassocks (1977).

[6] *Winston, P. H.:* Artificial Intelligence. Addison-Wesley (1977).

[7] *Nilsson, N. J.:* Principles of Artificial Intelligence. Springer-Verlag, Berlin, Heidelberg, New York (1982).

[8] Introductory Readings in Expert Systems. D. Michie Ed., Gordon & Breach (1982).

[9] *Rich, E.:* Artificial Intelligence. McGraw-Hill, New York (1983).

[10] Learning Systems and Intelligent Robots. K. S. Fu and J. T. Tou Eds., Plenumm Press (1974).

[11] *Holland, J. H.:* Adaptation in Natural and Artificial Systems. The University of Michigan Press (1975).

[12] Pattern-directed Inference Systems. D. A. Waterman and F. Hayes-Roth Eds., Academic Press (1978).

[13] Search and Heuristics. J. Pearl Ed., North-Holland Publ. Co. (1983).

[14] Machine Learning, R. S. Michalski, J. G. Carbonell and T. M. Mitchell Eds., Springer-Verlag (1984).

[15] *Simon, H. A.:* Why Should Machines Learn?, in Vol. Ref. p. 4, p. 25.

[16] *Seel, N.:* Computational Cybernetics: A Programm of Research in Cognitive Science, Standard Telecom. Lab. Ltd. Report (1985).

[17] *Newell, A., J. C. Shaw* a. *H. A. Simon:* IBM-Journal of Research and Develop., 2, 320 (1958).

[18] *Samuel, A. L.:* IBM-Journal of Research and Develop., 3, 211 (1959) and 9, 601 (1967).

[19] *Smith, M. H.:* Comm. ACM, 16, 462 (1973).

[20] *Quinlan, J. R.:* Semi-autonomous Acquisition of Pattern-based Knowledge, in Vol. Proc. 69th Infotech State of the Art Conf. in Expert Systems, Infotech Ltd., Maidenhead (1980) and in Vol. Ref. 8, p. 192.

[21] *Bramer, M.:* Adv. in Computer Chess 2 (M. R. B. Clarke Ed.), 1 (1980).

[22] *Griffith, A. K.:* A Comparison and Evaluation of Three Machine Learning Procedures as Applied to the Game of Checkers, Artificial Intelligence 5, 137 (1974).

[23] *Shortliffe, E.:* Computer-Based Medical Consultations: MYCIN, American Elsevier Publ. Co. (1976). *Davis, R.* a. *E. Shortliffe:* Artif. Intell. 8, 15 (1977).

[24] *Buchanan, B. G.* a. *T. M. Mitchell:* Model-Directed Learning of Production Rules. In Vol. Ref. 12, p. 297.

[25] *Buchanan, B. G., D. H. Smith, W. C. White, R. J. Gritter, E. A. Feigenbaum, J. Lederberg* a. *C. Djerassi:* Automatic Rule Formation in Mass Spectrometry by Means of the Meta-DENDRAL Program. J. Am. Chem. Soc. 98 (1976).

[26] *Winograd, T.:* A Procedural Model of Language Understanding. In Vol. Representation and Understanding, R. C. Schank and K. M. Kolby Eds., Freeman, S. Francisco (1973).

[27] *Winston, P. H.:* Learning Structural Descriptions from Examples. In Vol. The Psychology of Computer Vision, P. H. Winston Ed., Mc.Graw-Hill (1975).

[28] *Lenat, D. B.,* AM: An Artificial Intelligence Approach to Discovery in Mathematics as Heuristic Search. In Vol. Knowledge-Based Systems in Artificial Intelligence, R. Davis and D. B. Lenat Eds., McGraw-Hill (1982).

[29] *Newell, A.* a. *H. A. Simon,* GPS: A Program that Simulates Human Thought. In Vol. Computers and Thoughts, E. A. Feigenbaum and J. Feldman Eds., McGraw-Hill (1963).

[30] *Lenat, D. B.:* Theory Formation by Heuristic Search. In Vol. Ref. 13, p. 31 and ERUISKO: A Program that Learns New Heuristics and Domain Concepts. In Vol. Ref. 13, p. 61.

[31] Artificial and Human Intelligence. A. Elithorn and R. Banerji Eds., North-Holland Publ. (1984).

[32] *Hayes-Roth, B.:* Implications of Human Pattern Processing for the Design of Artificial Knowledge Systems. In Vol. Ref. 12, p. 333.

[33] *Holland, J. H.* a. *J. S. Reitman:* Cognitive Systems Based on Adaptive Algorithms. In Vol. Ref. 12, p. 313.

[34] *Gräber, R., I. O. Stamatescu* a. *T. T. Wu:* Collective Effects of Induced Behaviour, preprint Univ. Wuppertal (1980).

[35] *Mlodinow, L. D.* a. *I. O. Stamatescu:* An Evolutionary Procedure for Machine Learning, preprint Max-Planck-Inst. München (1984), erschienen im Intern. Journal of Comp. and Inf. Sc.

[36] *Carbonell, J. G., R. S. Michalski* a. *T. M. Mitchell:* An Overview of Machine Learning. In Vol. Ref. 14, p. 3.

[37] *Waterman, D. A.* a. *F. Hayes-Roth:* An Overview of Pattern-Directed Inference Systems. In Vol. Ref. 12, p. 3.

[38] *Kohonen, T.:* Self-Organization and Associative Memory. Springer-Verlag (1984).

[39] *Kibbler, D.* a. *B. Porter:* Pertubation: A Means for Guiding Generalization. In Vol. Proceedings of the Eighth International Joint Conference on Artificial Intelligence (1983), A. Bundy Ed., p. 415.

[40] *Langley, P.:* Learning Effective Search Heuristics, ibidem, p. 419.

[41] *Smith, S. F.:* Flexible Learning of Problem Solving Heuristics Through Adaptative Search, ibidem, p. 422.

Abschnitt VI

Computer in der Musik

Dr. *Klaus Buhlert, Gastprofessor*
Technische Universität Berlin

Für die einen ist der Computer das Symbol der „Big Brother"-Vision, ein verdammtes, für die anderen ein Fetisch-Instrument unserer hochtechnisierten Gesellschaft.

Für andere wiederum ist er notwendiges Arbeitsmittel, das Routineoperationen mit großer Geschwindigkeit erledigen kann und Raum für kreatives Denken schafft.

Der Computer als Klang-Institution wird von seinen Gegnern als derzeitiger Endpunkt der „Maschinen-Musik" oder „Musik aus der Steckdose" verteufelt, von seinen Anbetern als Incarnation musikalischer Reproduzierbarkeit verehrt, denn in der Computermusik scheint es heute keinerlei Begrenzungen bezüglich Menge und Dichte von Parametern zu geben. Selbst größte Orchester sind nicht annähernd in der Lage, die mögliche Zahl steuerbarer akustischer Informationen in der Computermusik oder allgemein der elektro-akustischen Musik zu erreichen.

Computermusik im Labyrinth der Definitionen

Ein ästhetisches Dilemma dieser Musik ist es, daß ihr keine, wie wir es nennen könnten, „natürlichen" Bezüge zugrunde liegen. Wohltemperierte Skalen, regelmäßiger Rhythmus, Dreiklänge, Instrumentenbau und andere wichtige Faktoren in der westlichen Musik erzeugten eine Gewöhnung über Jahrhunderte, um letztlich als natürlich und organisch betrachtet zu werden. Instrumental- und Vokalmusik weisen diese bekannten Bezüge in allen musikalischen Dimensionen auf. Abstrakte Muster sind ebenso wie Funktionen des Ausdrucks innerhalb von „natürlich"wirkenden Orientierungsmerkmalen eingeschlossen.

Eng verknüpft mit diesem ästhetischen Dilemma ist ein aus der Informationstheorie bekanntes Gegensatzpaar: Information und Redundanz. Es gilt als Grundregel in der Ästhetik, daß gute Wahrnehmung aus einer gewissen Vorherrschaft der Redundanz, in diesem Sinne also von Bekanntem, gegenüber dem Neuen und Originalen resultiert. Maximale Information bedeutet, daß wir in sehr geringem Maße die Möglichkeit haben, Signale aufzuarbeiten und nachzuvollziehen. Maximale Redundanz wäre in diesem Sinne die Wahrnehmung bekannter Muster bis zu einem Punkt, wo Langeweile eintritt. Eine ausgewogene Balance dieser beiden Faktoren kennzeichnet klassische Kunst und Musik.

Eine sicherlich einfache und zuverlässige Technik in dieser Richtung ist es, unter Benutzung relativ bekannter musikalischer Objekte oder Klangmuster als „natürlichen" Bezug, elektro-akustische Klänge relativ frei zu handhaben und dennoch für den Hörer einen Sinn zu vermitteln. Kleine Erinnerungen von außerhalb der elektronischen Musikwelt, oder des „Ghettos" wie es Xenakis einmal nannte, reichen oft aus, um ein Gefühl von Identität beim Hörer zu verbreiten.

Es hat sich als Tradition herausgebildet, daß elektronische Musik zur Forschung in Wissenschaft und Technologie in engem Kontakt stehen soll. Es wird ihr nicht zugestanden, naiv und sentimental im Sinne herkömmlicher Musik zu sein. Es wird erwartet, daß sie die „klingende Wissenschaft" der Musik zu sein hat.

In diesem Zusammenhang taucht natürlich auch die Frage auf, „wer" Computermusik letztlich komponiert.

Triebfeder zur Komposition solcher Musikstücke ist auch heute in den meisten Fällen ein menschlicher Intellekt. Der Computer wird mehr oder weniger einfallsreich als Werkzeug zur Verwirklichung einer Idee verwendet. Die beim Konpositionsprozeß verwendeten Algorithmen sind eindeutig, einfach und verständlich; komplizierte Berechnungen oder schwerverständliche Abläufe treten nicht auf; Zusatzprozesse werden, wenn überhaupt, nur auf unterer Ebene verwendet; Maschinenfunktionen sind geradlinig und mechanisch.

Resultat eines solchen Prozesses sind Klangfolgen, deren Gesamtstruktur vollständig und präzise festgelegt sind, nicht aber bis ins Detail vom Komponisten planbar waren.

Oft tritt aus diesem Grund ein mehr oder weniger angenehmer Überraschungseffekt in Details hinsichtlich der Ausführung seiner Ideen auf. Nur in dieser Hinsicht beeinflußt der Computer die Komposition. Komponieren nach festgelegten Algorithmen gehört zu solchen durchsichtigen und einfachen Prozessen.

Das ausführende Programm ist nichts, mit dessen Musikalität wir uns identifizieren könnten.

Sollten in der Zukunft jedoch solche Programme entwickelt werden, die solche Attribute besitzen und Musik komponieren, die neue Spielarten der Kreativität erkennen läßt, dann käme die Zeit, neben der Wertschätzung für den Programmierer eines solchen Programmes auch das Programm selbst und seinen Sinn für Musik anzuerkennen.

Solch ein Kompositionsprozeß wird aber nur dann stattfinden, wenn die Struktur eines solchen Programmes auf sogenannten SYMBOLEN in unserem Gehirn und deren auslösenden Mustern oder Vergleichbarem beruht. Beim augenblicklichen Stand musikalischer Entwicklung fällt es schwer, davon zu sprechen, daß ein Stück vom Computer komponiert wurde.

Dennoch oder gerade deshalb werden Komponisten und Musiker durch neue Entwicklungen der Hardware und neue Programme zunehmend unter Druck gesetzt. Viele Komponisten in der Computermusik leiden unter der Tatsache, daß es schwer geworden ist, sich tiefgründig mit musikalischen Problemen zu beschäftigen.

Sicherlich bringen enge Kontakte zu Wissenschaft und Technologie den Komponisten und Musikern Prestige und Schulterklopfen ein, wird die Computermusik aber ausschließlich von wissenschaftlicher Weltanschauung oder von Technologie bestimmt, verliert sie andere sozial wichtige Funktionen.

Ein weiteres Dilemma also: Konzentration auf wissenschaftliche Konzepte in der Computermusik oder nicht?

Auf diese Frage gibt es augenblicklich keine einfache Antwort, unglücklicherweise . . .

Musiksysteme im Labyrinth der Erwartungen

Der griechische Philosoph Zenon, der Ältere, wählte als Protagonisten seiner Aporien der Bewegung den griechischen Helden Achilles und eine Schildkröte.

In seinem Dialog „What the Tortoise Said to Achilles" greift Lewis Carroll auf diese beiden Gesprächspartner zur Illustration seines Unendlichkeits-Paradoxons zurück. D. Hofstadter benutzt diese beiden Protagonisten Zenons und Carrolls in seinem Dialog „Contracrostipunctus" wieder, dessen auszugsweise Übersetzung zum besseren Verständnis kurz am Beginn dieses Abschnitts stehen soll.

Die Schildkröte berichtet Achilles über ihre Erfahrungen mit einem angeblich „perfekten" Plattenspieler ihres Freundes, dem Krebs, und ihren Versuchen mit „Kompositionen um Plattenspieler zu zerstören" den Krebs vom Glauben an ein perfektes System zu heilen.

Achilles: . . . Das Dilemma liegt klar auf der Hand: Wenn ein Plattenspieler – sagen wir Plattenspieler X – high-fidelity-Qualität besitzt, wird er bei Wiedergabe des Stückes ‚Ich kann nicht auf Plattenspieler X gespielt werden' genau die Vibrationen auslösen, die ihn zerstören. Er leistet also nichts ‚Perfektes'. Selbst wenn man diesen Trick umgehen will, in diesem Fall mittels eines low-fidelity-Plattenspielers X, wird um so deutlicher, daß er nicht perfekt ist. Es scheint, als wäre jeder Plattenspieler verwundbar in einer oder der anderen Hinsicht und deshalb sind alle Plattenspieler fehlerhaft.

Schildkröte: Ich weiß nicht, weshalb du sie ‚fehlerhaft' nennst. Es ist doch einfach eine den Plattenspielern eigene Tatsache, daß sie nicht alles leisten können, was man von ihnen erwartet. Gibt es einen Fehler, so liegt dieser nicht bei ihnen, sondern an unseren Erwartungen, was sie zu leisten haben. Der Krebs verfiel in solch unrealistische Erwartungen.

Achilles: Ich bekomme Mitleid mit dem Krebs. High-fidelity oder low-fidelity, beide Male verloren.

Schildkröte: So ging unser Spiel noch einige Runden weiter und möglicherweise versuchte unser Freund sehr schlau zu sein. Er bekam Wind von dem Prinzip, nach dem ich meine Schallplatten fertigte und beschloß, mich auszufuchsen. Er schrieb an die Hersteller und beschrieb entsprechend seiner Vorstellung ein Gerät, das als Spezialanfertigung gebaut wurde. Er nannte es Plattenspieler ‚Omega'. Omega war um einiges komplizierter als ein gewöhnlicher Plattenspieler.

Achilles: Laß mich raten wieso: Hatte er bewegliche Teile? War er aus Baumwolle gemacht? Oder . . .

Schildkröte: Laß es mich lieber erzählen. Das spart etwas Zeit. Als erstes besaß Plattenspieler ‚Omega' eine Fernsehkamera, deren Aufgabe es war, jede Schallplatte vor dem Abspielen abzutasten. Die Kamera war mit einem kleinen eingebauten Computer verbunden, der genau die Art der Klänge aus dem Rillenmuster bestimmte.

Achilles: So weit, so gut. Was aber konnte Plattenspieler ‚Omega' mit diesen Informationen anfangen?

Schildkröte: Durch geeignete Rechnungen bestimmte sein kleiner Computer die Einwirkung der Klänge auf den Plattenspieler. Fand er heraus, daß die Klänge ein Zerbrechen der Maschine in der augenblicklichen Konfiguration bewirken könnten, tat er etwas sehr Geschicktes. Old Omega besaß eine Apparatur, die große Teile der Plattenspieler-Einheit austauschen und in neuer Art und Weise zusammenbauen konnte.

Waren die Klänge ‚gefährlich', wurde ein neuer Aufbau gewählt, der durch die entsprechenden Klänge nicht gefährdet war. Diese neue Konfiguration wurde dann unter Aufsicht des kleinen Computers durch die Austauscheinheit zusammengebaut. Erst nach diesem Umbau sollte ‚Omega' versuchen, die Schallplatte zu spielen.

Achilles: Aha, das bedeutete dann das Ende deiner Tricks. Ich wette, du warst ein wenig enttäuscht.

Schildkröte: Komisch, daß du so etwas vermutest ... Beherrschst du denn nicht Gödels Unvollständigkeitstheorem vor- und rückwärts? ...

Die realen Eigenschaften eines Systems und unsere Erwartungen an solch ein System werden im Dialog zwischen Achilles und der Schildkröte eindrucksvoll gegenübergestellt:

Perfekt ist ein System, in diesem Fall ein Plattenspieler, nur in unseren Erwartungen, hier stellvertretend die Erwartungen des Krebses. Unperfekte Erfüllung von Erwartungen zeigen sich im Dialog in der Tatsache, daß durch Abspielen einer Schallplatte Frequenzen angeregt werden, die im Resonanzbereich des Systems „Plattenspieler" liegen und durch Rückwirkung des Luftschalls die mechanischen Teile zu störenden Schwingungen anregen, im schlimmsten Fall zur Zerstörung des Gerätes führen können.

Der eigentliche Grund für diesen Dialog, war Hofstadters Versuch einer isomorphen Kopie des Gödelschen Unvollständigkeitstheorems, d. h. die Transformation des mathematischen Sachverhaltes in eine Dialogform unter Beibehaltung der Informationen.

Gödels Idee bestand darin, mathematische Beweisführung zu benutzen, um mathematische Beweisführung zu untersuchen.

Zusammengefaßt lautet die Aussage seines Unvollständigkeitstheorems, das bereits 1931 in seiner Arbeit „Über formal unentscheidbare Sätze der Principa Mathematica und verwandter Systeme" erstmals veröffentlicht wurde, etwa folgendermaßen:

Alle existierenden axiomatischen Aussagen der Zahlentheorie beinhalten unentscheidbare Sätze.

Ein anderer interessanter Punkt in dieser Veröffentlichung, ist der von Gödel gewählte Weg des Beweises dieses Theorems. Zum großen Teil beruht dieser Beweis auf der Transformation des sogenannten Epimenides – oder Lügen-Paradoxons in mathematische Regeln.

Der Kreter Epimenides schrieb:

Alle Kreter sind Lügner. Mit anderen Worten also: Ich lüge. Oder auch: Diese Aussage ist falsch.

Während es möglich ist, mit Hilfe der Sprache über Sprache zu reden, ist es viel schwieriger vorstellbar, daß eine Aussage über Zahlen zugleich Aussagen über sich selbst machen kann. Gödel hatte die Idee einen Code, den sogenannten Gödel-Code, als Herz der Konstruktion zu benutzen, um Aussagen der Zahlentheorie als Aussagen über Aussagen der Zahlentheorie, möglicherweise sogar über sich selbst darzustellen.

Während die Aussage des Epimenides ein Paradoxon darstellt – sie ist werder falsch noch wahr – ist Gödels Satz innerhalb des Systems der Principa Mathematica, das nach wie vor das Gerüst unserer Mathematik darstellt, nicht beweisbar, aber dennoch wahr.

In einem solchen System gibt es also wahre Aussagen, jedoch zu schwache Beweismethoden um diesen Sachverhalt zu demonstrieren.

Bei der Gestaltung eines entsprechenden Computermusiksystems ist beim heutigen Stand der Technik folgende Problematik zu beachten:

– es kann normalerweise davon ausgegangen werden, daß ein Computerprogramm die wohl flexibelste Lösung bei der Klangerzeugung darstellt, allerdings mit dem Nachteil, daß heutige Computer nicht schnell genug sind, komplexere Klänge in Echtzeit zu erzeugen;

– spezielle Hardware ermöglicht zwar oft solch eine angestrebte Echtzeit-Generierung von Klängen, ist aber andererseits, verglichen mit einer guten Software, weniger flexibel bei der Anwendung.

Aus diesem Grunde ist es wünschenswert, ein Optimum beider Aspekte zu erreichen, d. h. einen Prozeßrechner plus flexibler Software und spezielle Hardware für Echtzeiteinsatz zur Verfügung zu haben.

Ein derzeit optimales Computermusiksystem würde demnach ein Prozeßrechnersystem im ‚time sharing' Betrieb, sowie ein sehr schneller Rechner, der für Echtzeitverarbeitung spezielle Hardware steuern kann, darstellen.

Solche Computersysteme sind kompliziert und erfordern beträchtliche Vorarbeiten und Erfahrungen, ehe sie effektiv genutzt werden können.

Viele Betriebssysteme zeigen eine Tendenz, Kommunikation mit dem Benutzer eher einzuengen, als zu erleichtern, eine Tatsache, die man vielleicht mit dem Begriff „Inkohärenz" des Betriebssystems bezeichnen könnte (in dem Sinne, daß ein Lernen von 100 Fakten über den entsprechenden Computer nicht dazu führt, den 101. Fakt zu verstehen).

Es wäre also anzustreben

a) ein Betriebssystem zu verwenden, daß so ‚kohärent' wie nur möglich ist und
b) innerhalb des Computermusiksystems so wenig wie möglich unterschiedliche Betriebssysteme zu nutzen – idealerweise nur ein einziges.

Musikalische Klänge können in der Hauptsache durch vier komplexe interaktive Attribute beschrieben werden:

– Tonhöhe (Frequenz),
– Lautstärke (Schalldruck bzw. Ausgangsspannung),
– Klangqualität, Timbre (Spektrum, dynamisches Verhalten etc.),
– räumliche Zuordnung (Energieverteilung, Laufzeiten etc.).

Computer und spezielle Hardware können diese Parameter mit hoher Genauigkeit kontrollieren, eine Tatsache, die Interesse und Forschungsaktivitäten bei der Anwendung in der zeitgenössischen Musik schon in den frühen 60iger Jahren dieses Jahrhunderts auslöste.

Im Gegensatz zur Sprache kann in der Musik der interessierende Frequenzbereich nicht auf einen Bruchteil des menschlichen Hörbereiches, (der sich bis Frequenzen bis 20 KHz ausdehnt), begrenzt werden. Solche hohen Frequenzen tragen stark zur Klangqualität (oder Timbre) eines Instruments oder elektronisch erzeugten Klanges bei.

Die Dynamik der Lautstärke in der Musik wird von den enormen Möglichkeiten des menschlichen Ohres bestimmt, Dynamikunterschiede wahrzunehmen. Ein Faktor, der auch bei der räumlichen Beurteilung, z. B. des Nachhalls, von großer Bedeutung ist. Zeitlich-dynamische Änderungen der Charakteristika musikalischer Klänge spielen eine Schlüsselrolle bei der Beurteilung, sind also wichtige Informationsträger instrumentaler Eigenschaften. Viele natürliche Klänge können hinsichtlich dieser Eigenschaften in Einschwingvorgang (Attack), eingeschwungenen Zustand (Sustain) und Ausschwingvorgang (Decay) unterteilt werden. Die Analyse von Frequenz- und Amplitudenänderungen hat gezeigt, daß die einzelnen Bestimmungsgrößen eines Klanges nicht nur komplex sind, sondern sich typischerweise auch unabhängig voneinander verändern.

Zusätzlich wird Musik gewöhnlich in akustisch festgelegter Umgebung wahrgenommen. Mit den akustischen Eigenschaften des Umfeldes verändern sich normalerweise der Ort, die relative Bewegung und die Ausbreitung des Klanges einer Quelle für den Hörer. Einen wichtigen Parameter stellt dabei auch der Nachhall eines Raumes dar.

Ausgehend von diesen Anforderungen kann man die Menge zu verarbeitender Informationen in der mit Computern generierten Musik abschätzen:

Bei einer Abtastrate von 40 KHz, die man aufgrund von Filterproblemen für eine ausreichende Qualität durchaus auf 50 KHz erhöhen kann, einem ausreichenden Dynamikbereich mit geringen Verzerrungen auch bei kleinen Amplituden, d. h. etwa 16 Bits pro Abtastwert und zumindest vier voneinander unabhängigen Audio-Kanälen führt das zu einer Informationsbandbreite von 3,2 Mio. Bits/Sekunde, die zu verarbeiten bzw. zu speichern sind. Verringert man diese Übertragungsrate führt das zur Minderung der Klangqualität.

Ein Blockdiagramm eines von der Konzeption her „vollständigen" Computermusik-Systems zeigt Bild 1. In dieser Abbildung stellen die stark

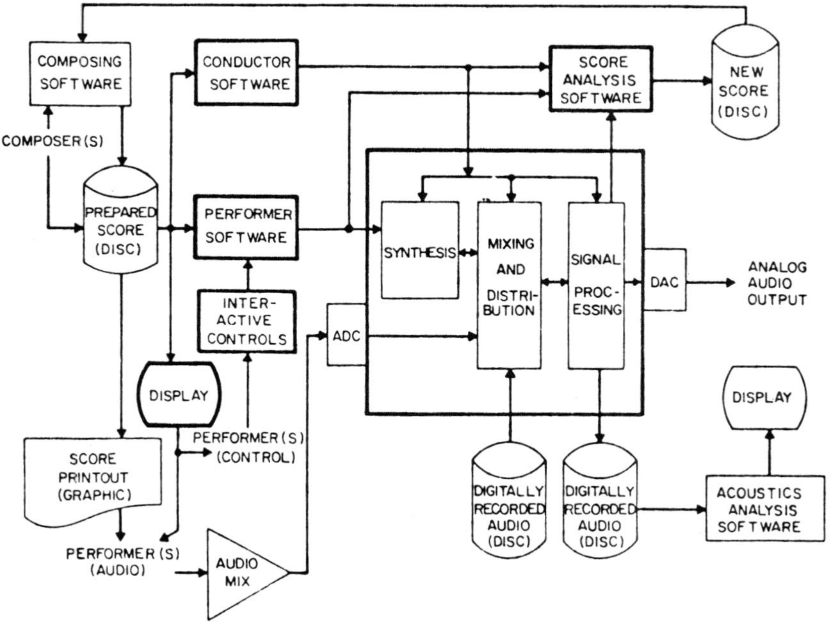

Bild 1. Blockdiagramm eines Computermusik-Systems.

umrandeten Teile Prozesse dar, die in Echtzeit, d. h. ohne Zeitverzögerung bei der Berechnung der Abtastwerte, erfolgen sollten. Eine Forderung, die beim augenblicklichen Stand der Computertechnologie oft noch nicht oder nur mit sehr großem Aufwand durchführbar ist.

Verschiedene Funktionen wie z. B. Kompositions-Programme (besser Hilfsprogramme für die Komposition) oder Analyseprogramme für akustische Parameter sind auch ohne größere Probleme als Nicht-Echtzeit-Prozesse durchführbar.

Es ist ein Trugschluß in der elektro-akustischen Musik von Technikern ein „perfektes" Computermusik-Instrument oder vielleicht ein „perfektes" Kompositionsprogramm zu erwarten, da deren, oder auch unsere, Erwartungen an die Qualitäten eines solchen Systems, durch systemimmanente Faktoren bedingt, oft nicht erfüllbar sind und außerdem Erwartungen von „perfekter" Funktion für einen Techniker und solche Erwartungen für den Musiker nicht innerhalb gleicher Beurteilungskriterien liegen dürften.

Musiker im Labyrinth der Musiktechnologie

Etwa 30 Jahre sind seit den ersten Versuchen vergangen, Computer in der Musik anzuwenden. Verbunden mit sinkenden Kosten in der Computertechnologie ist dieser Einsatz, insbesondere bei der Klangerzeugung, inzwischen selbstverständlich geworden.

Komponisten, die sich dem Computer als Hilfsmittel zuwenden, suchen nach größerer Freiheit des Ausdrucks, nach neuen Klängen, die sich von herkömmlichen orchestralen und instrumentalen Realisationen unterscheiden, nach Möglichkeiten zur direkten Umsetzung der Idee in Musik und nach Genauigkeit sowie Reproduzierbarkeit der von ihm gewählten musikalischen Strukturen.

Zwei grundlegende Probleme bei der digitalen Klangsynthese sind:

- Sehr große Datenmengen sind notwendig, um qualitativ hochwertige Klänge im Zeitverlauf darstellen zu können, d. h. schnelle und effiziente Soft- bzw. Hardware ist nötig.
- Einfache und zugleich leistungsfähige Software oder Bedientechnik im Bereich der Mensch–Maschine–Schnittstelle ist notwendig, um komplexe Klangstrukturen zu beschreiben.

Prinzipiell kann man bei der Synthese von Klängen drei Verfahren unterscheiden:

– *Direkte Synthese*

Der Anwender legt innerhalb bestehender Musiksoftware (MUSIC V, MUSIC-11 etc.) sein Synthesemodell und die geeigneten Parameter zur Steuerung fest oder er programmiert sein eigenes Modell. Dieses sogenannte „Orchester" muß anschließend mit der Notenliste (Partitur) verbunden werden.

– *Auf Analyse basierende Synthese*

Real existierende Klänge werden mittels geeigneter Verfahren analysiert. Die bei solch einer Analyse gewonnenen Parameter zur Steuerung werden bei der folgenden Klangsynthese als Eingabewerte benutzt (z. B. Vocoder-Techniken).

– *Klangabtastung (Musique concrete Konzeption)*

Naturklänge werden digitalisiert und mit dem Computer weiterverarbeitet, ohne daß Daten analyisert oder resynthetisiert werden müssen.

Dieser Anwendungsbereich überschneidet sich sehr stark mit den in der Signalverarbeitung angewendeten Verfahren.

Während die beiden ersten Methoden seit Beginn der digitalen Klangsynthese die wichtigere Rolle in der Computermusik spielten, findet seit einigen Jahren eine Umorientierung in der Musiktechnologie auf sogenannte Sampling-Verfahren, das bedeutet digitale Speicherung von Klängen, statt. Diese Umorientierung wurde durch weiterentwickelte Computer-Technologie, insbesondere von Speichersystemen möglich.

Eine weitere Umorientierung für Komponisten vollzog sich hinsichtlich der Arbeitsweise im Kompositionsprozeß mit dem Computer. In den Anfängen waren spezielle Synthesesprachen für Mehrzweck-Computer entwickelt worden (Software-Synthese). Diese Computer waren für eine Echtzeit-Synthese von etwas komplexeren Klängen um den Faktor 100 zu langsam. Das bedeutete lange Rechenzeiten im Studiobetrieb, d. h. Wartezeiten für den Komponisten.

Sofortige Ergebnisse eines musikalischen Echtzeitprozesses bringen Vorteile für die Komponisten, denn im Hinblick auf das kreative Ergebnis ist es bei Anwendung von MUSIC V oder anderer Kompositions-Software oft nachteilig, stundenlang auf das Resultat der Eingabe zu warten und bei notwendigen Veränderungen diesen Vorgang dann zu wiederholen.

Mit der Entwicklung echtzeitorientierter Audio-Prozessoren verlor diese Arbeitsweise verständlicherweise ihre Attraktivität. Arbeiten in Echtzeit d. h. mit sofortigem „feed back" des musikalischen Resultates, hat sich in den meisten Studios durchgesetzt. Software-Synthese stirbt langsam aus, eine Tatsache, die hinsichtlich der Kreativität beim Komponieren auf Computersystemen eher positiv zu bewerten ist.

Hinsichtlich der Software digitaler Synthesizer und Computermusik-Systeme besteht aber noch eine weitere Schwierigkeit. Eine Programmiersprache für System A kann nicht auf System B angewendet werden. Der Grund dafür liegt im direkten Bezug der Parameter für die Klangsynthese zum Maschinencode und zur Architektur der Rechenanlage. Numerische Methoden können oft nur unter großem Aufwand auf eine andere Anlage übersetzt werden.

Vorteilhafter wäre es hier, das Konzept einer Signalverarbeitungssprache zu entwickeln, mit deren Hilfe Algorithmen in der Computermusik ohne größere Probleme auf unterschiedlichen Synthesizern bzw. Computermusik-Systemen laufen könnten.

Die Auswahl der Faktoren zur Klangsynthese in der Computermusik stellt Musiker vor unerwartete neue Entscheidungen. Oft führen verschiedene Modelle bei der Klangsynthese auf einem Computer zu ähnlichen Resultaten, sind aber in ihrer Handhabung für den Komponisten unterschiedlich gut geeignet. Dem Musiker fällt hier eine Entscheidung schwer, welche Synthesetechnik und damit verbundene technische Lösungen zu einem von ihm gewünschten Klangresultat führen.

Die Hauptursache für eine Vielzahl von Synthesetechniken und dementsprechend viele Typen digitaler Synthesizer liegt nach wie vor bei den für die Verarbeitung von Audio-Signalen zu langsamen Computern. Typische Mikroprozessoren führen im Durchschnitt heute etwa 15 000 Operationen pro Sekunde aus. Für einfache digitale Mischpultsysteme kommt man überschlägig für Echtzeitbetrieb bereits in Bereiche von ca. 20 Mill. Operationen pro Sekunde.

Super-Rechner wie die CRAY sind zwar in der Lage unter bestimmten Umständen mehr als diese 20 Mill. Operationen auszuführen und damit ausgezeichnete Voraussetzungen für ein echtzeitorientiertes digitales Musiksystem zu liefern, unglücklicherweise liegen solche Rechner aufgrund von Anschaffungskosten von über 10 Mill. US-$ außerhalb der Reichweite von Computermusikern.

Um dennoch Echtzeit-Synthese zu ermöglichen wurde immer wieder versucht, die Anzahl der Parameter, die eine Klangerzeugung steuern, zu reduzieren und dennoch über ein vereinfachtes Modell optimale Ergebnisse bezüglich der Klangstruktur eines Computer-Instrumentes zu erhalten.

Es entstanden aus dieser Schwierigkeit heraus Synthesemodelle, die hinsichtlich ihres Parametersatzes für die Hardware des Rechners optimiert wurden. Diese Modelle leiden aber andererseits oft unter mangelnder Anschaulichkeit der Steuerungsparameter und deren Wirkung auf das Klangresultat. Zusammengefaßt läßt sich sagen: Intuitives Arbeiten bei der Klangsynthese sollte den kreativen Prozeß unterstützen, steht aber bei Echtzeit-Prozessen in der Wichtigkeit oft hinter Zeitproblemen zurück.

Es trifft wieder die bereits im vorigen Abschnitt erwähnte Tatsache zu: Begrenzungen in der Computertechnologie können nicht die Erwartungen von Komponisten und Musikern nach „idealen" oder zumindest einheitlichen Systemen, hier der Techniken bei der Klangsynthese, erfüllen.

Folgender Überblick soll kurz gegenwärtig eingesetzte Techniken bei der digitalen Klangsynthese erläutern:

Bei der Klangsynthese versucht man ein mathematisches Modell zur Beschreibung der musikalischen und physikalischen Parameter eines Klanges zu finden, das Kontrolle über möglichst viele Attribute in der musikalischen Anwendung auf möglichst einfache Weise schafft. Dabei kann die objektive aber auch die subjektive Übereinstimmung zwischen Modell und Originalklang ein Maß für die Gültigkeit des Synthesemodells darstellen.

Additive Synthese

Die Additive oder auch Fourier-Synthese beruht auf der Tatsache, daß sich selbst komplexe periodische Schwingungsvorgänge als Summen von Sinus- bzw. Cosinus-Funktionen darstellen lassen.

Analysen komplexer Klänge sind über Filterbänke oder Anwendung der schnellen Fourier-Transformation (FFT) auf Computersystemen möglich. Durch solch eine Analyse erhält man die beschreibenden Parameter für eine nachfolgende Synthese, siehe Bild 2.

- Frequenzen des Grundtons der einzelnen Obertöne sowie deren Verhalten über der Zeit,
- Amplituden der einzelnen Sinus-Anteile und deren Verhalten über der Zeit.

Die Schwierigkeit bei der Realisierung dieses Synthesemodells liegt nicht in der Generierung der einzelnen Sinus-Funktionen – sondern in der Berechnung der Kontrollfunktionen für die einzelnen Frequenzen bzw. Amplituden, die entsprechend Bild 2 innerhalb einer Zeiteinheit (also auch während des Erklingens einer Note) schwanken können.

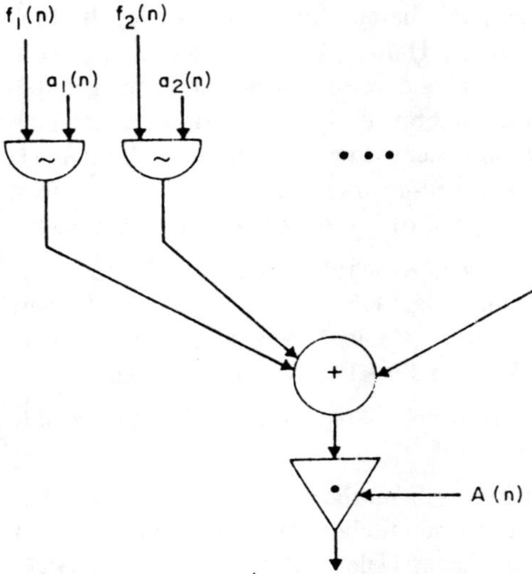

$$Y(n) = A(n) \cdot \sum_{i=1}^{k} a_i(n) \, \mathrm{SIN}\left[f_i(n)\, n\, T\right]$$

Bild 2. Modell der additiven Klangsynthese.

Untersuchungen in der Psychoakustik haben gezeigt, daß für viele musikalischen Klänge die Annahme guter harmonischer Verhältnisse der einzelnen Obertöne zutrifft und daß die Kontrollfunktionen stückweise durch Liniensegmente ersetzbar sind. Das führt zu erheblichen Datenreduktionen.

Solch eine kompakte Darstellung vernachlässigt allerdings beträchtliche Unterschiede zwischen verschiedenen Tönen unterschiedlicher Frequenz, die sogar auf dem gleichen Instrument auftreten und bietet keine ausreichende Lösung bei verschiedenartigen Artikulationen oder Bindung von Noten.

Durch die Fourieranalyse wird es möglich, Klänge auf eine Art zu analysieren, die vergleichbar mit der Arbeitsweise des menschlichen Ohres ist und mit deren Hilfe man Parameter finden kann, die für die Wahrnehmung interessant und wichtig sind.

Die *„Auf Analyse basierende Synthese"* ist ein wichtiges und breit anwendbares Verfahren bei der digitalen Klangerzeugung. Eine Veränderung der Anfangs- und Endpunkte genannter Liniensegmente führt zu neuen ungewöhnlichen Klängen. Bei anderen Variationen lassen sich zwei oder mehrere Klänge „interpolieren" und so lassen sich beispielsweise Celloton und

Trompetenton ineinander überführen, wobei interessante Zwischenstufen entstehen können.
Nachteil dieser Technik sind sehr große anfallende Datenmengen. Bei der Synthese eines Signals dessen obere Frequenzgrenze bei ca. 15000 Hz liegen soll (daraus ergibt sich eine notwendige Abtastfrequenz von 30 KHz) und dessen Amplitudenauflösung mit 12 Bits angenommen wird, ist die Menge der anfallenden Daten beispielsweise 360000 Bits/Sekunde. Zwar ist es möglich, die Kurvenformen durch Liniensegmente anzunähern und so die Datenmenge zu reduzieren, der Aufbau komplexer Klänge in Echtzeit auf digitalen Systemen ist jedoch aufgrund der großen Anzahl von Oszillatoren zusätzlich begrenzt und kostenaufwendig.

Solche Überlegungen führten zur Entwicklung anderer Synthesemodelle, mit denen, wie bereits erwähnt, trotz weniger zu kontrollierender Parameter komplexe Klänge erreicht werden können.

Nachteilig wirkt sich z. T. auf die nachfolgend aufgeführten Techniken aus, daß es keine exakten Analyseverfahren gibt, um beispielsweise Parameter für die Kopie eines natürlichen Klanges zu erhalten. Oft bleibt nur die Methode des „trial and errors", um das gewünschte Ziel zu erreichen.

Subtraktive Synthese

Bei der „subtraktiven" Synthese wird meist ein obertonreiches Signal (Sägezahnschwingung, Impulsfolge etc.) erzeugt und anschließend je nach Bedarf gefiltert. Solch ein Eingangssignal muß Energieanteile in allen Frequenzen besitzen, die im Ausgangssignal vorhanden sein sollen. Durch Filterung werden die unerwünschten spektralen Energieanteile abgeschwächt (hier ist der Begriff „subtrahiert" etwas irreführend).

Bild 3 zeigt das Modell der subtraktiven Klangsynthese.

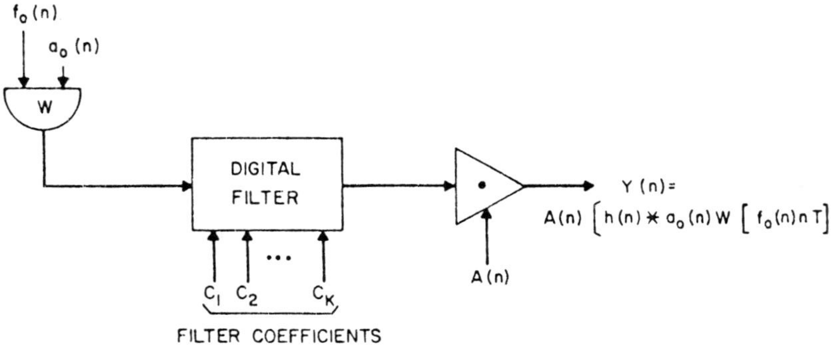

Bild 3. Modell der subtraktiven Klangsynthese.

Ein wichtiger Aspekt dieser digitalen Filtermethode ist die bestehende Analogie zur Erzeugung der Wellenform vieler Musikinstrumente.

So erzeugen z. B. die Lippen oder ein schwingendes Blatt bei verschiedenen Blasinstrumenten eine periodische Schwingung, die obertonreich ist. Verschiedene Hohlräume bzw. die Form des Instrumentes können als Resonator betrachtet werden, der durch Anregung seiner Eigenschwingung bestimmte Bereiche des Eingangssignales verstärkt, andere abschwächt.

Ähnliches gilt auch bei Anwendung dieses Modells zur Synthese der menschlichen Sprache.

Bei der Methode der Linearen Prädikation (LP) besteht das Problem in der Berechnung eines Filters, dessen Kennlinie im Frequenzbereich bis auf einen minimalen Fehler mit einem analysierten Sprachspektrum übereinstimmt.

Als Anregungsfunktion wird bei diesem in der Sprachverarbeitung eingesetzten Verfahren jeweils zwischen Weißem Rauschen und einer Folge von Impulsen (stimmlose bzw. stimmhafte Laute) gewechselt. Anstelle einer Impulsfolge kann man als Eingangssignal musikalische Klänge (z. B. ein Musikstück) benutzen und erhält dann den Effekt eines „Talking Orchestra", wo sowohl der Anteil der Musik als auch der Sprache vorhanden ist.

Neben der Tatsache, daß diese Methode relativ schwierig als intuitives Synthesemodell zu gebrauchen ist, kann mit Hilfe der LP – das haben Experimente gezeigt – nicht die Qualität der Synthese erreicht werden, die man bei der additiven Synthese erzielt. Zwar kann man das Spektrum, wenn auch mit hohem Rechenaufwand, gut nachbilden (Filter höherer Ordnung), es scheint aber an einem geeigneten Modell für die Anregungsfunktion zu fehlen.

Als weiteres Anwendungsgebiet für die subtraktive Synthese kann die Vocoder-Technik genannt werden.

Synthese mittels Frequenzmodulation

Die mathematischen Zusammenhänge bei der Frequenzmodulation im Audiobereich sind seit geraumer Zeit bekannt und im Rahmen dieses Überblicks soll auf diese Zusammenhänge nicht näher eingegangen werden. Im folgenden sollen nur typische Eigenschaften der mit Frequenzmodulation erzeugter Klänge dargestellt werden:

- Harmonische Spektren (Merkmal der meisten Musikinstrumente) entstehen immer dann, wenn sich das Verhältnis von Trägerfrequenz f_r und Modulationsfrequenz f_M oder dessen reziproker Wert durch ganze Zahlen ausdrücken läßt.
- Inharmonische Spektren (Merkmal von Schlaginstrumenten, Glocken etc.) entstehen, wenn sich das Verhältnis f_r/f_M oder f_M/f_T durch irrationale Zahlen, z. B. $\sqrt{2}$ ausdrücken läßt.
- Dynamische Spektren (Merkmal des Ein- und Ausschwingverhaltens von Musikinstrumenten) können durch Steuerung des Parameters Modulationsindex Δf über der Zeit erreicht werden.

Bild 4 zeigt das Modell der Frequenzmodulation mittels zweier Oszillatoren.

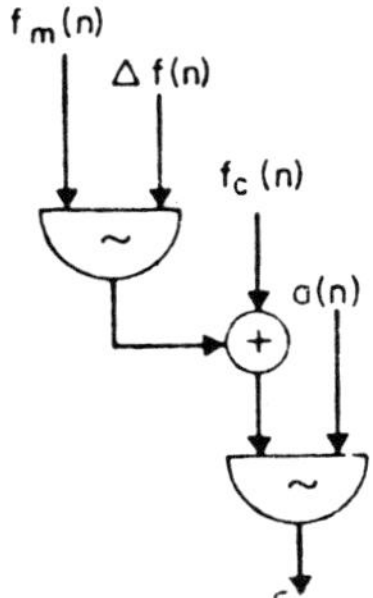

$$Y(n) = a(n) \, \mathrm{SIN} \left\{ f_c(n)\, nT + \frac{\Delta f(n)}{f_m(n)} \, \mathrm{SIN} \left[f_m(n)\, nT \right] \right\}$$

Bild 4. Modell der Frequenzmodulation mittels zweier Oszillatoren.

Bei der Frequenzmodulation ist keine Analyse erforderlich, da es kein befriedigendes Analysemodell für diese Methode gibt. Nachteil dieser Tatsache ist, daß man aufgrund fehlender Analyseparameter keine Kopien natürlicher Klänge erwarten kann.

Synthese mittels Ringmodulation

Die Rindmodulation ist die einfachste Form der nichtlinearen Synthese. Bei diesem Verfahren ergibt sich das Ausgangssignal durch Multiplikation zweier Eingangssignale. Dabei wird jeder Spektralanteil des Eingangssignales in symmetrische Seitenbänder aufgespalten.

Ein Sonderfall der Rindmodulation ist die sogenannte Einseitenband-Modulation. Dieses Verfahren kann zur Modulation von Audiosignalen in Musik und Sprache verwendet werden, da es einige interessante Merkmale aufweist:

- Das Spektrum eines Audio-Signales kann bei der Einseitenband-Modulation durch Wahl des Seitenbandes zu hohen oder zu tiefen Frequenzen hin verschoben werden.

- Durch Wahl der Modulationsfrequenz wird der Betrag dieser Verschiebung bestimmt, d. h. Betrag der Modulationsfrequenz (f_M) entspricht der Verschiebung Δf.
- Bei solch einer Verschiebung bleibt der Verlauf der Frequenzhüllkurve qualitativ gleich solange keine Reflexionen negativer Frequenzen oder Faltungsfehler auftreten, d. h. die absolute Bandbreite des originalen Spektrums bleibt bei der Modulation erhalten.
- Die Obertonstrukturen ändern sich gegenüber dem Originalklang derart, daß im oberen Seitenband eine „Stauchung" oder „Komprimierung" im Verhältnis der harmonischen bzw. inharmonischen Frequenzanteile gegenüber dem Ausgangssignal eintritt (Bildung von Mikrointervallen). Im unteren Seitenband dagegen kommt es zu einer „Expansion", d. h. Vergrößerung im Verhältnis hoher zu tiefer Spektralanteile.
- Durch Reflexion negativer Frequenzanteile in den positiven Spektralbereich können im unteren Seitenband Hüllkurve und Verhältnisse der Verhältnisse der Frequenzanteile zusätzlich verändert werden.

Synthese mittels Amplitudenmodulation

Die Modulation der Amplitude eines Signals kann, vergleichbar mit der Frequenzmodulation, ebenfalls zu komplexen Spektren führen, deren Eigenschaften vergleichbar mit Ausgangssignalen bei der Ringmodulation sind. Der Unterschied liegt hier im Vorhandensein der Trägerschwingung im modulierten Signal.

Synthese mittels nichtlinearer Verzerrungen

Im Normalfall wird eine in der Amplitude gesteuerte Sinus-Schwingung als Eingangssignal in einen nichtlinearen Prozessor verwendet. Die Übertragungsfunktion dieses Prozessors bestimmt das Spektrum des Ausgangssignales.

Man benutzt hier also einen Effekt, der in der Analogtechnik (Entwicklung von Verstärkern, Lautsprechern etc.) höchst unerwünscht ist. Im Gegensatz zur Analogtechnik ist es mit Hilfe digitaler Technologie jedoch sehr leicht möglich, Übertragungsglieder genauester und zugleich veränderlicher Kennlinie (zur Generierung dynamischer Spektren) zu entwerfen. Durch Tabellierungsmöglichkeiten der Übertragungsfunktion und Verwendung einfacher Eingangssignale (sinusförmige Signal) ist diese Technik relativ einfach zu realisieren und hat in den letzten Jahren an Bedeutung zugenommen.

Die „Verzerrungen" können sich mit Variation der Amplitude des Eingangssignales ändern und führen damit zu einer Änderung des Ausgangssignales. Das entspricht in der Anwendung auch typischen Charakteristika von natürlichen Musikinstrumenten, wo Amplitude (hier auch Lautstärke eines Tones) und Spektrum (hier auch Obertonstruktur) korrelieren.

Granularsynthese

Die Grundidee dieser Synthesetechnik ist – vergleichbar mit der aus Einzelbildern im Film zusammengesetzten Bewegung – Folgen von Elementarklängen konstanter Länge festzulegen, die zu dynamischen Spektren führen.

Diese Elementarklänge werden als „grains" (Körner) bezeichnet, deren Zeitdauer sehr kurz ist (ca. 5 bis 20 ms).

Innerhalb vorgegebener Zeitfenster werden festgelegte „grain"-Funktionen (meist Gauß-Kurve, $\sin^2 \omega t$ etc.) erzeugt, wobei verschiedene Parameter wie Amplitude, Frequenz, Fensterbereich usw. veränderbar sind. Ein Problem bei der Granularsynthese liegt in der Notwendigkeit, eine große Anzahl von Parametern festzulegen, ohne daß Analysemethoden für diese Technik bisher entwickelt werden konnte.

Voice Simulation Synthese (VOSIM)

Die von einem Generator erzeugte Wellenform bei der Voice Simulation Synthese besteht aus Folgen von N-Segmenten der Kurvenform $\sin^2 \omega t$ gleicher Länge und abfallender Amplitude innerhalb eines Zeitfensters.

Vorteil dieser, hier nur kurz dargestellten, Technik ist es, daß durch Addition verschiedener VOSIM-Generatoren die Position von Formanten kontrolliert werden: vom akustischen Standpunkt sicher oft von größerer Bedeutung als die Kontrolle einzelner Obertöne.

Formant – Wellenform – Synthese (CHANT)

Der CHANT-Algorithmus wurde ursprünglich entwickelt, um ein geeignetes Modell für die menschliche Stimme zur Verfügung zu haben, ohne dabei jedoch die Schwierigkeiten der Realisation digitaler Filter (hoher Rechenaufwand durch Filter höherer Ordnung, Skalierungsprobleme des Ausgangssignales etc.) in Kauf zu nehmen.

Als Anregungsfunktion wird eine Folge von Impulsen verwendet, die ein System von n parallelen Filterzellen anregt. Die Impulsantwort einer Filterzelle wird als Format – Wellenform-Funktion bezeichnet, da sie normalerweise dem Formanten (bzw. den Resonanzeigenschaften) des betrachteten Systems entspricht.

Schlußbemerkung

Erste Ansätze zur Verbesserung der Kommunikation zwischen unterschiedlichen Musiksystemen wurden bereits gemacht, so scheint sich der SMPTE-Zeitcode auch für Synchronisationsvorgänge in der Computermusik oder bei computergesteuerten Mixing-Prozessen im Studiobetrieb durchzusetzen. Eine andere erste Möglichkeit für einen standardisierten Datenaustausch ist der MIDI-Standard, eine serielle Daten-Schnittstelle zur Vereinheitlichung der Parameterübergabe bei digitalen Synthesizern.

Erwähnt werden sollte in diesem Zusammenhang, die Entwicklung von komplexen Computermusiksystemen in verschiedenen Forschungsinstitutionen, so z. B. das CARL-Musiksystem für UNIX-Betriebssysteme der University of California (San Diego) und anderer vorwiegend nordamerikanischer Entwickler. Beim Design solcher komplexer Systeme wurden hier Aspekte der Portierbarkeit auf andere Systeme und Integrierbarkeit neuer Software in ein bestehendes System beachtet.

Das sind aber nur erste Versuche, ein technologisches Labyrinth zu vereinfachen, in dem ein Komponist der Computermusik Zeit seines Lebens gefangen sein wird – in vielen Fällen vielleicht auch gefangen sein will, denn genau die Suche nach Umsetzungsmöglichkeiten musikalischer Ideen macht die Arbeit interessanter.

Charles Babbage, der Vater des heutigen Computers, träumte bereits Anfang des 19. Jahrhunderts von seiner „Analytical Engine", einer Maschine, die aus tausenden von zusammengeschalteten, komplex miteinander verschachtelten Zylindern, eine erste Form künstlicher Intelligenz darstellen sollte.

Lada Ada Lovelace, die Tochter Lord Byrons, war in einem Absatz ihrer Memoiren der Hoffnung, daß solch eine Maschine neben Zahlen auch Tonhöhen oder harmonische Kombinationen verarbeiten könnte. Somit in der Lage wäre, Musikstücke jeglicher Komplexität und Ausdehnung zu schaffen. Allerdings folgt danach der Zusatz: von denen wir wissen, wie sie zu ordnen sind.

Ob solch ein Zusatz, der die Entwicklung mechanischer Intelligenz kritisch beurteilt, seine Berechtigung hat, kann vielleicht die Forschung der nächsten Jahre auf dem Gebiet der Künstlichen Intelligenz zeigen.

Möglicherweise sind wir zum Ziel in der Künstlichen Intelligenz oder auch in der Computermusik diesen berühmten Steinwurf entfernt. Deutlich wird aber immer wieder, daß nach Durchbrechen einer Barriere plötzlich andere sichtbar werden.

Auf diesem Weg machen individuelle Ansätze und Experimente innerhalb des beschriebenen Labyrinths und ihre Umsetzungsmöglichkeit durch gemeinsame Ansätze bei der Entwicklung der Musiktechnologie die Computermusik vielschichtig und interessant.

Innerhalb der Ebenen dieser mehrdimensionalen Labyrinths gibt es keinen vorgezeichneten Weg – wer befindet sich als Betrachter schon auf einer Meta-Ebene außerhalb unseres Systems?

Kant nannte dieses Dilemma „Metaphysik" und das bedeutet nichts anderes, als in Bereiche zu gelangen, die weder meß- noch wägbar sind, jeder logischen Überprüfung jedoch standhalten.

Wobei mir wieder Gödels Unvollständigkeitstheorem einfällt ...

Schrifttum zu Abschnitt VI

[1] *Hofstadter, D. R.:* Gödel, Escher, Bach: An Eternal Golden Braid. Vintage Books Edition 1980.

[2] *Morthenson, J. W.:* Esthetic Dilemmas in Elektronic-Music. Vortrag am EMS (Electronic Music Studio), Stockholm 1980.

[3] *Buhlert, K. J.:* Digitale Musiksysteme. Script zur Vorlesung am FB 1 der TU Berlin, Sommersemester 1985.

Abschnitt VII

Assoziative Informationsspeicherung in Nervennetzen

Dr. *Günther Palm*
Max-Planck-Institut
für Biologische Kybernetik, Tübingen

Jeder hat wohl eine Vorstellung davon, was Assoziationen sind. Wenn wir assoziieren, hangeln wir uns sozusagen in einem Netzwerk von Ähnlichkeiten von einer Vorstellung zur anderen, oder von einem Gedanken zum anderen voran.

Kann man aus diesem Prozeß so etwas wie eine allgemeine Grundoperation herausdestillieren, und was könnte diese sein? Ich denke es ist der Übergang von einem Muster zu einem ähnlichen oder teilweise übereinstimmenden, und dieser Übergang kann vielleicht seinerseits wieder zerlegt werden in eine Einschränkung von einem vollen Muster auf Teile und eine Vervollständigung von Teilen zu einem ganzen Muster.

Dieser Prozeß der Mustervervollständigung oder des Übergangs von einem vorgegebenen Muster zu einem anderen ähnlichen, stellt in der Informatik ein großes Problem dar.

Hat man etwa in einem Computerspeicher eine große Menge von irgendwie gearteten Mustern – i. a. als 0-1-Folgen – gespeichert, und soll man zu einem vorgegebenen Muster oder auch Teilmuster dasjenige Muster in der eingespeicherten Menge finden, das am besten zu ihm paßt, so muß man das vorgegebene Muster Bit für Bit mit dem eingespeicherten Muster vergleichen. Dieser Prozeß ist auch für moderne Rechner sehr zeitaufwendig und er läßt sich auch algorithmisch nicht wesentlich vereinfachen. Bisher scheint es nur eine Möglichkeit zu geben, dieses Matching-Problem schnell zu lösen: die Parallelisierung der Vergleichsoperationen. Dadurch spart man Zeit, braucht aber entsprechend mehr Hardware.

Seit den 50er Jahren gab es einige Ansätze zu einer anderen Lösung dieses Problems (z. B. Hebb, 1949, Uttley, 1956, Steinbuch, 1961, Gabor, 1969). Die Idee bestand, grob gesagt, darin, nicht die Muster selbst, sondern die Korrelationen der verschiedenen Musterteile untereinander zu speichern (so wie man es im Grunde auch in der Holographie tut). Diese Idee ließ sich damals technisch nicht vernünftig realisieren und wurde wieder fallengelassen. Sie blieb aber als Modell für die Informationsspeicherung im Gehirn bis heute eigentlich unangefochten (zwischenzeitlich wurde die Informations-speicherung in Makromolekülen diskutiert, aber als letztlich unhaltbar erkannt). Schließlich erklärt sie ja auch, wie unser Gehirn den für moderne Rechner so zeitraubenden Vorgang der Mustervervollständigung oder des Pattern-Matching so schnell und mühelos zustandebringt.

Ich möchte in diesem Aufsatz auf folgende Punkte näher eingehen:

1) Aufbau und Arbeitsweise von assoziativen Korrelationsspeichern,
2) Realisation von Assoziativspeichern in neuronalen Netzwerken,
3) technische Realisations- und Verwendungsmöglichkeiten von Assoziativspeichern, als Alternative zum parallelen Vergleichen.

1. Assoziative Korrelationsspeicher

Die Aufgabe besteht darin, eine Menge $M = \{x^1, ..., x^A\}$ von Mustern zu speichern. Ein Muster kann dabei praktisch alles mögliche sein, etwa ein Bild, ein gesprochenes oder geschriebenes Wort, ein Begriff, eine Situation, eine Telefonnummer, eine Eintragung in einem Katalog usw. Die Muster $x^1, x^2, ..., x^A$ sollen vor der Einspeicherung bereits in 0-1-Folgen einer gewissen Länge n kodiert sein, also $x^i = (x_1^i, x_2^i, ..., x_n^i)$ mit $x_j^i \epsilon \{0,1\}$ für $j = 1, ..., n$ und $i = 1, ..., A$.

Die Korrelationen, die nun in einer $n \cdot n$-Matrix gespeichert werden sollen, sind einfach die Produkte $x_j^i \cdot x_k^i$ der verschiedenen Eintragungen oder Komponenten, die jeweils zum selben Muster x^i gehören.

Es wird also die Korrelationsmatrix

$$K_{jk} = \sum_{i=1}^{A} x_j^i \cdot x_k^i$$

gespeichert. Die Werte der Matrix K sind ganzzahlig und nicht negativ, sie können u. U. sehr groß werden, daher ist es in der Praxis sinnvoll, den Wertebereich nach oben zu beschränken:

$$K_{jk}^s = \min(K_{jk}, s).$$

In einigen früheren Arbeiten (etwa Palm, 1980) habe ich mich ausführlicher mit einer Speichermatrix befaßt, deren Werte sogar auf 0 und 1 beschränkt sind, nämlich mit der Matrix

$$C_{jk} = K_{jk}^1,$$

da die Arbeitsweise dieser Variante der Korrelationsspeicherung sich am leichtesten mit den herkömmlichen Computerspeichern vergleichen läßt.

Das Auslesen aus diesem Speicher soll direkt durch Mustervervollständigung geschehen. Dabei möchte man zu einem Eingabemuster y dasjenige

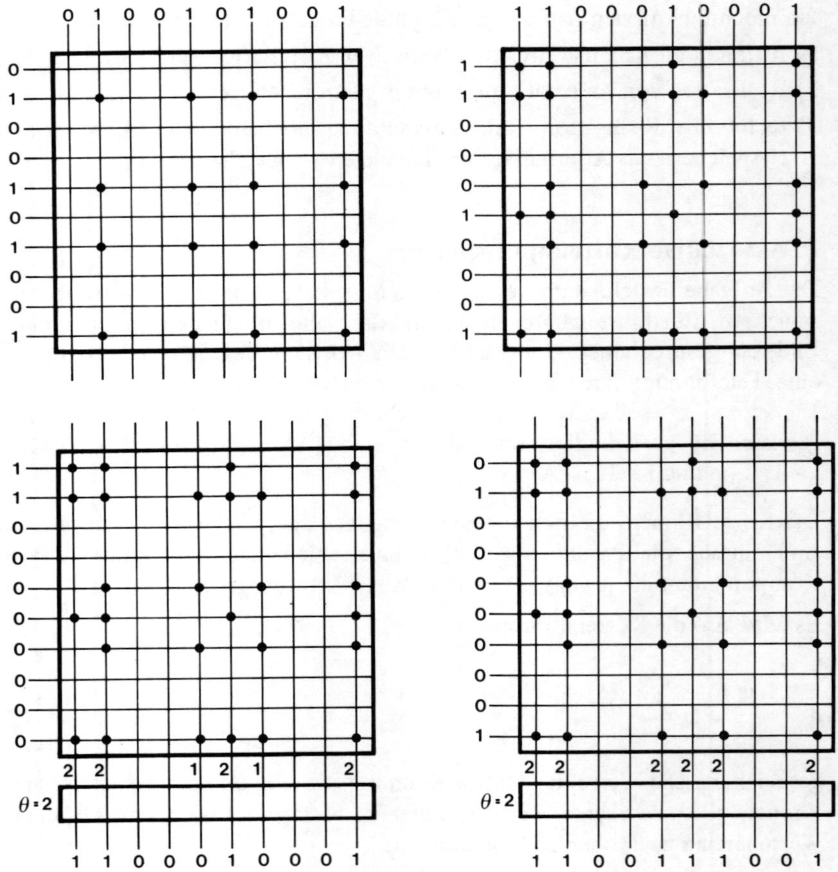

Bild 1.

a) Die Speichermatrix C nach Einspeicherung eines Musters (0100101001). Die Punkte entsprechen den Einsen in der Matrix C und können als Verbindungen zwischen den waagerechten und den senkrechten „Drähten" interpretiert werden.

b) Die Speichermatrix C nach Einspeicherung eines weiteres Musters (1100010001).

c) Auslesen der eingespeicherten Muster erfolgt durch „Anlegen" eines Eingabemusters an die waagerechten „Drähte" und Schwellendetektion. Hier ist das Eingabemuster (1100000000), die Schwelle Θ=2, und das eingespeicherte Muster (1100010001) wird gelesen.

d) Hier ist das Eingabemuster (0100000001) die Schwelle Θ=2, und es entsteht als Ausgabe eine Überlagerung der beiden eingespeicherten Muster (0100101001) und (1100010001), die beide die gleiche Übereinstimmung mit dem Eingabemuster aufweisen.

der eingespeicherten Muster $x^i \in M$ finden, das y am ähnlichsten ist, vgl. Bild 1. Dies geschieht nun einfach durch Multiplikation von y und C: Man bildet

$$z = y \cdot C \quad (z_j = \Sigma_i\, y_i\, C_{ij})$$

und wählt eine Schwelle θ. Dann findet man das gesuchte Muster x durch Schwellendetektion, also man wählt $x_j = 1$, falls $z_j \geqslant \theta$, und $x_j = 0$, falls $z_j < \theta$.

Selbst bei geschickter Wahl der Schwelle θ kann es hierbei durchaus zu Fehlern kommen, gewöhnlich in dem Sinne, daß das Antwortmuster x zwar alle Einsen eines der gespeicherten Muster x^i enthält, aber außerdem noch zusätzliche Einsen. Es kann auch passieren, daß das Antwortmuster x eine Überlagerung der Einsen von zwei gespeicherten Mustern x^i und x^k enthält (vgl. Bild 1).

Offensichtlich gibt es hier ein Optimierungsproblem, denn die Wahrscheinlichkeit, solche zusätzlichen Einsen zu erhalten, erhöht sich natürlich mit der Zahl der eingespeicherten Muster, während man andererseits natürlich möglichst viele Muster in der $n \cdot n$-Matrix speichern möchte, um ihre potentielle Speicherkapazität von n^2 bit möglichst gut auszunützen, vgl. Bild 2.

Wenn man sich eingehend mit diesem Optimierungsproblem befaßt (Palm, 1980, 1985a), findet man eine Relation zwischen der Anzahl A der Muster und ihrer „Größe", d. h. der Anzahl k der Einsen pro Muster, nämlich

$$k^2 \cdot A \approx n^2 \cdot \ln 2.$$

Hält man diese Bedingung ungefähr ein, so erreicht man eine effektive Speicherkapazität von $n^2 \cdot \ln 2$ Bit für sehr große $n \cdot n$-Matrizen, in allen praktisch realisierbaren Fällen kann man mindestens $n^2/2$ Bit erreichen, also mehr als 50prozentige Ausnutzung der potentiellen Speicherkapazität. Diese Bedingung bedeutet nun aber, daß üblicherweise k klein gegenüber n sein muß, da

$$k/n \approx \sqrt{(\ln 2)/A}$$

ist, und A sehr groß. Wenn man also die eigentlichen Muster in 0-1-Folgen $x^i \in M$ kodiert, so braucht man hier eine sehr ungewöhnliche Kodierung.

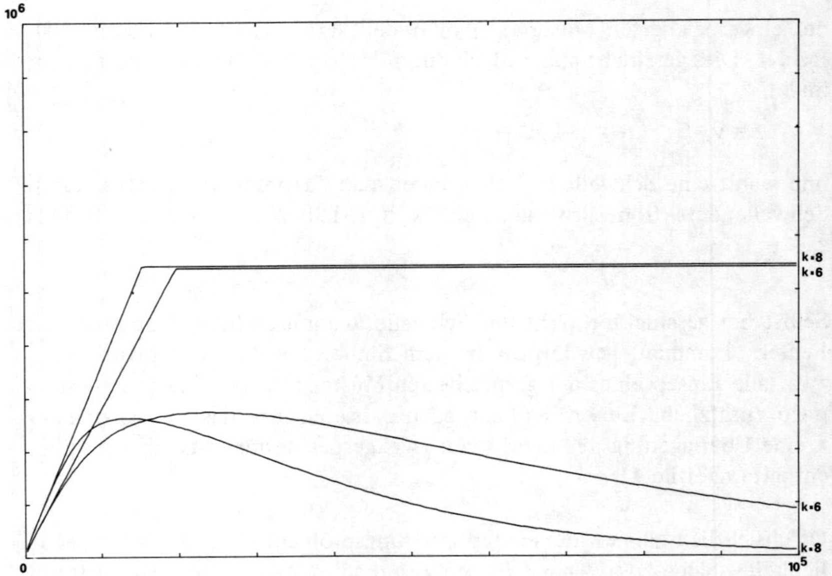

Bild 2.

a) Effektive Speicherkapazität (d. h. effektiv wieder auslesbare Information über die eingespeicherten Muster) einer 1000 x 1000 Korrelationsmatrix und eines gewöhnlichen Speichers mit 10^6 bit, als Funktion der Anzahl der eingespeicherten Muster. Die einzuspeichernden Muster enthalten jeweils k Einsen und 1000-k Nullen. Für den gewöhnlichen Speicher sind sie natürlich möglichst kompakt umzukodieren, d. h. es wurde nur ihr Informationsgehalt von $\log_2\binom{n}{k}$ bit als Speicherbedarf pro Muster berechnet.
Beim Auslesen werden jeweils die Hälfte der k Einsen eines Musters eingegeben und zu dem ganzen Muster vervollständigt.

Üblicherweise versucht man möglichst kompakt, d. h. in möglichst kurze 0-1-Folgen zu kodieren. Das bedeutet aber, daß in den Kodewörtern etwa gleichviel Einsen und Nullen auftreten. Hier nun darf man extrem redundant kodieren, aber die Redundanz muß von einer bestimmten Art sein. Die Wahrscheinlichkeit, daß beim Kodieren eine 1 auftritt (also daß $x_j = 1$ ist), muß etwa

$$k/n(\approx \sqrt{(\ln 2)/A})$$

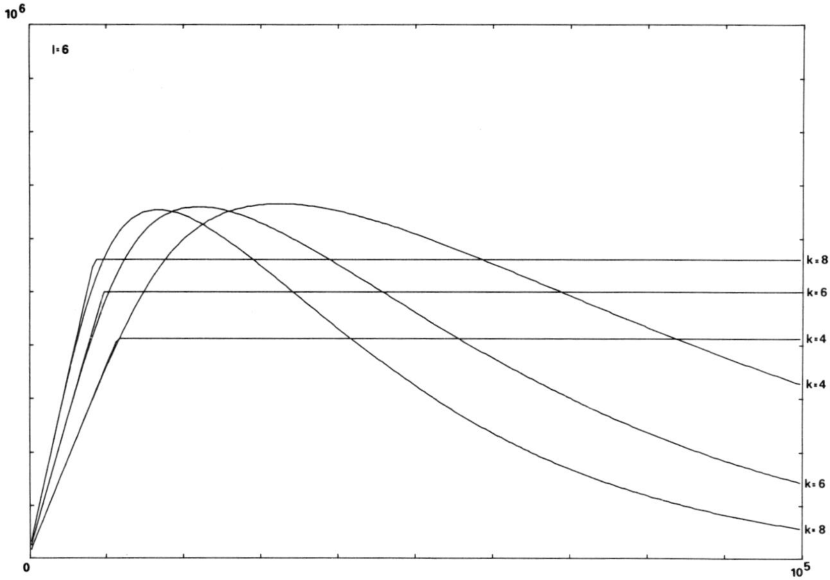

b) Dasselbe für Musterzuordnung. Im Unterschied zu Bild 2a werden hier nicht Muster, sondern Musterzuordnungen zwischen jeweils einem Eingabemuster aus *l* Einsen und 1000-*l*-Nullen und einem Ausgabemuster aus k Einsen und 1000-k Nullen gespeichert. Wieder wird die effektive Speicherkapazität als Funktion der Anzahl der eingespeicherten Musterordnung aufgetragen – für eine 1000 x 1000 Korrelationsmatrix und für einen ebenso großen gewöhnlichen Speicher, in dem die Paare der Ein- und Ausgabemuster abgespeichert werden.

sein, also viel kleiner als 1/2. Die Kodewörter müssen also viel mehr Nullen als Einsen enthalten.

Diese Redundanz der Kodierung erlaubt es nun, über ganz neue Kodierungsmöglichkeiten nachzudenken. Die Hauptidee ist dabei, eine ähnlichkeitserhaltende Kodierung zu konstruieren, also eine Kodierung, bei der (ihrer Bedeutung nach) „ähnliche" Muster in ähnliche (d. h. weitgehend übereinstimmende) 0-1-Folgen kodiert werden. Ansätze dazu habe ich in Palm (1984) beschrieben.

2. Neuronale Netzwerke

Die Nervenzellen oder Neurone dienen im wesentlichen der Verarbeitung und Weiterleitung von Information im Nervensystem. Das sieht man schon an ihrer Form, Bild 3. Obwohl sie Zellen sind, wie andere Körperzellen auch, sind sie nicht rundliche, sondern weitverzweigte faserige Gebilde. Die Verzweigungen eines Neurons in der Gehirnrinde sind durchschnittlich etwa 8 cm lang*. Man unterscheidet dendritische und axonale Verzweigungen. In den axonalen Verzweigungen eines Neurons breitet sich sein

* Beim Menschen; bei der Maus sind es 2 cm. Mehr zum zahlenmäßigen Vergleich der Gehirnrinden von Mensch und Maus findet man in Tabelle 1.

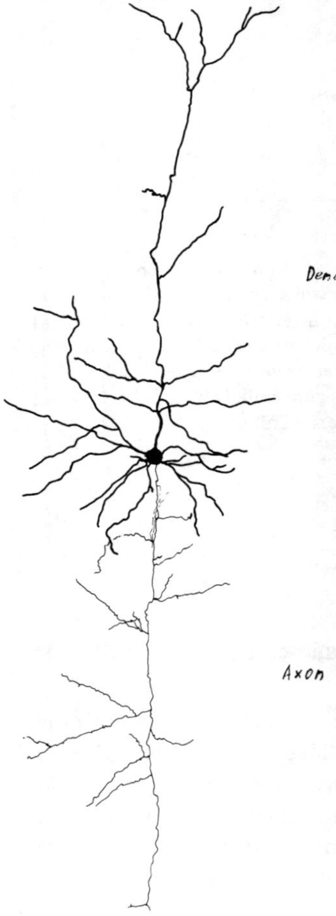

Bild 3.
Ein Neuron. Sowohl die dendritischen als auch die axonalen Verzweigungen sind mit tausenden von synaptischen Verbindungsstellen übersäht.

Tabelle 1.

	Maus	Mensch
N/mm^3	10^5	$3 \cdot 10^4$
D/N	3 mm	2 cm
A/N	2 cm	6 cm
S/N	10^4	$2 \cdot 10^4$
D/mm^3	$3 \cdot 10^2$ m	$6 \cdot 10^2$ m
A/mm^3	$2 \cdot 10^3$ m	$2 \cdot 10^3$ m
S/mm^3	10^9	$6 \cdot 10^8$
S/D	3/μm	1/μm
S/A	1/2 μm	1/3 μm

Abkürzungen:
N Neuronenzahl D Dendritenlänge
S Synapsenzahl A Axonlänge

elektrisches Ausgangssignal aus und wird über chemische Verbindungsstellen (Synapsen) auf die dendritischen Verzweigungen anderer Neurone übertragen. Die verschiedenen Eingangssignale, die ein Neuron in seinem dendritischen Bereich auf diese Weise erhält, werden (in erster Näherung) summiert. Ist diese dendritische Gesamterregung hoch genug, wird das Neuron zur Produktion von Ausgangssignalen (Spikes) angeregt. Bleibt die dendritische Gesamterregung unterschwellig, reagiert das Neuron nicht. Diese einfachste Beschreibung der Informationsverarbeitung eines Neurons enthält bereits die Elemente, die wir für den Bau eines assoziativen Speichers brauchen: nämlich Addition von Eingangserregungen und eine Erregungsschwelle.

Diese Neurone sind nun zu einem dichten neuronalen Netzwerk verbunden. Die Dichte dieser Verbindungen kann man sich kaum vorstellen: Die Neurone aus Bild 3 sind so eng ineinander verschachtelt, daß im Nervengewebe der Großhirnrinde etwa $3 \cdot 10^4$ auf einen Kubikmillimeter kommen. Man hat also insgesamt etwa 2,5 km Fasern pro Kubikmillimeter Hirnrinde. Ein Neuron hat auf seinen dendritischen und auf seinen axonalen Verzweigungen im Schnitt jeweils etwa $2 \cdot 10^4$ Synapsen. Das macht $6 \cdot 10^8$ Synapsen pro Kubikmillimeter Hirnrinde (etwa eine Synapse pro Kubikmikrometer).

Wahrscheinlich läßt sich diese hohe Verbindungsdichte überhaupt nur durch das Ineinanderwachsen der Neurone während der Entwicklung erreichen. Die fertigen Neurone ließen sich jedenfalls nicht, wie in einem 3dimensionalen Puzzle, so dicht zusammensetzen.

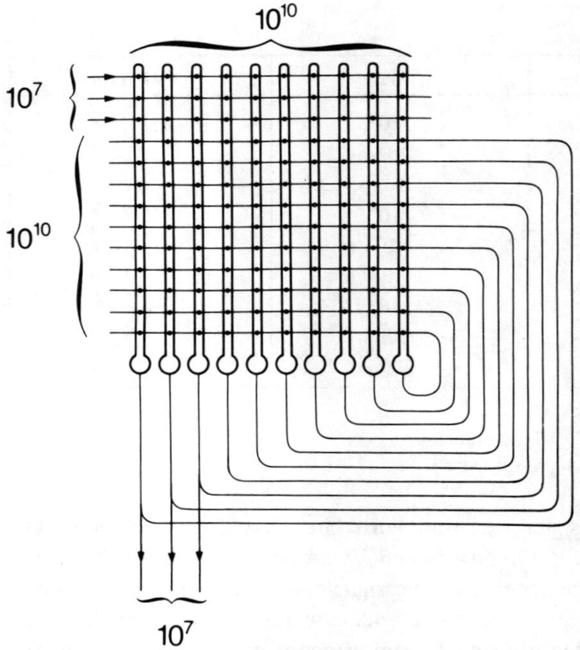

Bild 4. Allgemeines Schema für neuronale Netzwerke. Die Zahlen sind Schätzungen für das Netzwerk der Großhirnrinde des Menschen.

Die Informationsverarbeitungseigenschaften der einzelnen Neuronen, wie auch ihre ungeheuer starke Verknüpfung untereinander eignen sich offenbar sehr gut zur Realisation eines assoziativen Korrelationsspeichers. Der schematische Aufbau eines solchen neuronalen Korrelationsspeichers ist in Bild 4 dargestellt.

Die entscheidende Voraussetzung dafür, daß man solch ein neuronales Netzwerk nun tatsächlich als Korrelationsspeicher ansehen kann, ist die Speicherung der Korrelationen in den Verbindungen zwischen den Neuronen.

Diese Verbindungen (also die Synapsen) entsprechen ja in Bild 4 den Elementen der Korrelationsmatrix K_{ij}. Das bedeutet, daß man eine Veränderbarkeit der Synapsen durch die Aktivität im prä- und postsynaptischen Neuron (also in den beiden Neuronen, zwischen denen die Synapse verbindet) fordern muß. Genauer gesagt, müßten die Synapsen durch gemeinsame (d. h. etwa gleichzeitige) Aktivität im prä- und im postsynaptischen Neuron verstärkt werden. Diese Synapsenveränderungsregel wurde zuerst von D. Hebb (1949) postuliert, und heißt heute die Hebb'sche Regel, bzw. die Synapsen, die sich so verändern lassen, heißen Hebb-Synapsen.

Es gibt heute experimentelle Evidenz für die Veränderbarkeit von Synapsen in der Großhirnrinde und sogar auch für Hebb-Synapsen im engeren Sinne (siehe Palm, 1982, 1985b), aber es ist sicher noch umstritten, ob tatsächlich die überwiegende Zahl der erregenden Synapsen in der Großhirnrinde Hebb-Synapsen sind.

Wir können also noch nicht sicher sein, ob unsere Großhirnrinde ihren physikalischen Eigenschaften nach (insbesondere was die Synapsen betrifft) wirklich als Assoziativspeicher angesehen werden kann.

3. Natürliche Anwendung und technische Realisierung von Assoziativspeichern

Was könnte man überhaupt mit einem Korrelationsspeicher von der Größe der Gehirnrinde anfangen?

Wie schon gesagt, kann man Muster, die in einem Korrelationsspeicher gespeichert sind, durch Mustervervollständigung wieder auslesen. Außerdem können in einem solchen Speicher nicht nur Korrelationen zwischen den verschiedenen Bestandteilen desselben Musters gespeichert werden, sondern z. B. auch Korrelationen zwischen einem Muster und einem häufig darauf folgenden. Die Bilder 5 und 6 zeigen schematisch den Einspeicherungs- und Auslesevorgang für diese beiden Fälle.

Man kann so einen Speicher also etwa dazu verwenden, sich die richtigen Reaktionen in vielen verschiedenen Situationen zu merken, oder die Folgen vorherzusagen, die eine bestimmte Handlung in einer bestimmten Situation wahrscheinlich haben wird. Natürlich ist das Auslesen durch Mustervervollständigung ein viel allgemeineres Konzept und kann sicherlich noch auf viele andere Problemstellungen angewendet werden.

Wenn die Kodierung zwischen den sensorischen Situationen und motorischen Aktionen in der Außenwelt des Organismus und der Aktivität der Neurone in seinem assoziativen Speicher in der vorhin beschriebenen Weise ähnlichkeitserhaltend ist, dann kann der Speicher noch viel besser ausgenutzt werden. Dann sind nämlich Verwechslungen zwischen weitgehend übereinstimmenden Aktivitätsmustern nicht so gefährlich, weil sie ja auch

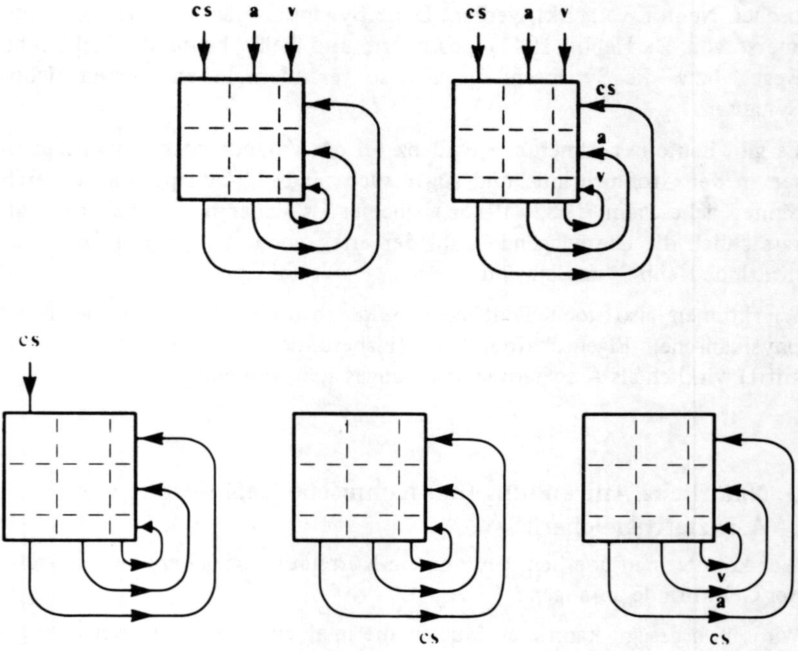

Bild 5. Verwendung einer rückgekoppelten Korrelationsmatrix bzw. des entsprechenden neuronalen Netzes (vgl. Bild 4) für Mustervervollständigung.
a) Einspeichern
b) Auslesen

ähnliche Situationen bzw. ähnliche Aktionen kodieren. Außerdem kann diese ähnlichkeitserhaltende Kodierung, sogar zu positiven Leistungen, wie Analogieschlüssen oder sinnvollen Generalisierungen, führen, wenn nämlich eine noch nicht dagewesene Situation mit der ähnlichsten bereits eingespeicherten Situation verwechselt und dementsprechend gehandelt wird. Natürlich setzt so eine ähnlichkeitserhaltende Kodierung sehr viel Wissen über die möglichen Situationen der Außenwelt voraus, aber dieses Wissen kann sich ja durchaus im Laufe der Evolution angesammelt haben. Ein Organismus kann also für viele der Probleme, die er zum Leben und Überleben zu lösen hat, einen assoziativen Korrelationsspeicher verwenden.

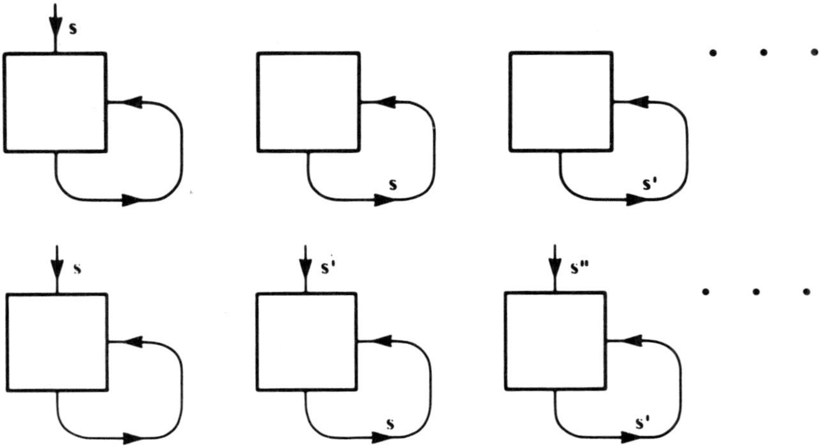

Bild 6. Verwendung einer rückgekoppelten Korrelationsmatrix bzw. des entsprechenden neuronalen Netzes (vgl. Bild 4) für Ketten von Musterzuordnungen.
a) Einspeichern
b) Auslesen

Wenn wir annehmen, daß die etwa 10^{14} erregenden Synapsen in unserer Großhirnrinde Hebb-Synapsen sind, und also zur Speicherung von Korrelationen dienen können, dann verfügen wir über die enorme Speicherkapazität von etwa 10^{14} bit, organisiert in einem assoziativen Speicher, also sehr schnell abrufbar. Wollte man diese Speicherkapazität als Kernspeicher (RAM) einem modernen Rechner zur Verfügung stellen, so brauchte man heute mindestens 100 Kubikmeter hochintegrierte Elektronik.

Man kann sich jetzt fragen, wieviele stabile neuronale Erregungsmuster denn wohl in unserem assoziativen Speicher im Laufe des Lebens eingespeichert werden. Eine Möglichkeit, dies wenigstens grob abzuschätzen, erhält man, wenn man sich überlegt, wieviel Bit Information man durch Abruf, bzw. Vervollständigung, eines solchen Musters jeweils auslesen kann. Die momentane Präsenz eines bestimmten Erregungsmusters in der Großhirnrinde kann man wohl am ehesten mit dem momentanen Inhalt unseres zentralen Kurzzeitgedächtnisses vergleichen. Psychologische Schätzungen ergeben hierfür etwa 30 bit Information. Das würde bedeuten, daß wir etwa $10^{14}/30 = 3 \cdot 10^{12}$ solche Muster in unserem Langzeitgedächtnis speichern können.

Kann man einen solchen assoziativen Speicher technisch realisieren? Offenbar kann man das heute sicher noch nicht in der enormen Größe von 10^{14} bit, aber es gibt heute durchaus die Möglichkeit, assoziative Speicher von etwa 10^7 bis 10^8 bit Speicherkapazität zu realisieren (vgl. Palm und Bonhoeffer, 1984).

Die Operationen, die man dafür in dem neuronalen Bauelement braucht, nämlich Addition- und Schwellenvergleich, lassen sich ohne weiteres technisch realisieren. Die Überlagerung der Korrelationen in dem Speicherelement ist mit Hilfe eines logischen ODER zu realisieren. Außerdem kann man sich fragen, ob die Grundoperation, um die es letztlich geht, nämlich die Mustervervollständigung, nicht einfach durch einen konventionellen (Listen-)Speicher und parallelen Vergleich der Eingabemuster mit den eingespeicherten Mustern realisierbar ist.

Wenn man diese beiden ganz verschiedenen Ansätze, nämlich den parallelen Vergleich und den Korrelationsspeicher, vergleichen will, dann muß man die Grundoperationen zählen, die zum Einspeichern und Auslesen bei beiden Methoden gebraucht werden. Es sollen A Muster mit jeweils b bit gespeichert werden.

1) Korrelationsspeicher:

Zum Speichern braucht man etwa 2 bA Speicherelemente (also eine $n \cdot n$-Matrix mit $n^2 = 2\,bA$) und ebenso viele ODER-Operationen.

Zum Auslesen braucht man etwa

$$k \cdot n = (k/n)n = \sqrt{(\ln 2)/A} \cdot 2\,bA \approx 1{,}7 \cdot b\sqrt{A} \quad \text{Additionen}$$

und.

$$n = \sqrt{2\,bA} \quad \text{Schwellenvergleiche.}$$

2) Konventionelle Speicher mit parallelem Vergleich:

Zum Speichern braucht man mindestens $b \cdot A$-Speicherelemente. Zum Auslesen braucht man etwa 2 A Bit-Vergleiche, und etwa A Additionen und Schwellenvergleiche.

Wenn es auf schnelles Auslesen ankommt, ist also die Realisation durch einen Korrelationsspeicher ökonomischer, jedenfalls in dem Bereich großer

Werte für $A(A > b^2)$, also in dem Bereich, der in unserem Gehirn wahrscheinlich ist. Wollte man also heute einen assoziativen Speicher, wie er allem Anschein nach im Gehirn vorhanden ist, elektronisch realisieren, so müßte man einen Korrelationsspeicher bauen, also ungefähr die neuronale Hardware des Gehirns nachbauen.

Schrifttum zu Abschnitt VII

Gabor, D.: (1969) Associative holographic memories. IBM J Res Dev 13:156.

Hebb, D. O.: (1949) The organization of behaviour. John Wiley, New York.

Palm, G.: (1980) On associative memory. Biol Cybern 36:19.

Palm, G.: (1982) Neural assemblies: An alternative approach to artificial intelligence. Springer Verlag, Berlin, Heidelberg, New York.

Palm, G.: (1984) Local synaptic modification can lead to organized connectivity patterns in associative memory. In: Synergetics: from microscopic to macroscopic order. Frehland, E., ed. Berlin, Heidelberg, New York: Springer.

Palm, G.: (1985a) Associative Networks and Cell Assemblies. In: Brain Theory. G. Palm, A. Aertsen (eds.) Springer, In Press.

Palm, G.: (1985b) Wissenspsychologie und Neurophysiologie. In: Wissenspsychologie. H. Mandl, H. Spada (eds.) Urban und Schwarzenberg, In Press.

Palm, G., Bonhoeffer, T.: (1984) Parallel Processing for Associative and Neuronal Networks Biol. Cybern. 51, 201–204.

Steinbuch, K.: (1961) Die Lernmatrix. Kybernetik 1:36.

Uttley, A. M.: (1956) Conditional probability machines and conditioned reflexes, p. 253; Temporal and spatial patterns in a conditional probability machine, p. 277. In: Shannon, L. E. and McCarthy, I. (eds.) Automata studies. Univ Press, Princeton NJ (1956).

Abschnitt VIII

Die Informationstechnik und das menschliche Denken: Machen wir uns selbst zu Maschinen?

Prof. Dr. *Walter Volpert*
Technische Universität Berlin

1. Einleitung

Technische Veränderungen haben *soziale Folgen,* meist einer besonderen Art: Bereits bestehende gesellschaftliche Tendenzen werden durch neue technische Möglichkeiten auf Kosten anderer Tendenzen verstärkt und spezifisch geformt. Neue technische Mittel im Arbeits- und Alltagsleben verändern in aller Regel auch die Verhaltensweisen der Menschen und häufig sogar ihr Erleben.

Folgenabschätzung heißt immer auch: Prognose von Risiken. Die Chancen, die mit technischen Entwicklungen verbunden sind, können nicht vernünftig formuliert und diskutiert werden, wenn man sich nicht gleichzeitig mit den möglichen Gefahren und den erforderlichen Vorbeugemaßnahmen befaßt. Eine solche Risiko-Kalkulation und -Abwehr ist dem Ingenieur auch durchaus vertraut. Ohne beides könnte keine Brücke und kein Flugzeug gebaut werden. Aber hier bezieht sich die Ermittlung des Gefahrenmoments auf technische Aspekte.

Die Abschätzung sozialer Risiken ist schwieriger. Mit einigem Recht kann der Ingenieur zudem sagen: Das ist nicht mein Gebiet. Trotzdem darf kein soziales System solche Gefahren verleugnen oder es als „Technikfeindlichkeit" diskriminieren, wenn auf diese Gefahren hingewiesen wird. Hier sind interdisziplinäre Anstrengungen und gesellschaftliche Diskussionen erforderlich. Es geht sogar um ein so altes und philosophisches Problem wie das „Menschenbild": die Vorstellungen, welche die Individuen innerhalb eines sozialen Systems von sich selbst und damit auch von diesem System haben.

Eduard Naudascher, Professor für Hydromechanik an der Universität Karlsruhe, ist der Auffassung, jeder und insbesondere jeder Ingenieur müsse sich fragen: „Ist es richtig, meine gesamte Zeit – oder auch nur einen Großteil davon – mit dem Studium von Brücken und Dämmen oder Maschinen zu verbringen, solange ich wenig über mich selbst und kaum etwas über die menschliche Natur und über gesellschaftliche Zusammenhänge weiß und bezweifeln muß, daß ich den rechten Gebrauch von diesem Studium machen werde?" [1].

Die *neuen Informations- und Kommunikationstechniken* machen dieses Problem sehr deutlich. Ihre sozialen Folgen sind offenbar gewaltig, und entsprechend groß sind die Gefahren – so groß, daß ein Vernachlässigen oder Verleugnen mit dem Verlust unserer kulturellen Identität, einer tiefgreifenden Veränderung unseres kulturtypischen Erlebens und Verhaltens bezahlt werden müßte. Dies wohlgemerkt nicht im Sinne eines absichtsvollen Über-Bord-Werfens, sondern eines versehentlichen und nur teilweise bemerkten Über-Bord-Gehens.

Die neuen Formen des Erlebens und des Zusammenlebens, die als „Computerkultur" prognostiziert werden, haben zweifellos mehr erschreckende als positive Aspekte. Wir dürfen nicht blindlings in diese „schöne neue Welt" hineinsteuern. Der Verfasser hat an anderer Stelle einen Überblick über die Risiken der „Computerkultur" gegeben [2]. Aus dem breiten Spektrum der Auswirkungen auf das Arbeitsleben, das Familienleben und die politische Kultur sollen hier zwei Bereiche herausgegriffen werden, die sich im wesentlichen auf Probleme der Arbeit beziehen und dort auch die Arbeit des Ingenieurs berühren: die Gefahren eines neuen Taylorismus (2.) und eines Verschwindens der Kreativität (3.). Dem schließen sich (4.) Vorschläge an, wie diesen Gefahren begegnet werden kann, wobei sich diese Vorschläge ebenfalls auf den Bereich der Arbeitsgestaltung konzentrieren.

2. Die Gefahr des computergestützten Taylorismus

Der Amerikaner Frederick Winslow Taylor war einer der bekanntesten Ingenieure der Jahrhundertwende. Zu den Errungenschaften, die er uns hinterlassen hat, zählt das „Taylor-System", die „tayloristische" Arbeitszergliederung. Mit Frederick Winslow Taylor geschieht heute Sonderbares. Man nennt ihn häufig, aber man liest nie seine Bücher. Man erklärt sein System ständig für überholt und überwunden, obwohl es vielleicht wieder besondere Aktualität hat – dank der „Fünften Computer-Generation".

Allerdings haben sich die Arbeitstätigkeiten gewandelt, die dem Zugriff der tayloristischen Arbeitszergliederung unterworfen werden. Taylor ging es um den Produktionsarbeiter, also um die „Handarbeit". Der Informatiker Frieder Nake kennzeichnet das Programm der „Fünften Computer-Generation" dagegen so: „Es geht entscheidend um die Mechanisierung der Kopfarbeit. Das . . . Projekt kann nur verstanden werden als epochaler Angriff auf jetzt noch lebendige schöpferische Arbeit" [3]. Es geht also um die Taylorisierung jener Tätigkeiten, die bisher noch Ausdruck menschlichen Expertentums waren: das Planen, Disponieren, Konstruieren usw. – darunter auch und ganz wesentlich klassische Tätigkeiten des Ingenieurs.

Sehen wir uns Taylors Vorgehensweise einmal genauer an, so wie er sie in seinem Hauptwerk „Die Grundsätze wissenschaftlicher Betriebsführung" [4] selbst beschrieben hat:

Die *Ausgangslage* ist meist das „Initiative-System". Es „überträgt dem Arbeiter fast die ganze Verantwortung für die Ausführung der Arbeit, im ganzen wie im einzelnen" ([4], S. 39). Der Arbeiter weiß, was er zu tun hat und wie er das am besten zu tun hat. „Diese wilde Masse von Faustregeln und ererbten Kenntnissen kann man füglich das größte Gut eines jeden Handwerkstreibenden nennen" (S. 33). Dieses größte Gut muß man dem Arbeitenden nun wegnehmen. Kennzeichen des neuen Systems ist „die Ersetzung der Faustregeln durch wissenschaftliche Methoden, selbst im kleinsten Detail jeder gewerblichen Arbeit" (S. 24). Das geschieht in drei Stufen:

1. Stufe:

Spezialisten der Betriebsleitung bekommen die Aufgabe, „all die überlieferten Kenntnisse zusammenzutragen, die früher Alleinbesitz der einzelnen Arbeitenden waren" (S. 38).

2. Stufe:

Diese Kenntnisse gilt es nun „zu klassifizieren und in Tabellen zu bringen", aus ihnen sind „Regeln, Gesetze und Formeln" zu machen, kurz: „Die Leiter entwickeln ein System, eine Wissenschaft für jedes einzelne Arbeitselement, die an die Stelle der alten Faustregel-Methode tritt" (S. 38).

3. Stufe:

Diese „Wissenschaft" ersetzt nun „das Gutdünken des einzelnen Arbeiters". Denn nun wird „die zu leistende Arbeit eines jeden Arbeiters von der Leitung wenigstens einen Tag vorher aufs genaueste ausgedacht und festgelegt. Der Arbeiter erhält gewöhnlich eine ausführliche schriftliche Anleitung, die ihm bis ins Detail seine Aufgabe, seine Werkzeuge und ihre Handhabung erklärt" (S. 40 f.). Henry Ford der Erste vervollständigte diese dritte Stufe: Die genauen Arbeitsvorschriften erhielten gewissermaßen ein stählernes Korsett – maschinelle Vorrichtungen, die den Menschen in einen bestimmten Arbeitstakt zwingen. Das Fließband war geboren.

Die *Ideologie:* Natürlich geschieht all dies für Taylor (und für Ford) „zur Hilfe und zum Besten des Arbeiters". Dieser wird nicht nur von Verantwortung entlastet (welche die Leitung im alten System auf ihn „gewälzt" hatte) und von „Kopfarbeit" befreit. Er erhält auch mehr Lohn, und die ganze Fabrik durchzieht ein „herzliches Einvernehmen" (S. 38 ff.). Darüber hinaus sichert das neue System das größte Wohlergehen für alle, die „beste

Ausnutzung aller Kräfte der Nation" und damit die internationale Konkurrenzfähigkeit (S. 3).

Dieses Streben nach internationaler Konkurrenzfähigkeit – trefflicher vielleicht als der Kampf um die „Technologie-Weltmeisterschaft" zu kennzeichnen – ist auch der Ausgangspunkt und die Leitmelodie des großen Propagandabuches für die „Fünfte Computer-Generation", das Edward A. Feigenbaum und Pamela McCorduck geschrieben haben [5]. Edward A. Feigenbaum ist der Vater des ersten „Expertensystems".

Bei ihren Bemühungen, die Industrie von der Nützlichkeit der neuen Systeme zu überzeugen, erweisen sich die Autoren als lupenreine Tayloristen. Problem und Ausgangslage sind dieselben wie bei Taylor, nur daß es hier um andere Arbeitsaufgaben geht. Experten sind so teuer, meinen die Autoren, weil ihr Wissen nur in Form von Faustregeln existiert (hier etwas vornehmer „Heuristiken" genannt) und weil sie Jahre damit vergeuden, dieses Wissen zu erwerben. Expertensysteme dagegen sind sehr billig, zumal die Produktion von „Software" weder Lagerhallen noch Rohstoffe braucht. Sie zitieren einen Vorstandsvorsitzenden, der meint: „Das ist, als gehe man auf ein Feld von Goldnuggets hinaus, die am Boden herumliegen. Man braucht sich nur zu bücken und sie einfach aufzuheben" ([5], S. 85). Wie man ein solches Expertensystem entwickelt, wird von beiden Autoren ausführlich beschrieben.

1. Stufe:

Der „Wissensingenieur" nimmt sich die einschlägigen Lehr- und Fachbücher vor. Er weiß aber, daß diese nicht genügen. Deshalb ist er (mehr als der alte Taylor) auf die Mitarbeit von Experten angewiesen. Deren Spezialkenntnisse müssen nun „mühsam aus ihren Köpfen herausgeholt werden, ein Juwel nach dem anderen" (S. 95).

2. Stufe:

Nachdem die Wissensingenieure „die kostbaren Juwelen gesammelt haben, bauen sie Wissensbanken auf, den wichtigsten Teil der Expertensysteme". Nach vielfachen Erweiterungen, Rücksprachen mit den Programmierern und Korrekturen entsteht so das Expertensystem (S. 95).

3. Stufe:

Das System wird nun eingerichtet, und die Experten (die noch verblieben sind) werden angehalten, sich nach ihm zu richten. Das eigene Wissen tritt ihnen – ganz wie früher Taylors Arbeiten – als eine fremde Vorschrift gegenüber.

Die *Ideologie:* Natürlich geschieht auch hier wieder alles zum Besten des Experten. Er wird von den ermüdenden Aspekten seiner Arbeit (die allerdings deren Kern ausmachten) „entlastet" und erhält einen „intelligenten Assistenten". Zudem ist das alles, natürlich, unerläßlich für die internationale Konkurrenzfähigkeit.

Frederick Winslow Taylors Auffassung, sein neues System würde die Arbeitenden „entlasten", stimmte bekanntlich nicht mit der Realität überein. Psychologen und Soziologen haben die schädlichen Auswirkungen der taylorisierten Arbeit auf die körperliche und seelische Gesundheit, auf die geistige Flexibilität und auf die Aktivitäten außerhalb des Arbeitsbereiches nachgewiesen (vgl. hierzu [6; 7]).

Die neuen Computer-Tayloristen reden ebenfalls von einer „Entlastung" der Experten. Schon an ihren eigenen Beispielen erkennt man aber, daß es sich hier weit mehr um eine Ersetzung handelt und um eine drastische Einschränkung des Handlungs- und Entscheidungsspielraums der zukünftigen Planer, Konstrukteure, Entwickler usw. Die allgemeinen Folgen werden auch hier dieselben sein, wenn man nicht rechtzeitig etwas dagegen unternimmt.

3. Die Kreativitäts-Sackgasse

Das gilt vor allem für eine Fähigkeit, die volkswirtschaftlich ganz besonders wichtig ist: das schöpferische Vermögen, neue Lösungen zu finden und ungewohnte Wege zu gehen. Mein Hochschullehrer-Kollege an der Technischen Universität Berlin, der Ingenieurwissenschaftler Günter Spur, sagte kürzlich in einem Vortrag über die Zukunft der Fabrik: „Kreativität wird Engpaß für die Geschwindigkeit des Fortschritts sein. Der Ingenieur wird auch die Kreativität des Künstlers benötigen" [8].

Nun wird man zwar darüber streiten können, was hier unter Fortschritt zu verstehen sei, und gar unter dessen Geschwindigkeit. Aber alle werden sich wohl einig darüber sein, daß die Entwicklung nur in einem positiven Sinne vorangeht, wenn es schöpferische Leute in den Konstruktions-, Entwicklungs- und Forschungsabteilungen gibt.

Wie steht es aber, wenn die zukünftigen Arbeitsbedingungen der Ingenieure (und vermutlich auch ihre Studienbedingungen) gerade die Entfaltung dieser Kreativität beeinträchtigen, wenn nicht sogar verhindern? Wenn die Arbeit am Computer und mit Expertensystemen nicht, wie allen Orts verkündet, *ent*lastet, sondern *be*lastet? Die Situation sieht doch für den, der tagtäglich am Rechner konstruiert und rechnet, so aus:

- Der Ingenieur steht einem großen und wenig beeinflußbaren Programmsystem gegenüber, dessen Vorgaben und Lösungswege er akzeptieren muß. Sogar das Stanford Research Institute (aus dem auch Feigenbaum kommt) schreibt: „Die Verfügbarkeit des „Expertenwissens an Ort und Stelle" (das als das bestmögliche betrachtet wird) kann und wird uns wahrscheinlich zur Abhängigkeit von den Systemen führen und wird unsere Neigung, Antworten außerhalb der Grenzen konventionellen Wissens zu suchen, reduzieren" (zitiert bei [9]).
- Die Software erleichtert gerade dann, wenn sie leistungsfähig ist, alle Arten von Varianten- und Kombinationslösungen: das Alte also, leicht verändert. Auch das verführt den Ingenieur, auf den vorgezeichneten Wegen zu bleiben.
- Zweifellos wird durch das Computersystem eine Menge an routinierten Arbeitstätigkeiten und damit auch an Arbeitszeit eingespart. Aber das kommt nicht dem einzelnen Ingenieur zugute, der nun mehr Zeit hätte, sich auf schöpferische Leistungen zu konzentrieren. Die Zeitersparnis bucht der Betrieb als Produktivitätssteigerung für sich – anders ließe sich die „Wirtschaftlichkeit" solcher Systeme nach den heutigen Berechnungsmethoden auch gar nicht nachweisen. Am Arbeitsplatz steigt der Leistungsdruck, werden die Zeitvorgaben erheblich enger (vgl. [10]). Damit fehlt jene Muße, jene Zeit zum Ausprobieren anderer Wege, welche für kreative Leistungen unerläßlich ist.
- Die Entfernung zum konkreten Produkt und zum konkreten Produktionsprozeß steigt. Gerade die von Günter Spur herbeigerufenen Künstler betonen aber, daß der schöpferische Prozeß die Nähe zum Rohstoff, zur Handgreiflichkeit seiner Bearbeitung erfordert. Man muß das Ding, um das es geht, sehen und anfassen (be-greifen!) – dann geht man mit neuen Ideen zurück zu seinen Entwürfen. Macht nicht eine solche Praxisnähe auch einen wesentlichen Teil des Stolzes der Ingenieure aus (etwa gegenüber den angeblich so weltfernen Sozialwissenschaftlern)?

Auf solche Fragen bekommt man oft die Antwort: das stimme nur für diejenigen, die ohnehin nur für das Stereotype geeignet seien. Die wenigen Talente, die wirklich Kreativen, erhielten aber jetzt den Spielraum, der ihnen gebührt – in einem für sie reservierten Bereich der „Vorentwicklung" oder „Neukonstruktion". Ein Begnadeter hat eine neue Idee, und diese übergibt er – gewissermaßen als Handzeichnung – einer großen Maschine, die aus Computern, subalternen Ingenieuren und anderen Handlangern besteht, die dann die Detailarbeit leisten.

Solche Vorstellungen sind Taylorismus in Reinkultur – nur daß eben die Trennung zwischen Planung und Ausführung jetzt in den Bereich der Kopfarbeit hineinverlegt worden ist. Wie bei allen tayloristischen Organisationen werden dabei mit großer Sicherheit die folgenden beiden Probleme auftreten:

1. Planung, hier gar Kreativität, läßt sich nur unter großen Schwierigkeiten in dieser Weise zentralisieren. Komplexe Produktions- und Handlungsabläufe bestehen aus einer Vielzahl von Aufgaben, es kann an den verschiedensten Orten zu unerwarteten Schwierigkeiten kommen. Deshalb braucht man „Intelligenz vor Ort", man muß zumindest mit erheblichen Effizienzeinbußen rechnen, wenn diese nicht da ist. Vielleicht nimmt man diese Einbußen in Kauf, weil das zentralistische Modell auch eine zentrale Kontrolle erlaubt – dann sollte man aber auch nicht die Kriterien der Wirtschaftlichkeit und Effizienz vorschützen.
2. Woher bekommt man die Leute für die privilegierten Positionen? Hier bietet sich natürlich als naheliegende Antwort an: Man holt sich den Nachwuchs aus den privilegierten Schichten. Die Kinder der Begüterten werden speziell herangezogen und erhalten dann die „kreativen" Posten. Aber auch eine solche Lösung ist nicht effizienz- und leistungsbezogen, und selbst unter Konservativen zweifelt man sehr daran, ob sie funktioniert.

Deshalb lautet die Parole: Elite – aber Leistungselite! Ganz wie im Sport, wo es auch die vielen gibt, die sich abmühen, und die wenigen wirklich Großen, die man in Leistungszentren zusammenholt. Da gibt es dann ein ganz ;„sportliches" Förderungsmodell: Es gilt, die „Talente" so früh wie möglich zu finden und sie dann einer besonderen, „förderlichen" Behandlung zu unterziehen. Vergessen wir einmal, zu welchen Brutalitäten es dabei im Sport kommt und wie oft die Wunderkinder dann enttäuschen. Aber man sollte sich doch darüber im klaren sein, daß man auf diese Weise vielleicht zukünftige Olympiasieger im Eislauf herausfiltern kann, möglicherweise auch Pianisten oder gar Mathematiker – aber gewiß keine hervorragenden Ingenieure, Ärzte oder Soziologen. Denn bei diesen entsteht Kreativität nur auf der Grundlage ihres Expertenwissens. Den neuen Weg zu finden, setzt viel an theoretischen Kenntnissen und praktischer Erfahrung voraus. Zudem sind schöpferische Leistungen im Bereich empirischer und technischer Wissenschaften heute sehr häufig Resultat von Teamarbeit, eben weil besonders viele Kenntnisse und Erfahrungen auf ein Problem hin gebündelt werden müssen.

Man kann also die jungen Ingenieur-Talente nicht zu einem Zeitpunkt herausfiltern, zu dem sie mit der üblichen Praxis des Ingenieurs im Studium und Beruf noch keinen Kontakt hatten, um sie einer besonderen Behandlung zu unterziehen. Jeder derartige Versuch muß scheitern, er würde das sogar bei einem weniger starren Bildungssystem als dem unseren tun. Denn erst in dieser Praxis, und auch in der Kooperation mit anderen, entwickelt sich das Talent und wird erkennbar.

Die Konsequenz ist ebenso einfach wie dramatisch. Wenn man die Talente nicht aussondern kann, muß man die Arbeits- (und Studien-)Bedingungen für alle so kreativitätsfördernd wie möglich machen. Dem steht aber die Taylorisierung der Expertenarbeit völlig entgegen. Alles was oben kritisch über die „untergeordnete" Ingenieursarbeit gesagt wurde, gilt damit auch für die Spitzentalente. Deren Chancen sind damit erheblich verringert, sich überhaupt entwickeln zu können. Man lernt nicht jonglieren, indem man Steine schleppt. Mehr noch: die Grundlage der Kreativität des Ingenieurs, sein Expertenwissen, wird ihm durch die neuen Systeme gerade enteignet. Man wird nicht Jongleur, wenn einem die Bälle weggenommen werden.

Das wäre nur etwas anderes, wenn Kreativität gewissermaßen inhaltslos wäre, ein konstanter Persönlichkeitsfaktor, den man verschiedenen Gebieten schnell überwerfen könnte. Aber die Psychologen, die einen solchen Faktor gesucht haben, haben ihn nicht gefunden [11]. Es mag zwar so etwas geben wie eine allgemeine Befähigung zu originellem und schöpferischem Tun. Aber nicht als „Begabung", sondern als Resultat von Lebens-, Lern- und Arbeitsbedingungen, die große Spielräume geben und künstlerische Aspekte betonen. Es wäre sicherlich wünschenswert, wenn das Bildungssystem allen Heranwachsenden derartige Möglichkeiten bieten würde. Bekanntlich tut es das aber nicht. Es gibt einzelne Versuche in Reformschulen. Aber deren Absolventen wird die taylorisierte Ingenieursarbeit erst recht abschrecken – es sei denn, man gibt ihnen von Anfang an besonders günstige Arbeitsbedingungen, und das wird man allenfalls mit den Sprößlingen der Privilegierten tun. Daß sich so eine „Leistungselite" bildet, ist sehr zu bezweifeln. Und die normale, taylorisierte Ingenieursarbeit der Zukunft bietet mit Sicherheit nicht die Spielräume, die zur Entfaltung einer quasi-künstlerischen Kreativität erforderlich wären.

Die Veränderungen der Arbeitsbedingungen, die durch die derzeitige Tendenz der Computerisierung hervorgerufen werden, verringern also die Chancen für wissenschaftlich-technische Innovationen erheblich. Dieser Weg führt nicht durch den Kreativitäts-Engpaß, sondern in die Kreativitäts-Sackgasse.

4. Die Stärken des Menschen fördern!

Es ist also notwendig, die Entwicklung der Informationstechnik so in den Griff zu bekommen, daß ihre Gefahrenmomente verringert werden. Das bedeutet nicht die Ablehnung des Computers, dieser hochentwickelten Universalmaschine. Aber es bedeutet, daß man die gesellschaftliche Verwendung und die gesellschaftlichen Folgen ein wenig mehr reflektieren muß, als dies heute geschieht. Dabei müssen sowohl die Vorgehensweisen bei der Einführung neuer Technologien zur Diskussion stehen als auch die Prinzipien dieser Einführung. Eines dieser Prinzipien (keineswegs das einzige) könnte auch das folgende sein: Tätigkeits- und Entscheidungskompetenzen sollten nur dann an maschinelle Automatismen übertragen werden, wenn dadurch der Handlungs- und Entscheidungsspielraum der betroffenen Menschen erweitert oder zumindest nicht verringert wird. Im Grunde ist das nur eine andere und immer noch recht unpräzise Formulierung des Grundsatzes, daß der Mensch die Maschine beherrschen muß und nicht umgekehrt. Eines der zentralen Probleme in diesem Bereich ist die Gestaltung des „Dialogs" zwischen Mensch und Rechner – diese unzutreffende, aber eingeführte Bezeichnung soll hier zunächst so stehenbleiben.

Das Thema findet zur Zeit viel Beachtung, so etablierte sich auch ein Wissenschaftszweig der „Software-Ergonomie" oder „Software-Psychologie". Der derzeitige psychologische und ergonomische Wissensstand ermöglicht durchaus einige sinnvolle Gestaltungshinweise (vgl. etwa [12]). Ein grundsätzliches Problem ist aber noch nicht hinlänglich bearbeitet, obwohl es außerordentlich gestaltungsrelevant ist: Wenn man sich überlegt, welche Prozeduren sinnvollerweise vom Menschen auf den Rechner übertragen werden sollen, so sollte man genaue Vorstellungen davon haben, was die Stärken des menschlichen Denkens und Handelns sind – also jene Eigenschaften, in denen er nicht mit Maschinen verglichen werden kann und durch welche er allen maschinellen Prozeduren überlegen ist. Das erfordert eine *kontrastive Aufgabenanalyse:* Welche Aufgaben müssen beim Menschen verbleiben, weil hier seine Stärken liegen, und wie kann der Rechner ihn bei der Erfüllung dieser Aufgaben unterstützen und fördern?

Viele der derzeitigen Annahmen über menschliches Denken und Handeln basieren gerade auf Analogien zu Maschinen-Mechanismen. Sie mögen anderenorts ihren Wert haben – für die hier angesprochene Frage sind sie ziemlich wertlos. Sie täuschen nämlich über das Problem hinweg und reduzieren es auf ein quasi-technisches der Gestaltung einer „Schnittstelle" zwischen zwei strukturell ähnlichen Informationsverarbeitungssystemen. Ein Beispiel für einen solchen Weg ist etwa das in den USA verbreitete Buch von Card, Moran und Newell [13], beeindruckend sowohl hinsichtlich der Stringenz, mit der hier viele Einzeldaten einem Grundmodell untergeordnet werden, als auch hinsichtlich der Primitivität und Maschinenhaftigkeit dieses Grundmodells.

Nun hat man durchaus Schwierigkeiten, die Frage nach dem Unterschied zwischen Mensch und Maschine mit der nötigen wissenschaftlichen Nüchternheit anzugehen. Das ist ein vielfältig vorbelastetes Thema: *Erstens* ist es eine Jahrhunderte alte Tradition, Lebewesen und insbesondere Menschen in Analogie zu jenen technischen Mechanismen zu modellieren, die man gerade zu bauen imstande ist. Waren das früher das Uhrwerk oder die Dampfmaschine, so ist es jetzt eben der Rechner. Das marktschreierische Auftreten mancher Vertreter der „Künstlichen Ingelligenz" gehört auch in diese Tradition. *Zweitens* führt die Benennung von Unterschieden zumeist zu Diskussionen darüber, ob man nicht doch einmal wird eine Maschine bauen können, die gerade diesen Vorsprung des Menschen einholt (oder ob es nicht sogar heute schon ein entsprechendes Programm gibt). Solche Diskussionen sind in aller Regel ebenso endlos wie unfruchtbar. *Drittens* muß man sich vor Augen halten, daß Maschinen als Produkte des menschlichen Denkens dieses Denken durchaus in Teilaspekten abbilden. Man wird also die „Schnittstelle" zwischen Maschinellem und Nichtmaschinellem *im* Menschen und nicht in seinem äußeren Verhältnis zu Maschinen suchen müssen [14]. Deswegen sind auch *viertens* so manche Argumente über die Einzigartigkeit des menschlichen Denkens durchaus fadenscheinig und halten logischer Überprüfung nicht stand.

Bei einer solchen kontrastiven Analyse geht es also nicht darum, eine einzelne Eigenschaft oder Fähigkeit zu finden, die „typisch menschlich" ist. Die wird man vielleicht nicht finden. Es geht vielmehr darum, im Ganzen die Unvergleichbarkeit des Menschen mit der Maschine zu begründen. Hier ist das Entscheidende, daß alle Maschinen Produkte des Menschen sind, der Mensch jedoch Ergebnis eines sehr, sehr langen evolutionären Prozesses. Alle Individuen sind eingebunden in Entwicklungen übergreifender Art: der menschlichen Kultur und Geschichte, des Lebens, des Universums.

Dabei sind diese Entwicklungen jedoch offen: Wir können über uns selbst und über unsere Stellung in diesen Entwicklungsprozessen reflektieren, und wir können eigenständig, also nach eigenen Zielen und Vorstellungen handeln.

Als Besonderheiten und Stärken des menschlichen Denkens, Fühlens und Handelns lassen sich nun benennen:

1. Der Mensch ist keine abstrakte Denkmaschine. Er lebt *körperlich* in dieser Welt. Er ist in einen *Zusammenhang seiner Lebenswelt und seines Aktiv-Seins* hineingeboren. Wir brauchen die Welt um uns nicht mühsam zu „re-präsentieren", wir haben sie stets als unsere erste Erfahrung präsent. Wir müssen uns nicht von Mal zu Mal „anschalten", sondern unser Leben ist ein Zusammenhang sinnvoller Handlungen. Weil wir in diesen Zusammenhängen leben, funktionieren wir auch nicht als Einzweckmaschine, sondern folgen stets einer *Vielfalt wirksame Motive.*

2. Veränderungen unserer Lebensumwelt erfahren wir in einer Weise, die (mindestens) zweistufig ist. Zuerst und sehr schnell erfassen wir die Situation *ganzheitlich* und schätzen sie *gefühlsmäßig* ein. Dann werden einzelne Bestandteile – sowohl der Umwelt als auch unseres eigenen Handelns in ihr – als *Gestalten* hervorgehoben und genauer bedacht. Dabei verschwindet der ganzheitlich-emotionale Gesamtbezug nicht, er bleibt der gewissermaßen kontrapunktische Hintergrund (der sich natürlich selbst mit unseren Lebenserfahrungen wieder verändert). Deshalb denken und handeln wir stets auch „aus dem Gefühl heraus". Wir tun das sogar um so mehr, je mehr wir – etwa aufgrund vorhergehenden Erfahrens und Bedenkens – mit einer Situation vertraut sind und in ihr zu „Meistern" werden. Die Kognition ist Zwischenstadium, nicht Endstadium unserer Welterfahrung – man spürt das etwa bei den großen Pianisten.

3. Auch die Menschen erkennen wiederkehrende Momente von Situationen und handeln in ihnen in wiederkehrender Weise. Aber diese „Invarianten" des Wahrnehmens, Denkens und Handelns sind keine mechanistischen Abläufe, sondern ebenfalls Gestalten vor dem Hintergrund eines Kontextes. Es handelt sich hier um *flexible Grundmuster,* die wir uns in Form von „Prototypen" veranschaulichen, die aber auch das Besondere und Einzelne einbeziehen und berücksichtigen. Wir wissen, was ein „Apfel" ist oder der Akt des „Schenkens", und doch erkennen wir in jeder Situation einen besonderen „Apfel", und unser Handeln ist ein jeweils anderes „Schenken". Die Struktur bleibt klar und deutlich, der Einzelfall ist unterschiedlich und abweichend. Das sichert Beständigkeit ohne Starrheit.

Der Ding- und der Handlungsaspekt des flexiblen Grundmusters sind sehr eng miteinander verbunden. Wir nehmen den „Hammer" wahr und halten zugleich den Plan des „Hämmerns" bereit. Ein Werkzeug ist die Objektivierung eines Handlungsmusters, in welche die Erfahrung von Generationen eingeflossen sind. Solche Grundmuster eignen wir uns als *kulturelles Erbe* an, entwickeln sie aufgrund unserer eigenen Erfahrung weiter und können sie dann auch auch andere Lebensbereiche übertragen. Das ist die wesentliche Grundlage menschlicher Kreativität.

4. Das menschliche Erleben und Verhalten ist nicht nur gesellschaftlich geprägt. Es ist auch stets auf andere, lebendige oder abstrakte, Mitmenschen bezogen. Auch der einfachste Gedanke ist, sofern er nur ausgesprochen oder niedergeschrieben wird, der Versuch einer *Kontaktnahme zum Mitmenschen.* Diese Dialoghaftigkeit unserer Existenz richtet unser Leben aus. Zu einem Gemeinsamen beizutragen und dafür Anerkennung und Liebe zu finden, gehört zu den zentralen Motiven der Menschen.

All dies, in seiner Gesamtheit, macht Menschen und Maschinen unvergleichbar. Dabei ist diese Beschreibung der Besonderheit des menschlichen Denkens, Fühlens und Handelns sicherlich noch unvollständig. Hinzu müßten noch etwa die Fähigkeit zur Selbstreflexion kommen, das ästhetische Erleben sowie die unmittelbare Erfahrung, daß man selbst noch in größere Zusammenhänge eingeordnet ist.

Es wäre aber einiges gewonnen, wenn man sich bei der „Arbeitsteilung" zwischen Mensch und Rechner dieses Ziel setzte: die Merkmale der Situationseingebundenheit, der ganzheitlich-emotionalen Erfassung, der Flexibilität des Grundmusters und der Sozialbezogenheit müssen als die besonderen Stärken der Tätigkeit des Menschen diesem erhalten bleiben. Wo nun unter solchen Prämissen Teile des Arbeitsprozesses ausgegliedert werden können, die durch kontextfreie, elementaristische, starre und selbstbezogene Automatismen erledigt werden können, und dies sogar schneller und besser durch maschinelle Prozeduren als durch menschliche Routinen, dort könnte man diese Teile – wenn zusätzliche Bedingungen erfüllt sind – in der Tat der Universalmaschine Computer übertragen. Das setzt allerdings voraus, daß die dadurch freiwerdende Arbeitszeit auf alle Arbeitenden gleich verteilt wird.

Man müßte und könnte dieses Prinzip weiter und stufenweise konkretisieren, daraus Vorgaben für den Entwickler in Form eines „Pflichtenheftes" machen. Das setzt aber voraus, daß die Unterschiede zwischen Mensch und

Maschine noch genauer erfaßt werden, um dadurch zu deutlicheren Gestaltungshinweisen zu kommen.

Dies darf nicht als eine Form des so oft kritisierten „Rückzugs in den Elfenbeinturm" interpretiert werden. Man muß vielmehr bedenken, daß Gestaltungsvorschläge, die nicht in einer hinreichenden humanwissenschaftlichen Theorie begründet sind, notwendigerweise zu kurz greifen oder sogar in die falsche Richtung weisen. Die arbeitsbezogene Humanwissenschaft ist aber hinsichtlich ihrer theoretischen Grundlagen noch nicht genügend entwickelt.

Aus drei Gründen dürfte uns dies nicht verwundern:

- Entsprechende Forschungen werden hierzulande und derzeit nur in minimalem Umfang gefördert, gar verglichen mit den entsprechenden Ausgaben für die Grundlagenforschung in den Natur- und Ingenieurwissenschaften.
- In der Psychologie dominieren zur Zeit noch Computer-Modelle des Menschen, die für die hier angesprochene Fragestellung völlig ungeeignet sind.
- Der Druck auf die Arbeits- und Organisationspsychologie ist sehr groß, sich auf oberflächliche Maßnahmen zur Erhöhung der „Akzeptanz" und zur „Reparatur-Humanisierung" zu konzentrieren.

Dagegen ist die Perspektive einer Kooperation von Ingenieuren, Informatikern und Psychologen zu setzen, die sich gemeinsam einem humanistischen Bild vom Menschen und seiner Arbeit verpflichtet wissen und die aus dieser Sicht heraus zusammen nach Wegen suchen, die Risiken der Infomationstechnik zu verringern und ihre Chancen zum Wohle des Menschen und der menschlichen Gesellschaft zu nutzen.

Schrifttum zu Abschnitt VIII

[1] *Naudascher, Eduard:* Arbeiten wir zum Wohle des Menschen? Reflexion zur Tätigkeit des Ingenieurs. Ökologische Konzepte (1984) H. 20, S. 5–24.

[2] *Volpert, Walter:* Zauberlehrlinge – Die gefährliche Liebe zum Computer. Weinheim: Beltz. 1985.

[3] *Nake, Frieder:* Schnittstelle Mensch–Maschine. Kursbuch (1984) H. 75, S. 109 bis 118.

[4] *Taylor, Frederick W.:* Die Grundsätze wissenschaftlicher Betriebsführung. Neudruck. Weinheim: Beltz. 1977.

[5] *Feigenbaum, Edward A.*, u. *Pamela McCorduck:* Die fünfte Computer-Generation. Künstliche Intelligenz und die Herausforderung Japans an die Welt. Birkhäuser: Basel. 1984.

[6] *Kohn, Melvin L.*, u. *Carmi Schooler:* Work and personality: An inquiry into the impact of social stratification. Norwood: Ablex. 1983.

[7] *Volpert, Walter:* Psychologische Aspekte industrieller Arbeit. In: Arbeit und Wissenschaft: Arbeitswissenschaft? Hrsg. W. Georg, L. Kißler u. U. Sattel. Bonn-Bad Godesberg: Neue Gesellschaft, 1985, S. 180–213.

[8] *Spur, Günter:* Die Zukunft der Fabrik. Süddeutsche Zeitung vom 30./31.5.1984. Sonderbeilage. S. II.

[9] *Makowsky, Johann A.:* Brave New Work. Kursbuch (1984) H. 75, S. 119–143.

[10] *Wingert, B., W. Duus, M. Rader* u. *U. Riehm:* CAD im Maschinenbau. Wirkungen, Chancen, Risiken. Berlin (West): Springer. 1984.

[11] *Ulman, Gisela* (Hrsg.): Kreativitätsforschung. Köln: Kiepenheuer & Witsch. 1973.

[12] *Spinas, Philipp, Norbert Troy* u. *Eberhard Ulich:* Leitfaden zur Einführung und Gestaltung von Arbeit mit Bildschirmsystemen. München: CW Publikationen. 1983.

[13] *Card, Stuart K., Thomas P. Moran* u. *Allen Newell:* The psychology of human-computer interaction. Hillsdale: Erlbaum. 1983.

[14] *Bammè, A., G. Feuerstein, R. Genth, E. Holling, R. Kahle* u. *P. Kempin:* Maschinen–Menschen Mensch–Maschinen. Grundrisse einer sozialen Beziehung. Reinbek: Rowohlt. 1983.

Sachwortverzeichnis

F

G

H

I

J

K

L